教育部人文社会科学研究青年基金项目（编号 09YJC820067）

通往自然之路

——人与自然关系和谐化的法律规制

张　锋　著

中国环境科学出版社·北京

图书在版编目（CIP）数据

通往自然之路：人与自然关系和谐化的法律规制/张锋著. —北京：中国环境科学出版社，2010.9
ISBN 978-7-5111-0365-9

Ⅰ. ①通… Ⅱ. ①张… Ⅲ. ①环境保护法—法的理论—中国 Ⅳ. ①D922.681

中国版本图书馆 CIP 数据核字（2010）第 176516 号

责任编辑 沈 建
责任校对 尹 芳
封面设计 玄石至上

出版发行 中国环境科学出版社
（100062 北京东城区广渠门内大街 16 号）
网 址：http://www.cesp.com.cn
联系电话：010-67112765（总编室）
发行热线：010-67125803，010-67113405（传真）
印 刷 北京市联华印刷厂
经 销 各地新华书店
版 次 2010 年 9 月第 1 版
印 次 2010 年 9 月第 1 次印刷
开 本 880×1230 1/32
印 张 9
字 数 235 千字
定 价 28.00 元

序

人类社会自进入工业文明以来，在社会财富极大丰富、生活水平极大提高的同时，由于大量消耗资源能源，大量排放温室气体，带来了资源枯竭、污染加剧、极端天气频发等问题。生态被严重破坏，环境被严重污染，生态安全受到严重威胁，人类社会正面临着严峻的生态危机，甚至是生存危机。要应对当前的生态危机，就要以科学发展观为指导，牢固树立生态文明理念，把建设生态文明作为应对生态危机的总对策、总抓手。环境法是伴随着环境问题的产生而逐步发展起来的，是生态文明建设的重要内容，是解决环境危机的重要保障。综观世界各国，凡是生态良性循环、环境保护好的国家，无一不是以严密高效的法律制度为保障的。环境立法的指导思想要充分体现生态文明的理念，把保护生态环境作为环境立法的首要目标，并通过民法、刑法、行政法等法律部门所规定的法律责任，实现对生态环境的有效保护。我国虽然已颁布了许多环境法规，但是，我国的环境保护法律体系仍不完善，相关法律法规缺失，立法内容滞后，远不能适应生态文明建设的要求。以生态文明理念为指导，强化环境法制建设是我国生态文明建设的迫切需要。我们要认真分析和梳理我们已有的各种法律法规，该废除的废除，该修订的修订，该完善的完善，切实解决法律法规“空白”、“失当”、“乏力”、“自相矛盾”等方面的问题。在这个过程中，要特别注重加强法律的可操作性，使其在实施中能够切实发挥良好的作用。

我很欣喜地看到青年学者张锋的这本书既从宏观的方面概览了自然权利的理念基础，也在微观上科学分析研究了具体保障机制的运行和完善。作者在本书中构建了一个相对比较完整的体系，对于自然权利这样一个非常形而上的问题，并没有止步于理论上的剖析，而是抽丝剥茧地一层层将抽象的理念试图落实到具体的法律细节中去，以实证的方法全面梳理自然权利在理论和实践中的各种问题，并结合我国国情提出了自己的解决方案，其中不乏创见，具有一定的理论借鉴和实践参考价值。

衷心地希望张锋同志在环境法研究的道路上锐意进取，再创佳绩，为我国的生态文明建设作出积极的贡献！

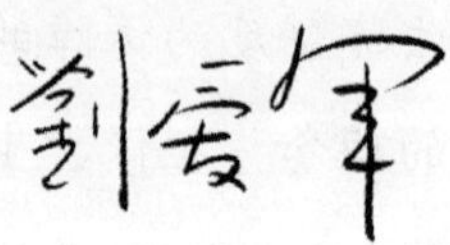

目 录

第一章 人与自然关系的曲折历程......1
第一节 人类文明发展的三个阶段......1
第二节 东西方的早期自然观......3
一、西方哲学家的自然观......3
二、中国自然观的历史轨迹......16
第三节 人与自然关系的深层解读......21

第二章 自然权利的发现及其道德关怀......25
第一节 权利的正当性问题考原......25
一、权利的正当性内涵......25
二、权利正当化的基础和方式......26
第二节 自然权利成立条件之一——自然的主体性......29
一、自然主体性的哲学理论依据......29
二、自然主体性的现实依据
——生命之间的自然本性关系......31
三、自然主体性的现实依据——生命的自主权利......41
第三节 自然权利成立条件之二——合乎道德性......46
一、动物权利论：权利主体的范围由人扩展到动物......47
二、生物中心论：权利主体的范围扩展到所有
存在物......49
三、生态中心论：权利主体的范围扩展到整个
生态系统......50

第三章　自然权利的法律观照……54
第一节　东西方自然权利法律化的早期尝试……54
一、西方自然权利法律化的早期尝试……54
二、古代中国的“天人合一”法律文化……68
第二节　传统法学观念对自然权利的批判……71
一、权利的属人性……72
二、权利义务的不对等性……75
三、主张自然权利的非现实性……77
四、自然权利的不可操作性……78
第三节　自然权利的辩护……80
一、权利概念的扩展……82
二、人类中心主义不可能完全解决好人与自然的关系问题……88
三、自然权利存在着转化为在法律上具有可操作性的可能……93
四、自然权利理论已在法律实践领域拓展……97
第四节　走出自然权利认识的误区……102
一、发达的人类中心主义是实现自然权利的必由之路……102
二、与庸俗环保主义决裂——好事也会过分……111

第四章　自然权利面临的法律现实困境……120
第一节　宪法的绿色化实践……120
一、自然权利的基础：环境权理论……121
二、各国宪法关于环境权的相关规定……123
第二节　行政法视野中的自然权利……127
一、环境问题的主因：“政府失灵”……127
二、挑战传统——环境行政法的兴起……129
三、我国环境行政法创制和完善的关键领域……133
第三节　民法对自然权利的呼应……139

一、传统民法权利理论的变革与完善 140
二、传统民法权利理论和救济模式的内在缺陷 145
三、我国民法典的绿色化 148
第四节 独立的自然权利的刑法保护 152
一、国外环境刑法的产生和发展 153
二、传统刑法保护客体理论的不足与修正 156
三、我国环境刑法保护客体的现状和完善构想 161
第五节 传统法律救济自然权利的缺陷和不足 171
一、传统法律理念救济自然权利的局限性 172
二、环境损害：自然权利受到侵害的统称 176
三、传统法律救济模式面对环境损害的无力 179

第五章 构建人与自然和谐的环境法 185
第一节 环境法立法理念的确定 185
一、各国环境法立法理念的比较分析 186
二、人类中心主义环境观对环境法立法理念的渗透 194
第二节 环境法理念的革新——人与自然和谐的法治观 196
一、人与自然和谐的法治观 197
二、构建人与自然和谐的法律关系 200
三、环境法立法目的确立 203

第六章 通往自然之路：环境公益诉讼 207
第一节 环境公益诉讼的基本范畴 207
一、环境公益诉讼的基础理论 208
二、环境公益诉讼运行的权利基础 214
三、环境公益诉讼的功能与价值诉求 218
第二节 自然权利的“代理人”：环保非政府组织 223
一、世界环保非政府组织的兴起和发展 224
二、我国环保非政府组织的现状调查 228

三、我国环保非政府组织参与环境公益诉讼的困境与出路 234
四、我国环保非政府组织参与环境公益诉讼的保障机制 248
第三节 理想抑或现实：环境公益诉讼制度实现的反差与期望 254
一、我国环境公益诉讼制度进展概况 254
二、我国环境公益诉讼制度的模式选择——改良还是革命 259
三、我国环境公益诉讼制度的构建 261
四、结语 273

参考文献 275

后 记 277

第一章　人与自然关系的曲折历程

人类对自然权利的了解是一个逐步发现的过程，其间夹杂着人类对自身生存状态的判断，而这一判断又奠基于对自然的价值判断和事实判断。自然是人类生存和发展的基础，人类依赖于自然而生存和发展，因而人与自然的关系是人类生存和发展的基本关系。人与自然关系的发展演变是一个极其漫长的历史发展过程，也是一个极其复杂的认识发展过程。考察人与自然关系的发展演变，有助于探究自然权利的渊源。为了协调人与自然的关系，重构人类对自然的认识理念，作为世界观和发展观核心的自然观也面临着革命。探索以自然地属性为基础的自然观，也有利于证成自然权利法律化的正当性和可行性。

第一节　人类文明发展的三个阶段

从人与自然的关系来看，人类社会的发展迄今经历了三个相互联系的发展阶段，即“天人混沌”的原始文明阶段、“天人合一”的农业文明阶段、“天人对立”的工业文明阶段。在不同历史发展阶段，人与自然的基本关系也呈现出较大的差异性。

早在地球上出现人类之前，自然界已经按照自身的规律经历了亿万年的发展演变。人类文明的第一个阶段是原始文明，可以追溯到大约四百万年前的旧石器时代。这一阶段又称采集狩猎社会阶段，因为人类必须依赖集体的力量，依赖家庭、亲戚等所有人的相互援助和合作才能与自然抗争而生存，而物质生产生活也主要靠简单的采集和渔猎实现。在原始文明阶段，人与自然的关系表现为人类处于蒙昧状态，人的一切与生产和生活相关的活动完全被控制在自然生态系统的物质循环和能量流动规程中，人淹没于自然之中，并成为自然的奴隶。

农业文明阶段是人类从自然界中分离和异化出来的阶段，可以追溯到距今约 1 万年前的新时器时代早期。在这一时期，铁器的出现使人改变自然的能力产生了质的飞跃，而以农业生产为基础的生活方式的产生也使人类社会系统发生了根本性的变革。原始农业最初仅是对“自然的模仿”，后来又历经了“火耕”、“刀耕火种”、“粗耕”等阶段。总体来说，原始农业阶段的人类还没有足够的能力对自然施加强有力的影响，人类活动对自然的干预十分微弱，人类还奴隶般地受自然任意摆布，对自然顶礼膜拜。农业文明发展到传统农业阶段，人类开始对自然系统进行大规模的改造，不合理的农业生产方式、人口规模的过度膨胀，造成了自然生态系统的局部破坏，使人与自然的关系处于紧张状态。

18 世纪的英国工业革命开启了人类的现代化进程，人类进入了现代文明——工业文明。工业文明是迄今为止最富活力和创造性的文明，也是唯一的一个依赖经济的持续增长而生存的文明形态。工业文明时代，人类的主观能动性得到了充分的发挥，人类行为对大自然的冲击影响程度也达到甚至超过了生态危机的临界点。高人口增长、高生活消费以及随之而来的规模化大生产使人类商品迅速丰富，人类试图成为自然的主宰，并无限度地向大自然索取，地球自然资源的消耗与环境污染也急剧加速。当工业文明踏过农业文明而成为人类的辉煌时，工业文明自身也在酝酿着被扬弃的结局。工业文明阶段的人与自然的失衡和矛盾，比历史上任何时期都更为严重和尖锐，产生的问题也日益复杂多样化。到 20 世纪中叶，人类大规模的污染环境和掠夺性的资源开发行为造成的严重恶果，引起了人们的高度警觉。当人与自然的和谐关系破裂之后，人类真正的灾难开始了。人类科学技术的发展，使人们过高地估计了自己对自然界的支配和改造能力，并开始滥用人对于自然的开发能力，使本来有益于人类的自然反过来惩罚人类。

近 250 年的工业文明，人类对自我利益的极端追逐，激化了生产与自然的矛盾，给人类生存和社会经济的发展造成了潜在的危机。21 世纪的中国经济社会发展面临的最大威胁是生态危机，中国人口数量众多，自然资源相对不足，生态环境比较脆弱。人类在新时代的实践必然面临新的问题，解决新问题的前提之一，是确立我们这个时代的自然观、文明观。

第二节 东西方的早期自然观

人类发展到一定的历史阶段才意识到自然的存在。这是一个逐步发现和思辨的过程。具体而言，人类在古希腊早期的城邦时代才意识到自然，并开始探索自然。这些谈论自然的人们乃是古希腊的哲学家。①尽管自然就在人们面前，人们就生活在自然之中，但古希腊城邦时代以前的人们根本没有意识到自然的存在，更不用说在法律上确认自然权利了。

一、西方哲学家的自然观

了解自然权利必先了解自然，而要了解自然必先审视古希腊哲学家的自然观念。列奥·施特劳斯认为，要理解自然权利问题，人们不应该从对于政治事物的“科学理解”出发，而应该从对它们的“自然”理解出发，亦即从它们在政治生活中、在行动中呈现出来的样子出发；只要自然的观念还不为人所知，自然权利的观念也就必定不为人所知；发现自然乃是哲学的工作。②

早期人类对周围世界没有建立起真实的知识体系，他们是在神的笼罩下生存的。神和祭祀是那个时代唯一的知识体系，除此之外，人没有其他的观念，因此也没有自然的意识和观念。这种状况到古

---

① ［美］列奥·施特劳斯：《自然权利与历史》，三联书店 2006 年版，第 83 页。
② ［美］列奥·施特劳斯：《自然权利与历史》，三联书店 2006 年版，第 82 页。

希腊时期才有所改变。古希腊人透过神的障隔，真实地意识到自然现象的存在。哲学史家常将古希腊哲学的起源归因于“好奇”（thaumazo），即对自己不熟悉不了解不明白的事物觉得新奇而感兴趣，要追问为什么，寻找之所以如此的原因。古希腊人对自然现象充满了好奇心，但是在当时人类还缺乏准确解释自然现象的知识体系。于是，古希腊人将自然界同个体的人进行类比；个人首先发现自己作为个体的某些性质，于是接着想自然也具有类似的性质。① 另一个解释背景是神。神产生于人类生活的早期，是古代人最基本的知识背景，而古希腊人就是依靠神的知识和人的知识来理解自然的。显然，古希腊哲学家早期观察自然纯粹是出于对自然的好奇，而不是出于政治目的，因为将哲学与政治联系起来是后来的事情。

（一）古希腊哲人的自然观

1. 对于自然本性的描述

古希腊哲学以心灵类比自然，认为万物都是活的，具有生命。希腊哲学家泰勒士将自然界想象成一个有机体，想象成动物，像动物一样具有生命。希腊哲学家恩培多克勒提出了元气（pneuma）概念，认为心脏是脉管系统的中心，元气栖息于脉管中的血液里，心脏通过脉管把元气搬运到全身。古希腊哲学家盖仑（Klaudios Galenos）则认为，元气是充满在空气中的生命之气，人或动物将空气吸入肺里，气与血液结合成为元气，成为生命有机体的所有动物性功能的原动力。

亚里士多德将自然界分为两类，有生命的和没有生命的。有生命的东西的行为特性，可称为生命本身的原理，被称为“精神”（psyche），后来称为灵魂（soul）。这样，说某物质是活的，就是说它有灵魂。亚里士多德接着描述了三种力（power）或基本的生命行为：营养、感觉、思考。一些生物只有一种（营养灵魂），而有些则有两种（营养和欲望或感觉），有些则有三种（营养、欲望和

① ［英］罗宾·柯林伍德：《自然的观念》，华夏出版社 1999 年版，第 9 页。

思维）。植物只有营养灵魂，也就意味着它只有营养、生长、繁殖能力等特性；动物除了营养外还有欲望，它们的自然行为还包括感觉、希望和感情；只有人类有营养、欲望和思维这三种生命行为。[①]在此基础上，亚里士多德将自然的含义作了进一步区分[②]：①起源或诞生；②事物所由生长的东西，即它们的种子；③自然物体中运动或变化的源泉；④构成事物的基质；⑤自然事物的本质或形式；⑥一般的本质或形式；⑦自身具有运动源泉的事物的本质。所以，在古希腊哲学思想中，自然多是指事物性质、本性。所以，在认识自然时古希腊哲学并不仅仅观察现象的自然，而是观察现象之所以产生的根源，即自然事物的本性，是自然事物内在的，生命发生和成长的性质规定。自然本性的生命是旺盛的、和谐的，而生命之间是平等的，可以沟通和协作的。另外，自然本性的生命也是自由的，不受外来的暴力限制，因为自然本性不受限制。

自然是一个巨大的生命机体，由在空间中扩展、在时空中渗透着的运动物体所组成。自然界不仅是一个运动不息从而充满活力的世界，而且是有理智的，不仅自身是有灵魂和生命的巨大事物，而且自身是一个有心灵的理性事物。它所有的运动都是有目的的，受理智的引导。普罗泰戈拉认为："人是世间万物的尺度，是一切存在事物所以存在，一切非存在事物所以非存在的尺度。"[③]这句话中蕴涵的道理并不仅仅是人类中心主义观念，它也揭示了人类认识自然的重要性以及人类认识自然的方法。人如果不去认识自然事物，不通过心灵发现自然的本性，那么自然就不能被认识，而没有进入人类知识视野的事物即便客观存在，也无法被人类重视或者理解；同时，人类认识自然事物总是以主观的知识背景为基础的，没有人的认识活动，人就无法感知事物的存在，无法发现事物的本性。

从总体上看，古希腊自然科学的基本观念是自然具有生命，像

---

① ［美］戴斯·贾丁斯：《环境伦理学》，林官明、杨爱民译，北京大学出版社 2002 年版，第 7 页。

② ［英］罗宾·柯林伍德：《自然的观念》，华夏出版社 1999 第 2 版，第 87 页。

③ 周辅成：《西方论理学名著选集》（上），商务印书馆 1996 年版，第 27 页。

人一样具有心灵。心灵是自然界的共性，是自然界规则或秩序的源泉。[①]心灵在它所有的表现形式中都是一个立法者，一个支配和调节的因素，心灵先把秩序加于自身再加于从属于它的所有事物。古希腊人运用自然界规则沟通了人与自然之间的关系，发现了人与自然的同一性，为自然权利存在设置了规则背景。

2. 古希腊哲学家的自然观念

自然一词有两种含义：一是指事物的本源或本性；二是自然事物的总和或者集合。在早期古希腊哲学家眼中，自然指事物的本性。自然总是意味着某种东西在一件事物之内或非常密切地属于它，从而它成为这种东西行为的根源，这是早期希腊作者们心目中的唯一含义，并且是作为贯穿希腊文献史的标准含义。[②]何谓自然本性？听之者明白，思之者糊涂。从“自然”二字入手，乃是理解这个概念的基本方法。在古希腊爱奥尼亚哲学中，自然主要意味着某种东西在一件事物之内或非常密切地属于它，从而它成为这种东西行为的根源。[③]

爱奥尼亚学派认为自然是一个事物行为的内在根源，他们从“事物是由什么组成的”这个问题出发来解释自然。爱奥尼亚学派创始人泰勒士把地球和整个自然界想象成有生命的机体，认为地球是漂浮在水面上的，而所有事物是由水构成的。同时，泰勒士还指出自然界的生命机体是上帝创造的。上帝是最老的事物，因为它没有开端；世界是最美好的事物，因为它是上帝的造物。在古希腊早期，也就是城邦建立之前的氏族或部落联盟时期，神是居住在家庭内部的，即人神同在；但是到泰勒士时期，家庭的神已经消解，被哲学家归纳整合为统一的神——上帝。上帝成为自然的来源，上帝造就并掌握着人的心灵和动物的生命。上帝的观念被后来的哲学家所继承。

毕达哥拉斯学派在爱奥尼亚学派观点的基础上提出了革新性思

---

① ［英］罗宾·柯林伍德：《自然的观念》，华夏出版社 1999 年版，第 4 页。
② ［英］罗宾·柯林伍德：《自然的观念》，华夏出版社 1999 年版，第 48 页。
③ ［英］罗宾·柯林伍德：《自然的观念》，华夏出版社 1999 年版，第 48 页。

想，他们不再尝试由哪些事物所构成的物质或实体来解释事物的行为，而用它们的形式来解释它们的行为——它们的结构被当成可以给出数学说明的某种东西。[①] 毕达哥拉斯学派从事物形式或数学层面解释自然的方式，使人对自然现象的解释更加精确。但是，上帝观念在毕达哥拉斯学派的形式理论中也是不容怀疑的。

苏格拉底和柏拉图对上帝的认识发生了根本性的改变。他们发现了上帝的本性——善。善是利己的，也是利他的，善的核心是公平和正义。苏格拉底和柏拉图的可贵之处还在于他们将善导向自然，导向人类，正义和公平也因此成为自然和人类共有的基本性质。哲学研究正是从自然本性开始的。“苏格拉底是从人们关于事物本性的意见来了解他们的本性的。而每项意见都是基于人们对某一事物的某种意识或某种心灵的知觉的。苏格拉底的意思是，无视人们关于事物本性的意见，就等于是抛弃了我们力所能及的最为重要的真理的足迹。”[②] 苏格拉底认为，自然本性是善的。善的生活就是与自然相一致的生活。与自然相一致的生活应当是对自然无害的生活，应当是有益于自然保护的生活。正基于此，柏拉图说，自然是一个有形式的，可以被理解的世界。

古希腊的自然观到亚里士多德这里算是成熟了。亚里士多德是目的论哲学最突出的代表人物，而目的学说也是亚里士多德哲学中最富特色，且对后来影响最大的内容之一。亚里士多德指出自然哲学的研究对象、任务和目的就是寻找事物的存在和发展的本元和原因，进而提出了“自然就是目的或为了什么”[③]、“自然是一种原因，并且就是目的因”[④]的思想。在他看来，事物存在和发展的最初的、第一位的原因有四种，即质料因、形式因、动力因、目的因。在这四因中，目的是质料的原因，而并非质料是目的的原因；而形式因、动力因和目的因之间也有内在的联系，目的就是形式和动力，就是

① ［英］罗宾·柯林伍德：《自然的观念》，华夏出版社 1999 年版，第 58 页。
② ［美］列奥·施特劳斯：《自然权利与历史》，三联书店 2006 年版，第 253-255 页。
③ ［古希腊］亚里士多德：《物理学》，商务印书馆 1982 年版，第 48 页。
④ ［古希腊］亚里士多德：《物理学》，商务印书馆 1982 年版，第 65 页。

事物活动所追求的本质和完满性，因而三者“常常可以合而为一”。如不认真研究目的因，就无法深刻理解其他三因，所以研究目的因是把握质料因、形式因和动力因在事物存在及发展中的作用的决定因素。在解答自然事物为什么存在、为什么是此物而非他物、为什么能运动演变等其他学科无力也无权回答的问题时，必须要知晓并根究自然事物的目的因，也即最初的推动力。

在亚里士多德的目的学说中，着墨最多、涉及面最广的部分是自然目的论。在回答自然事物中的“为什么”的问题时，亚里士多德所使用的“目的”的观念并没有承诺一个外在的本体意义上的目的因，而是把这个目的因放在自然事物之内。在《物理学》第二卷第八章中，他指出目的因存在于那些由于自然而生成和存在的事物中，自然的所有活动和行为过程都是趋向于或为了某种目的，而不是出于巧合或自发，无目的或不必要地做某事。不过，亚里士多德并没有把这种将自身事物本身的根据看做事物运动、发展、变化的目的因的“内在目的论”思想贯彻到底。当根究到最初的推动力，原初的实在、事物的本质等第一哲学问题时，仍然要去寻找那个外在于自然事物的目的因——第一推动者，纯粹的最高形式，宇宙的最高目的。这样就把最后的目的因归结为超越自然事物和世界之上的上帝或神。①

亚里士多德在构想其自然哲学的同时，将其思想运用到动物领域，率先开拓了动物学的自然科学领域。在《论动物的部分》、《论动物的产生》、《形而上学》、《政治学》等著作中，亚里士多德用许多篇幅谈到了这个问题。亚里士多德对植物、动物和人的比较认识揭示出三者具有的自然本性，而这种自然本性隐藏在万事万物的自然行为和功能背后；但是，在人类与自然的关系方面，亚里士多德的头脑里存在着“贤者与劣者从一开始就被注定了差别”的观念，主要表现为“自然的创造物是有目的的”，而这种目的是“围绕人类而存在的”。

---

① 李东：《目的论的三个层次》，《自然辩证法通讯》1997年第1期。

总的来说，亚里士多德对自然和人的认识较以前的哲学家更为具体和深入。对于亚里士多德的自然目的论，黑格尔曾做出过这样的评价，“亚里士多德的主要思想是，他把自然理解为生命，把某物的自然（或本性）理解为这样一种东西，其自身即是目的，是与自身的统一，是它自己的活动性的原理，不转化为别物，而是按照它自己物有的内容，规定变化以适合于它自己，并在变化中保持自己；在这里，他是注意那存在于事物自身的内在目的性，并把必然性视为这种目的性的一种外在的条件。”①

亚里士多德的自然观结构对后世产生了极其深远的影响。首先，亚里士多德的自然目的论是中世纪神学理论家，特别是托马斯·阿奎那建立神学目的论体系的重要思想渊源之一。托马斯·阿奎那吸收了亚里士多德哲学中“神是万物存在的最后动因”的目的论学说，推出万物创造者的上帝的存在，并将上帝以永恒法置于自然法等级结构的顶端，即永恒法、自然法、人定法和神法。但是，托马斯·阿奎那的自然法乃至自然的权利是从人类的角度出发予以论述的，具有明显的人文色彩，它仅仅是以“事物的本性”出发导出了自然本身的价值和存在，不同于古希腊的自然法。其次，亚里士多德对正义的论述是自然法尤其是启蒙运动中自然权利论产生的根源之一。根据苏格拉底、柏拉图和亚里士多德的上帝观念，自然的本性是上帝的本性，上帝的本性是善。善是有利于事物发展的，有利于生命保持。善是平等和公平，是正义。善的核心是权利平等。亚里士多德认为，正义有两种：一种是自然正义，另一种是约定正义。自然正义对一切有同等的效力，其是自然生成、普遍存在和天经地义的，而正义所体现的法也就是自然法；约定正义纯粹是基于规定或人们之间的相互协商约定，其具有相对的普遍性和稳定性。一般来说，自然法学派与实证主义在正义问题上的根本分歧，就在于如何看待自然正义与约定正义之间的关系。自然正义引发的自然权利问题乃是当代政治、社会及法哲学中首要的议题之一。在此，

---

① ［德］黑格尔：《哲学史讲演灵》第2卷，商务印书馆1983年版，第309-310页。

亚里士多德的目的论是造就“人为万物之灵，人类为中心”的人类利益中心主义思想的理论根源，其对后来的自然科学（特别是生物学）和生物哲学、环境哲学等的发展产生了复杂的多方面影响。

古希腊哲学对自然的解释还谈不上是科学，因为那时自然科学才刚刚起步，人们对自然世界还没有现在这样的科学认识。古希腊的自然观纯粹是哲学的抽象，是一种人文的思想，而不是自然科学。但是，这种人文的思想确实是在早期自然科学知识的基础上产生的。古希腊朴素的自然观为后人发现自然权利提供有益的知识背景。

（二）文艺复兴时期的机械论自然观

“一种哲学若基于信仰，也就不成其为哲学。”①古希腊时代的神、人、自然一体性的自然观念，在引入中世纪基督教后发生了变化，取而代之的是神、人、自然之间的等级秩序。上帝完全凌驾于一切的创造物，而人类因从上帝那里取得了支配、利用自然的权利而超越自然。然而，中世纪宗教性质的神权政治哲学在遇到 16 世纪文艺复兴思想的时候，哲学便和宗教发生了脱离。亚里士多德的目的论和奥古斯丁的终极因理论受到批判。人们在抛弃亚里士多德的时候，回到了苏格拉底－毕达哥拉斯－柏拉图的理论。哥白尼的日心说经布鲁诺解释成泛神论，泛神论后来被机械论自然观所取代，上帝与自然的同一性被彻底打破了②。机械论在它最早和最简单的阶段，将自然完全看成类似于一台机器——甚至基本上就是一部像齿轮或滑轮一样的装置，把整个自然都解释成一个在运动中的、完全受制于物理学和化学规律的客观存在的体系。机械论自然观在 16 世纪兴起，并在 17～18 世纪的西方哲学中占据支配地位，其有三个代表人物：弗兰西科·培根、笛卡儿和牛顿。

培根是一位被现代自然科学感动的哲人，他的哲学观的基本出

① ［美］施特劳斯等：《政治哲学史》（上卷），河北人民出版社 1993 年版，第 334 页。

② ［英］罗宾·柯林伍德：《自然的观念》，华夏出版社 1999 年版，第 110 页。

发点就是“控制自然”，为机械论模式奠定了基础。在《伟大的复兴》一书中，他曾这样写道：“我们提出的这种科学的目标不是创造观点而是创造技艺；不是创造与原理统一的事物，而是创造原理本身；不是创造可能的理由，而是创造对工作的选择和引导方法。由于目的不同所以效果也就不同：一方面在争论中战胜对手的效果；另一方面在行为上支配自然的效果”。①

弗兰西科·培根是英国经验主义传统的先驱。培根坚决区分来自神圣启示的知识和来自感觉的知识；只有后者才是改善世界的可靠基础。超然的、思辨的获取知识的方式被贬低，而通过有条理的、系统的观察收集事实并从中得出理论的方式被推崇。培根对经院主义的反对使他抛弃了传统的三段论作为经验发现的手段。尽管培根继承了柏拉图和亚里士多德的这种观点，即主观意识充满了错误和虚假的信念，但是他认为真知的源泉在于自然本身，自然不会撒谎的。因此必须从主观意识中清除掉各种臆断、想象和猜测，它们是滋生错误和虚假东西的土壤。科学家必须观察自然，以便让他的主观意识为无偏见地解释自然做好准备。在培根看来，自然“是上帝留下的痕迹。自然哲学的目标是事物的真实的样子，而不是人的意识施加给事物的虚假形象”。（赫西，1964：143）②

科学的应用是一种强有力的朝向进步的帮助，是使人类能够支配世界的至关重要的工具，这种观念在培根的著作中得到了有力的解说。当他写道：“世界的创造是为了人，而不是人为了这个世界”时，他的出发点仍是一种传统观念，他认为，如果人类关注那些最终原因，人或许就可以被视为是这个世界的中心，如果人从这个世界上被带了出去，剩余之物就会七零八落，没有了目标和目的。他进一步认为科学的努力的全部意义就在于恢复因亚当和夏娃在伊甸

---

①［加］W. 莱斯：《自然的控制》，岳长龄等译，重庆出版社 1993 年版，第 52 页。
②［英］韦恩·莫里森：《法理学——从古希腊到后现代》，武汉大学出版社 2004 年版，第 85 页。

园的失落而失去了的人类对于世界的支配。在培根看来，古希腊世界观没有进行过旨在改善人类生活条件的实验。他不愿坐在一边苦思冥想世界的奥秘，他想找一条征服自然的途径。培根告诫人们要按照世界的本来面目去改造世界，所以他倡导通过科学实验认识自然的方法。他提出“知识就是力量”，使人们依此来驾驭自然万物。以后当控制自然的观念被彻底世俗化的时候，人与上帝的道德关系被抛弃，而控制自然的观念则完整地保留了下来。因为培根已使人们相信，知识的增长会改变人与自然的关系，并使物质的持续高速增长成为可能。

如果说培根为“机械论世界观”指明了方向，那么笛卡儿为它提供了一种有效的数学模式。在笛卡儿的眼中，万物都有一个量化的问题，都可以归结为数学，他的至理名言是：“给我空间与运动，我就可以造出宇宙来。”在笛卡儿的数学世界里，无色、无味，事物失去了生机，但却获得了严密的秩序。笛卡儿消灭了任何纷乱混杂，一切都变得精确无误。甚至连对上帝都不能容忍，因为它可以随心所欲地改变事物运动的规律，因此对于规律的尊崇，使人们竟然连上帝都忘记了。他曾这样写道：“在工匠制作的机械与大自然本身所造成的各种物体这两者之间，我看不出有任何不同。”①在笛卡儿的体系中，所有物质的东西都是为同一机械规律所支配的机器，动物、植物和无机物如此，人体也是如此。笛卡儿认为无机界和有机界是由在质上相同的物体组成的一个同源的机械体系，因而排除了那种认为自然界总是按照一定的等级制度构成的传统概念。不管笛卡儿想要追求的是什么样的新的科学的方法，上帝仍然居于他世界观的中心，人类仍然在这个设置中占一个特殊的位置，因拥有大脑和灵魂而使他们可以去支配自然。

笛卡儿的身心二元论，奠定了近代主客二分西方哲学的主流。随着主张人的自由、平等、解放等资产阶级人道主义的广泛传播，

① ［英］克莱夫·庞廷：《绿色世界史——环境与伟大文明的衰落》，王毅、张学广译，上海人民出版社2002年版，第165页。

特别是伴随着科技的发展，它冲破了宗教神学的束缚，人也终于从神的奴婢，变成了真正的主人，也继而把自己变成了自然的主人。人类自豪地相信，他可以创立一种哲学，“它能教我们清楚地认识火、水、空气、星座、天体以及其他一切包围我们地球体的力和作用方式，以至于我们可以同样地各按其特点派各种用场，使我们成为自然的主人和所有者。”①

牛顿最后为“机械论世界观”的建立贡献了力量，他的著名的牛顿三定律最终完成了用数学解释世界的任务。在三定律的物理数学模式中，万物的质完全排除在它们的量之外，世界变成了没有生命的、纯粹量化的、冰冷的世界。“如果社会运行失常，那只能怪它没有严格按照支配宇宙的自然规律来行事”。②人们只要按照这些规律去行事，杂乱的社会就会进入“机械论世界观”所描述的有条不紊的状态；只要人们世代向着这个方向发展，社会就会不断进步，不断走向光明。

对科学问题的这种分解思路的广泛采用，对欧洲思想的形成产生了深远的影响，它不可避免地导致了一种碎片式的世界观——把注意力集中在一个体系的单个部分上，而不是有机整体；集中在研究那些构成要素是怎样分别地起作用，而不是它们如何通过竞争和合作来相互作用。机械自然观将目的从自然界中排除出去，机械自然图景力图用机械的因果决定论解释自然。机械规律追求的是自然的定量化，而“自然的定量化，导致根据数学结构来阐释自然，把现实同一切内在的目的分割开来”。③也就是说，人与自然被完全分隔，把自然客体化，并对其加以形形色色称之为实验的操作，把自然分解成要素、因子而加以因果分析和数学解析，否认自然的生命和感知意识以及在整体基础上建立起来的自律性。机械论最终确立的却是极端人类中心主义的实践目的论观念，为人类利用自然进而

① ［德］汉斯·萨克斯：《生态哲学》，东方出版社 1991 年版，第 7 页。

② ［美］杰·里夫金等：《熵：一种新的世界观》，吕明等译，上海译文出版社 1987 年版，第 19 页。

③ ［德］马尔库塞：《单向度的人》，张峰等译，重庆出版社 1988 年版，第 124 页。

征服自然打开了方便之门。在这种实践目的论的驱动下，人类对自然开始了近乎疯狂的征服，人统治自然的观念得到了实质性的确认。

（三）近现代社会的自然观念

文艺复兴时期之后的工业革命推动了西方科学技术的进步，社会经济不断发展。面对复杂多样的社会，机械论自然观无法解释一切自然现象，相应的副作用也不断显现。科学的发展不仅打破了上帝创造世界的谬论，而且使机械论的自然观千疮百孔。由于认识到生命的自然意义，人类对旧的自然观进行了深刻的反思，各种旨在协调人与自然关系的新的自然观不断涌现。新自然观的提倡者们普遍认识到，人与自然之间存在必然的联系，两者是相互作用的。

1. 整体论自然观的形成

在机械论自然观陷入困境的时候，整体论（holism）自然观诞生了。整体论这种新的自然观是以有机的、自律系统为基础的自然观，与之前长期盛行的、他律的、要素论和决定论的机械论自然观相对立，并比这种以为自然无生成能力的自然观优越得多。整体论是生态学的产物，并且也从量子力学、相对论、系统论和混沌理论等当代科学中受到启发，其是在调和科学主义和人本主义两种倾向的基础上形成的，而不只是对前科学的有机论的简单回归。

英国哲学家怀特海借助现代物理学的成就，建立了一个以“事件”和“过程”概念为核心的“有机体哲学”，又称“活动的过程哲学”。有机论哲学是一种与机械论的自然观相对立的新的自然哲学，它在现代知识背景下重新确认了古代自然观中的生命机体概念，因此成为当代自然权利的重要理论来源。

怀特海的有机体哲学系统地批判了把自然看做物体的总和或堆积的机械论观点，主张把自然理解为生命机体的创造进化过程，理解为众多事件的综合或有机的联系。其思想主要包含以下要点：一是每一样东西都和另外的东西相联系。如果把一样东西从生态系统中移走，必定会影响整个生态系统；二是整体大于部分之和。生态系统具有协同作用，子系统的效应不是简单的线性叠加；三是知识依赖于环境。在整体论中，每一部分的意义都依赖于它和整体的关系；四是过程优先于部分。生态系统是一个开放的、有物质和能量交换的系统，这个稳态的系统与其说是由部分构成的，不如说是由过程构成的；五是人与非人自然的统一。在整体论中，人和其他自然物都属于同一个有机的宇宙系统，不存在文化与自然的二元对立。①另外，在这种新的范式中，认识不再是为了控制，而是意味着了解、参与和交流。

2．辩证唯物主义自然观

18 世纪中叶以来，西方工业革命促使自然科学发生革命性的变革，不但冲击了传统的机械论自然观，也使思辨的自然哲学失去了存在的基础。此时，德国古典哲学家将历史的观点引入对自然界的研究中，从而寻找到了与古希腊自然观的连接点，把对立的人与自然重新结合起来。辩证唯物主义自然观就是在此时确立的，它是马克思主义对于包括人在内的自然界的总体看法。作为辩证唯物主义的一个重要组成部分，辩证唯物主义自然观对于人与自然关系的正确把握，是人类自然观的一次革命性变革。

辩证唯物主义自然观的形成，首先得益于康德在 1755 年的《自然通史和自然体》中提出的关于太阳系起源和演化的“星云假说”。这一学说第一次科学地阐明了太阳系是由原始混沌弥漫星云在吸引和排斥的相互作用下，逐渐形成和发展起来的。这个刚刚萌芽的辩证法的观点，对于形成自然界的历史观作出了最初的贡献。黑格尔在《自然哲学》一书中论述了其经过综合的有机论自然观，他认为自然是一个有机整体，是有理性、有目的和充满意义的，并不是人类社会的决定因素。黑格尔的自然观为西方自然观向现代自然观的转变起到了承前启后的作用。19 世纪后，达尔文以自然选择为核心的生物进化论学说以及主张孤立系统会自发走向热平衡状态的热力

① Carolyn Merchan，Radical Ecology：The Search For a Livable World，Routledge，Chapman &Hall，Inc.，1992，pp.41-42，76-78.

学第二定律，分别证明了整个生物界的历史性和某些非生物系统的历史性，使辩证唯物主义自然观的产生成为必然。

辩证唯物主义自然观将唯物论和辩证法、自然观和历史观、客观辩证法和主观辩证法统一起来，为人类正确认识和把握自然界提供了科学的世界观和方法论，对人类如何摆脱生态危机的困境，解决人与自然、人与人之间的矛盾有重要的指导意义。马克思主义的辩证唯物主义自然观认为，人与自然的关系是人类的一切活动的前提和基础，作为具有自然属性的历史的人只有处理好与客观自然的关系，把握住利用、改造自然的“度”，尊重自然规律，与自然界和谐共生，才为实现人类的解放奠定基础。霍华德·L. 帕森斯认为，恩格斯在人、社会与自然的辩证关系方面的观点体现了其明确的生态学思想，他指出：“人与自然的辩证关系——人改变自然的同时也在改变自己——是他自己的自然的本质。对人而言，自然是产生了人又为人所产生的有限的材料和环境力量。”①

辩证唯物主义自然观通过阐述自然界的历史发展过程和自然界演化的一般规律，指出人与自然的关系是相互作用的。自然界是包括人在内的各种事物相互作用的整体，也是各种事物作用过程的集合体，人类只能在人与自然的相互作用中认识自然界以及认识人类自己，建立人与自然和谐统一的辩证世界图景。马克思主义的辩证唯物主义自然观的形成和确立，是人类自然史观的一次伟大的飞跃，标志着人与自然的关系由对立走向统一。

二、中国自然观的历史轨迹

与自然的关系如何、人应当怎样对待自然是人类社会必须首先和着重解决的问题。通过以上有关现代自然观的产生和发展过程的论述，我们不难发现，自然观的现代性从某种意义上说就是西方性，其形成是以工业革命、自然科学和理性精神为必要条件的。因此，我们有必要考察一下中国自然观的历史发展轨迹，这样一方面可以

① Howard，L.Parsons，Marx and Engels on Ecology，Greenwood Press，1977，p.XL.

比照出东西方自然观的差异，另一方面可以从中国传统的自然观中获得当代人重建自然观的丰富而有价值的启示。

（一）中国传统的自然观考察

中国传统文化源远流长，留下了无数的经典古籍，其中不乏有关于人与自然关系的神话传说和经典论述，也必然存在着丰富的经验和宝贵的传统。天人关系是中国古代哲学的重要论题，主要探讨的是天与人、天道与人道、自然与人的相互作用。尽管中国古代关于人与自然关系的争辩历时 2 000 年之久，但“天人合一”学说所主张的人与自然相统一的思想始终是中国传统自然观的基调。

中国传统的自然观的起源，最早可以从《山海经》、《周易》、《淮南子》等古籍对远古祖先三皇五帝开创中华民族文化的描述中得到启示。春秋战国时期，诸子百家针对人与自然关系提出了诸多看法，进而形成了中国传统自然观的几种基本学说，如儒家的效法自然说、老庄的因任自然说、荀子的征服自然说以及《易传》的天人谐调说。

儒家和道家都认为天与人有着共同的本质，但是他们对天人观的看法却是截然相反、相互对立的。儒家的天与人的关系源于西周时期的“天民合一”论，认为周代的天子是作为主宰的天在人间的代表，具有德的属性，遵循着自然法则。孟子曾提出“知性则知天”的天人统一思想，认为人性是天赋的，天与性相通，知性也就能知天。董仲舒也提出了“人副天数”说，宣传人体结构与天体结构相副的“天人相类”的观点。因此，人道就是天道，人的本质就是天的本质，即仁义道德。在儒家的自然观中，只有把握和实行天的自然法则，效法自然规律，才可能达到人与自然和谐的理想状态。儒家的自然观是从人道契入天道，将天道人伦化，提出要积极利用自然万物，利用人为作用实现人与自然的和谐统一。与儒家不同，在人对待自然的态度上，以老庄为代表的道家认为，天人之说应当建立在自然本体论之上，以超越一切的道为出发点，从自然的天道契入天人关系，主张自然无为，强调自然界是和谐美好的，人应当顺应天地循环所造成的自然的变化，平等地对待万物，以此实现人与自然的和谐统一。至于“天人之分”说，主要有荀子的“制天命而用之”的“征服自然说”，以及刘禹锡主张的天与人各有特殊的功能的“天人交相胜”说以及王廷相“人定亦能胜天”的论述。《易传》的天人谐调说，既要重视自然发展变化及其规律的客观性，掌握自然规律，又要发挥人类的主观能动性，积极调节自然的变化，协助自然万物获得最大的满足。《易传》所说的“天行健，君子以自强不息”，就是指针对自然循环往复的发展变化，君子应当“先天而天弗违，后天而奉天时”，从而实现“顺乎天而应乎人”。可见，天人谐调说把人与自然的关系视为相辅相成的关系，以人与自然的协调和谐为最高理想。

中国的佛教诸流派，也根据缘起论的宇宙观、众生及万物皆有佛性的平等观，提出了尊重生命及其生存环境的自然观。按照佛教“依正不二”的原理，生命主体与其生存的环境，是一个不可分割的有机整体。“以依正不二故，众生有佛性，则草木有佛性，以此义故，不但众生有佛性，草木亦有佛性也。若悟诸法平等，不见依正二相，故理实无有成不成相，无不成故，假言成佛。以此义故，若众生成佛，一切草木亦得成佛”。[①]这种看法与当今生态学关于生物与环境的整体性原理是非常相似的。中国佛教徒立志行善修佛，建立人间净土，不仅发誓普渡众生，而且也尽力保护和美化着所有生命生存的环境。这种理念和行为，为人类今天在消除全球生态危机的实践中，超越国家、民族乃至人类狭隘利益的局限性，提供了一种远离迷妄，明辨前途的深远洞识。

回顾中国传统的自然观，可以看出中国古代关于人与自然关系的思想是相当丰富的，既讲天人之分，又讲天人合一；既有自然无为，又有人定胜天。但总体来看，在中国传统的自然观中，最具影响力的还是“天人合一”的自然观念。尽管传统自然观的出发点仍

① 吉藏：《大乘玄义》，《中国佛教思想资料选编》第 2 卷第 1 册，中华书局 1983 年版，第 366 页。

是从自然及其演化规律出发确定人生的行为准则及其依据，与当代针对具体环境问题提出的生态自然观相去甚远。但是，深入分析各种传统的自然观及其演进，有助于我们在调整当代人与自然的关系的过程中，借鉴已有的经验和智慧，重建新的自然观念和价值体系。德国汉学家卜松山就曾经指出，“在环境危机和生态平衡受到严重破坏的情况下，强调儒家的‘天人合一’，或许可以避免人类在错误的道路上越走越远。”[①]著名的中国科技史专家李约瑟就认为，中国的智慧与西方征服自然的传统是很不一样的，尤其是道家自然无为的思想，主张主体与客体合而为一，人与自然和睦相处，才是真正有助于人类的物质福利和长久生存。美国著名学者卡普拉也高度赞扬《易经》中关于宇宙的永恒的循环节律和阴阳动态平衡的思想，特别是道家关于自然界的非线性的相互联系的生态系统观，以及“道法自然”的智慧，认为这些都为人类在当代生态危机的转折关头提供了宝贵的启示。中国古代的自然观为当代人与自然关系的学术研究提供了一种独特的精神视野和风景，在当今世界中有一种独特的感染力，引起环保有识者的共鸣。

（二）生态文明视角下的新自然观

不少学者认为，以征服和控制自然为目的的西方近现代自然观，是当代人类生态危机的思想根源。中华文明精神是解决生态危机、超越工业文明、建设生态文明的文化基础。为解除当代人类的生态危机，西方应当向东方学习，以东方“天人合一”的传统自然观为原则，去开展一场人类对待自然关系的伦理革命，确认人类的社会经济发展必须与自然的发展演变保持和谐，并使之成为当代有代表性的可持续发展的自然观。

当代频频发生的生态危机表明，以往辉煌的文明模式，即工业文明模式存在内在局限和缺陷，已经不适应当代人类的实践需求，

① 卜松山：《儒家传统的后现代意义》，载季羡林等编选：《东西文化议论集》下册，经济日报出版社 1997 年版，第 396 页。

无法正确地协调当代人与自然的关系。基于此，生态文明作为一种新的更为理性的文明形态应运而生。当今世界正处在世纪之交的巨大变革时期，它主要表现为“三重转变”，即人类文明形式由工业文明向生态文明的转变，世界经济形态由资源经济和物质经济向知识经济和循环经济的转变，社会发展道路由非持续发展向可持续发展的转变。①如果说工业文明是以“人是自然的主人”为哲学依据，那么生态文明信奉的就是“人是自然的一员”的哲学思想，其以尊重和创新自然为宗旨，以实现可持续性发展为目的，强调人们的自觉和自律，强调自我与自然、自我与社会的平等互利、共存共荣。②生态文明要求人们形成“人—自然”的整体价值观和生态经济方法论。生态文明主要包括人与自然、人与社会两个子系统。和谐的秩序是指这两个子系统以及由此所组成的生态大系统和谐、有序地可持续发展。在系统发展过程中，应处理好公平与护理、整体与部分、眼前与长远、现代与未来利益的有机统一与协调，从而构建起和谐、有序、科学发展的运作秩序和机制。③

如果说农业文明是“黄色文明”，工业文明是“黑色文明”，那生态文明就是“绿色文明”。生态文明是人类文明的一种高级形态，是人类文明形态和文明发展理念、道路和模式的重大进步。它以尊重和维护自然生态系统的平衡为前提，以人类—自然—社会复杂系统的和谐共生为宗旨，以构建可持续的生产生活方式为内涵，以引导人们走上可持续发展的道路为着眼点。生态文明是人类文明的一个发展阶段，它将“自然存在—人类活动—区域发展”视为一个整体，以“可持续发展”为目标，力图实现人与自然、人与人、人与社会的和谐共生。这种文明形态下的人类，不再是自然的主宰者和破坏者，而是自然的朋友和保护者。

中华文明虽然是工业文明的迟到者，但中华文明的精神内涵却

① 刘思华：《加强可持续发展经济研究，促进中国经济可持续发展》，载全国“生态环境建设与可持续发展”学术研讨会上的学术报告，1999 年 8 月。

② 刘爱军：《生态文明与环境立法》，山东人民出版社 2007 年版，第 9、11、12 页。

③ 刘爱军：《生态文明与环境立法》，山东人民出版社 2007 年版，第 5 页。

与生态文明的内在要求基本一致，这使中国率先反思并超越自文艺复兴以来就主导人类的“物化文明”，成为生态文明的率先响应者。对中国而言，中国传统文化中固有的生态自然观，为实现生态文明提供了深厚的哲学基础与思想源泉。为此，党的十七大报告将“建设生态文明”作为全面建设小康社会的新要求，明确提出要使主要污染物排放得到有效控制，生态环境质量明显改善，生态文明观念在全社会牢固树立。建设生态文明，是党的十七大首次提出的一项重要战略任务，是对传统文明形态特别是工业文明进行深刻反思形成的认识成果，也是在建设物质文明过程中保护和改善生态环境的实践成果。中国建设生态文明的伟大号召，完全可以与生态社会主义、世界可持续发展理念、中国传统文化相互借鉴，它们之间的融合必促成人的全面发展和人类社会的和谐。

第三节　人与自然关系的深层解读

“本性”乃是与生俱来性质、气质、本质特征，包括宇宙中天体之间的规律特性。从自然生命的角度，自然本性是生命物质的本性，是一切生命与生俱来的生命气质。“与生俱来”的含义是指生来就具有的，不是后天学得的。所以，自然本性是新生命从母亲和父亲那里继承下来的，由基因遗传产生的。基因的独特性决定自然本性差异。自然本性并非人类所独有，植物、动物、微生物都具有其自然本性。自然本性对生命具有决定性和区隔性的作用。不同生命的自然本性是不同的，不同的本性决定生命的独特性。人的自然本性使其进化为人，植物的自然本性使其成为植物，动物的自然本性使其成为动物。所有生命物种的自然本性在保留独特性的同时都呈现出某种共性特征。例如，生命都具有吃和性，都需要阳光、空气和水，否则生命不能持续。共性使生命之间发生联系，使生命协同进化成为可能。所以，自然本性是个性与共性的统一体。

地球是生命的星球。这是自然科学所揭示的基本事实。生命之间相互参与，相互影响，协同共生，形成生命自由的状态。人类乃是地球上万千生命中的一种，人类的生存发展离不开其他生命的协助和支援，人类生存在与其他生命之间形成的自然本性关系中，接受自然本性关系的规制。根据自然本性关系，个体的生命不仅生存在自己的种群之间，而且还生活在其他生命之间，一个生命的存在总是意味着其他生命的存在，动物、植物和微生物是一个生命的三个维度，缺少其中任何一个维度，生命都是残缺的。在这个给定的前提下，人类的主动性、能动性、理想和热情就有了自由发挥的空间。这不是有意蔑视人类的尊严和高贵，而是寻找、发现人类尊严和高贵的立足点。人不仅具有生命的自然本性，还具有人的政治本性。人类的尊严只有建立在生命本性的基础上才是实在的。当这两种本性有机结合并充分地展现出来的时候，人类才能实现最终的幸福。

当代的人类虽然是政治性的社会存在，但是人类社会每时每刻都生活在自然生态系统中，与自然进行生命活动能量和精神的交流。社会、自然是我们生活的世界。虽然人在精神上将整个自然归属到人的内部，但是人在自然本性上只不过是自然中的一个个体而已。人之为人有其本性。人性是一切人普遍的、生而固有的属性。[①]荀子言："凡人之性者，尧舜之与桀跖，其性一也。君子之与小人，其性一也"[②]然而，人性是由其自然性和社会性构成的复合状态。有人认为，人的自然属性是动物性，是人与其他动物共同所固有的动物性。[③]这是从人是动物这一事实推出来的结论。何为动物性？根据论者的意见，动物性是动物的本性，一切动物生命皆具有生命本性。所以，人性是由人的自然本性和社会性组成的。

我们可以说，人是具有人性的动物，但不能说人有一切动物所具有的性质，也不能说人性只不过是动物的特殊性。我们说人的自然性，并不等于将人还原为动物，而是说人和其他生命（动

① 王海明：《人性论》，商务印书馆2005年版，第9-11页。
② 《荀子·性恶》。
③ 王海明：《人性论》，商务印书馆2005年版，第16页。

物、植物和微生物）都具有自然本性。人、动物、植物和微生物都有自己物种的自然本性，同时不同生命的自然本性呈现出共性特征。当然，我们这样分析，目的不在于蔑视人类，不在于贬低人类的尊严。其实，将社会性作为人的本性并不准确。社会性并不是人所特有的，动物一般都有其社会性，人之为人的特殊表现在人的文明性。文明是人类社会独创的，且其他社会所不具有。所以，我们认为，人性应当是自然本性和文明性复合组成的。从人性的组成和人生活的事实可以发现人与自然是相通的，联系二者的桥梁便是自然本性。

事实上，由于习俗政治对人和自然的重大影响，人类历经狩猎文明、农耕文明和工业文明，人类生活并没有遵循其自然本性，习俗生活始终保持着对自然生命的巨大冲击力和无可比拟的优势，自然生命走上了被人类毁灭的道路。自古希腊哲学至今，人类已经在其政治本性中确立了人的自然本性，即人的生存发展权利。但是，人的政治本性没有认可人与自然生命之间的自然本性关系。在近代，资本主义在政治上确立人权的同时，却将人与自然生命之间的自然本性关系定格为物质和财产，抹去了自然的生命本性。近代政治哲学确立人类征服自然的思想以来，自然成为劳动的对象，自然在文明视野中被转化为无生命的物，成为生产的原料。

无论是人与人的关系还是人与自然的关系都并非是人们凭空创造出来的，而是现实生活中人与人、人与自然相互作用的产物。美国著名的海洋生物学家、环境伦理的奠基人之一、《寂静的春天》一书的作者雷切尔·卡逊（Rachel Carson），在 1963 年 1 月 7 日接受动物福利研究所的施威泽勋章时曾指出，“如果我们自己关心的只是人与人之间的关系，那么我们就不会真正变得文明起来。真正重要的是人与所有生命的关系。”人类对自然的漠视造成今天的森林消失、物种灭绝、温室效应、臭氧层破坏和大气污染等环境问题。这些环境问题的出现，都是人类无视自然权利的负面效益，其根源在于人类的生存发展权和自然生命的自然权利之间的失衡。因此，恢复人的自然本性，通过自然本性嫁接人与自然关系的桥梁乃是时下政治哲学和法哲学的要务。

时下人与自然关系的持续恶化不仅仅是环境问题，更是触及人类心灵的价值扭曲问题；而实现人与自然的和谐共生也不仅仅是在法律上确认人的环境权的问题，更是在法律上确认自然生命的自然权利的过程。

第二章　自然权利的发现及其道德关怀

第一节　权利的正当性问题考原

随着我国法治进程的推进，权利话语日渐成为生活中的主流话语。如同任何被广泛应用的重要概念一样，权利并不存在一个为所有人共同接受的完美定义，不同的人往往从不同的角度对权利做出不同的界定。但定义的困难并不妨碍我们对于权利本质的理解和把握。正如夏勇先生所言“要全面、正确地理解权利概念，较为关键的是把握权利的要素，而不是权利的定义。”关于权利的构成要素，传统权利理论中有大量资料可供借鉴。

一般来说，权利的构成要素是一个有机整体，包括主体、利益、行为以及正当性四个方面。权利的构成要素是一个有机整体，其中，利益居于核心地位。同时，利益需要依附于一定的主体，不然讨论权利就没有了意义。利益的实现需要行为的终结作用。什么利益可以成为权利，什么样的事物可以成为主体，什么样的行为是合宜的，这有一个正当性的问题。①

一、权利的正当性内涵

在传统法学里，无论是实证法学者还是自然法学者都坚信，合理的权利是正当的，权利（right）一直就是正当本身（right is reasonable），这是对应然权利的一种理解。在这里，权利成了法学

① 叶立周：《试论权利的逻辑构成》，《河北法学》2005 年第 23 卷第 2 期。

领域中不证自明的前提，应然权利是实体，是自足的。怀疑权利的正当性前提就等于怀疑正当性本身，而怀疑正当性也就是怀疑人的理性。

通过对权利的构成要素分析，我们可以看到，权利作为一种手段，其核心在于实现主体的“正当”“利益要求”。这就说明了权利三个一般的特点：首先，权利具有正当性，权利必须获得社会正当性评价。其次，权利的核心在于实现主体的某种利益，缺乏利益核心的权利是没有意义的。最后，权利是针对义务人的，也就是说它需要要求他人（义务人）为或不为一定的行为。主体的意志是指向外界的其他人的。从以上分析可以发现，权利是需要进行证明的。首先，作为主体利益获得实现的一种要求是关涉他人的，不论是要求他人作为还是不作为都需要获得他人的一种认同。其次，不仅仅在于直接的主体与其要求的一方之间，而且两人的行为既然存在于社会之中，就必然有其他人对于这个利益要求进行评价，正如权利特点所包含的“正当”意义，本身就意味着一种评价和对行为的认同。在对于主体的行为进行评价和认同的意义上，没有经过人的思想中的分析和论证，也就是我们说的证明，是不会有人得出一个“正当”的评价的。问题是如果权利需要证明，如何去证明呢？

二、权利正当化的基础和方式

（一）西方权利正当性的证明方式及不足

西方学者一直在努力证明权利的正当性本身就证明了权利的正当性需要证明。目前，西方理论界在证明权利正当性的问题上存在两种基本理论：

一是自然权利理论。古典自然法学派是以人类理性为基本出发点的，他们认为人类具有一种不变的自然本性，通过理性地认识人的本性中某些被看做人的本质特征或本能的共同的生理构造和心理特征，就可以认识到人类应当享有的正当的基本权利。洛克、孟德斯鸠等哲学家无不以现实的人性为理论基础。以富勒、罗尔斯为代表的现代新自然法学派突破了以善为本性的传统自然权利观，即本体理性主义（本质主义）的形上传统，转而走向对社会正义原则的探讨，试图在所谓“分配正义”的更广泛的理论框架内为权利找到根据或基础，以及权利正当性的前提或标准。总而言之，以“自然”为依托的自然法学派，将理性和正义作为一切权利存立的正当基础和终极价值评价尺度。

二是分析实证主义的权利理论。分析实证主义路径，即以规范为基础来探索权利的根源和方式。这一方式从现存的法律规范出发来证成权利、义务及秩序。他们通过解释国内、区域乃至全球层面上的法律规范或者准法律文献，认定某些重要权利的不可让予、不可剥夺。①分析实证主义法学家认为权利的正当性是建立在法律规范的基础之上的，体现了规范之上的理论倾向。以边沁为代表的功利主义法学派认为，避苦求乐、追求自身的最大幸福是人的本性。边沁功利主义的道德原则可以概括为：行为的正确与该行为增进幸福的趋向成比例，行为的错误与该行为产生不幸的趋向成比例。因此，社会之所以要维护和保障个人的权利，完全是基于功利的考虑。新分析法学对法学的研究采取了一种分析实证主义的方法，凯尔森、哈特的法律规则论、魏因贝格尔的制度分析法等。社会法学派则从“社会本位”出发，强调社会、社会连带和社会整体利益。

在证明权利正当性问题上，以上两种基本理论都存在无法弥补的弊端。例如，自然权利理论以人类有共性为出发点，但是如何证明人们具有一种固定不变的、始终如一的本性呢？况且，即使自然权利理论证明了权利的正当性，那它也只是证明了人类基本权利的正当性，并没有证明人类所拥有的所有权利的正当性。同样，分析实证主义理论也无法为权利的正当性提供绝对确切的基础。分析实证主义理论主张在法律上的价值祛除，从而使法律失去了道德的批判性力量。这种将国家强制力的后盾看成是权利之所以成其为权利

① Rebecca M. M. Wallace. International Human Rights: Text and Materials（2nd）[M]. London: Sweet & Maxwel，2001.

的重要依据的理论实际上混淆了权利的根据与权利的保证之间的关系，只能陷入一种强调“因为这是法律规定”的循环之中。[①]因此，目前研究人员提出的理论主张还无法证明权利是天然正当的。

其实，任何一种刚刚出世的新型权利主张或者权利名目，不论其是否得到法律认可，都必须证明这种权利是正当的，或它的存在具有正当性。

（二）权利正当性的基础——合道德性

权利的根源是利益在一定社会中的转化形式。就存在形态而言，权利一般来说主要包括应有权利、法定权利和现实权利三种。但不论哪一种形态，权利都意味着一种达到权利主体某种正当利益诉求的手段，区别主要在于这个正当利益诉求是按照什么价值标准和尺度评价为正当的，或者说该权利要求是由什么力量来表征其正当的。

目前，在现代性的背景下，正当性这个概念正面临着两方面的混淆：一是日益等同于证成性；二是渐趋模糊于合法性。[②]权利的正当性是一个“回溯性”的概念，关注的是权利来源或限制性条件，是从“发生的进路”去评价权利。证成性是一个“前瞻性”的概念，关注的是权利的效用和达成的目的，也就是从“目的的进路”去评价权利。权利的证成性相对于权利的正当性而言是一个后发性概念，它可以削弱权利的正当性，但不能催生或促成权利的正当性。合法性是一个与现代权利的正当性密切相关的一个概念。严格地讲，合法性并不是正当性的充足条件，也即合法性不必然就能使权利被正当化。只有当法本身具备正当性，即合乎道德性并由此得到人们的普遍认同，其规定的权利才因体现合法性并进而证成其正当性。

权利作为实现正当诉求的重要手段，其最重要的就是获得人们情感上的普遍认同和赞成，被认为是正当的。因此，权利的正当性

① 尹奎杰：《权利正当性观念的实践理性批判》，科学出版社2008年版，第85页。

② 周濂：《现代政治的正当性基础》，生活·读书·新知三联书店2008年版，第59页。

问题，首先和主要是一种合乎道德的正当性，即需要首先获得伦理上的证明。权利作为一种手段，其实现离不开其他经济、政治、文化等方面的现实基础，但它们不可能成为权利正当性评价的根本价值标准，而仅仅是权利的具体表现形式，以及权利能否获得成为法律权利或者现实权利的条件。

第二节　自然权利成立条件之一——自然的主体性

由于环境日益恶化，人类开始注意保护环境，开始强烈地要求保护自然体（特别是动物）。“自然的权利”概念在各种场合频频出现，并受到一些学者的青睐。自然体权利，既然其名为“权利”而不是其他，那它至少应当具备权利的基本要素，即主体性、利益性、行为自由度和正当性。

权利是一个关系性概念，作为利益的表现和获得利益的手段，它的重要属性或功能在于表明利益在不同主体间的归属。从逻辑上讲，权利就是表明主体以什么样的方式、方法获得利益且被视为正当。权利和主体实为内在的一体，须臾不可分离，“无主体则不成其为权利”[①]由于对自然的主体性的考察无法回避自然体的利益性、行为自由度问题，笔者在此将一并加以论述，不作明确区分。

一、自然主体性的哲学理论依据

笛卡儿的身心二元论，奠定了近代主客二分西方哲学的主流。自此，西方哲学家普遍认为，“一切存在者不是客体，就是主体”，主客二分的思维模式统治了人类。发展到现代，以对象化思维、极端人类中心主义的目的论观念为特征的主体性支配了整个时代。人类作为唯一主体地位的确定，使人类对自然采取凌驾于其上的态度，而人口数量的急速膨胀、现代科技的发展使人的力量得到前所

① 杨春福：《权利法哲学研究导论》，南京大学出版社 2000 年版，第 96-97 页。

未有的张扬，更加促使人之主体化、自然之客体化，直接导致人类自认为是“一切关系的中心”，不顾自然规律而疯狂地控制和改造自然。可见，主体性“为现代性肆意统治和掠夺自然（包括其他所有种类的生命）的欲望提供了意识形态上的理由。这种统治、征服、控制、支配自然的欲望是现代精神的中心特征之一”。①

自启蒙主义以来，人的绝对主体性不断受到挑战，“主体性观念已在丧失着它的力量，这既是由于我们时代的具体经验所致，也是因为一些先进哲学家们的探究所致。”②19 世纪末 20 世纪初以后，非理性主义取代形而上学的主体主义和理性主义而盛行。非理性主义反对主客二分的传统思维框架，认为人并不是世界的唯一主体，更不是世界的主人，人的主体地位不是自封的，而是由其他与其“共生共存”的自然事物所赋予的，人应当与其他自然生命和谐相处，而不是以自然征服者自居。

海德格尔认为，近现代人本主义的谬误就在于首先将人类从自然整体中抽离出来作为主体，之后再被迫去探究与之相对立的客体，并建立所谓的“同一”，殊不知人类早已被已化为技术手段的工具，技术没有使人类获得真正的自在，而是早已将人类“框架”在技术系统中。海德格尔从技术角度对人与自然关系的分析，使人们意识到人所认识的自然已经是人化的自然，而非纯粹的自然，人类试图以绝对的主客二分法来凌驾于自然之上只是人类的一种幻想而已。

后现代主义是一种形式复杂多样、向度多维的文化现象，主张在超越现代性的基础上确定新的价值观念和思维方式，为对传统哲学的二元论、还原论、科学主义、机械主义进行质疑、解构和消解寻得了出路。作为一种新的世界观，其缘起为证成自然权利的正当性找到了突破口，而两者在时空上可谓是暗相契合。后现代主义对

① 大卫·雷·格里芬：《后现代精神》，王成兵译，中央编译出版社 1998 年版，第 5 页。

② 弗莱德·R. 多尔迈：《主体性的黄昏》，万俊人、朱国钧、吴海针译，上海人民出版社 1992 年版，导论 1。

人的绝对主体性、特殊性的消解、批判，对自然价值以及人道主义理论的重构，在自然观上使人融入了自然、宇宙，成为自然世界的普通一员。

后现代主义所提供的全新法学研究范式，对传统法学研究范式产生了强劲冲击，使人类逐渐从极端人类中心主义走出，出现了诸如动物解放、权利论、生物平等主义、生态整体主义、大地伦理学等新兴环境伦理思潮，主体性概念随从人类社会拓展至非人类世界。其实，"主体性是相对的，人不是最高的主体，更不是绝对主体，大自然才是最高的主体。非人存在物亦有不同程度的主体性，从而有其内在价值和权利。"①随着人与自然关系的日益交融，人类对人与自然关系的观念认识，经历了从"主客二分"走向"主客一体化"、"交互主体性"观念的转变。当人与自然实现和谐，并日渐成为一个有机的统一整体时，自然的主体性地位必将在哲学和法学等领域得到确认和尊重。

二、自然主体性的现实依据——生命之间的自然本性关系

凡生命之间基于自然本性形成的关系都是基本的自然关系，对生命的存在和持续发展都具有基本的支持作用。例如，森林和草原是动物生命生活的主要场所，一旦森林和草原消失了，动物的生存就会受到威胁。水是生命的基本条件，一旦失去了水，生命就会瓦解。了解生命之间的自然本性关系对于把握人与自然之间的关系具有重要的意义。

（一）生命普遍性关系

从地球生命的整体性，从物种生命的共性分析，生命普遍性乃是自然恒长的基本现象，万物生生不息。海洋、陆地和空气所组成的地球表面空间，经历数十亿年的进化，形成了完整的生命存在的

① 卢风：《论自然的主体性与自然的价值》，《武汉科技大学学报》2001 年第 4 期，第 99-102 页。

空间场所。生物学上称其为“生境”，指生物体或生物种群自然分布的地方或地点。生命现象是一个普遍的自然现象。微生物的繁殖、植物的生长和动物的生活在全球范围内生动地展开。从生命进化的历史过程来看，生命的普遍性是指自从生命诞生以来，生命在地球上生生不息。从生命在地球分布的广度看，生命遍及整个地壳的表面。从生命进化程度来看，生命是多物种的存在，而不是某一个物种现象，是所有物种的普遍现象。从生命成长性看，生命活动是所有生命体的共同特征，生存是一切生命的本性和本能。生命的本性首先是生存。生存本性产生生存的本能和生存的欲望，生存本能产生多样的生命活动：

1. 吃是生命的基本活动

吃也称为摄养。呼吸空气、喝水和获取其他营养是生命的本能。江山在《法的自然精神导论》中将生命获取营养的行为解释为摄养。摄养可以通俗地解释为吃的行为，包括呼吸空气、喝水、动物吃动物和动物吃植物的行为，也包括植物吸收养分和微生物分解动植物的行为。江山进而将摄养定义为摄在。从生命角度，摄在是指存在于自然界中的万千生命个体。由于每一个生命个体都是在摄在，即摄养的存在形式。所以，生命的摄养行为总是在生命之间展开，并导致被摄生命个体的消失。

> 摄在，即此某在吞噬、吸收、破坏…… 彼某在。一个在对他在的毁灭、灭失，是这个在获得养育而得以为在的基本方式，这是存在世界恶的开始，也是世界不和谐的开端。①

其实，无论是摄养还是吃，都是一回事，涉及生命之间最基本的食物关系。生命之间的食物关系，即食物链关系，将生命串连在一起，所有的生命都是食物链关系上必不可少的环节。地球生态系统就是在这个基本关系上发展而来的。

---

① 江山：《法的自然精神导论》，中国政法大学出版 2002 年版，第 121 页。

2. 性是生物的本性

在生命解决食物的前提下，生命体内生育新生命的性欲望不可抑制地产生了。性是物种内部基本的生命关系，自微生物到动物，性始终保持盎然生机。物种内部的一切关系都是由性引发，性的目的是延续生命。性的本质是两个配对的性细胞来到一起，发生暂时或永久的联合。性的生物学核心就是性吸引力足以使交配过的细胞内的基因重新组合。①

性是微生物的本性。通过共生发源原理，我们知道性起源于细菌的融合，饥饿是细菌融合的根本原因。姑且不说细菌、原初生物和真菌的性与动植物的性有何不同。动植物的性在形式上是一对异性交媾完成的，在实质上都是细胞融合。对于动物模式的性遗传，新生命的基因一半来自卵子，另一半来自精子细胞。既然新生命都是通过性的方式诞生的，没有性活动生命就不能延续。生命的奇特现象在于，无论是动物还是植物，构成新生命的细胞存在不同的生命体中，父亲拥有精子，母亲拥有卵子，对于生育后代的强烈本性促使双亲产生性的本能，性的行为目的就是实现精子和卵子的结合，当然这一过程被性的愉悦所掩盖。

3. 死亡是生命活动的正常过程

死亡就如同生命的出生一样正常。生物界的死亡有两种方式：一是某一生命个体被另一个生命个体作为食物吃掉。在草原上，两只公羚羊在打斗，其中一只羚羊受伤。这只受伤的羚羊被狼发现，于是狼对受伤的羚羊进行追捕，受伤羚羊在逃亡，但是受伤的羚羊最终被狼吃掉。这种吃与被吃的过程使个体的死亡成为一种普遍的现象。这种死亡有利于他物种的生命保存和发展。二是生命因疾病和衰老而死亡。动植物个体在这种情况下死亡后被微生物分解，还原成有机物。其实，两种死亡方式都是自然现象，都是生命之间基本食物关系导致的结果。

① 林恩·马古利斯：《生物共生的行星》，上海科学技术出版社 1999 年版，第 70 页。

程序性死亡（programmed death）是生命的性遗传方式的一个不可避免的结果。这个巨大的循环中，雄性和雌性分别提供各自只含有一组染色体的精子和卵子，只有当它们重新合并之后才能成为有两组染色体的后代；与这个循环密切联系的动物和植物个体则悄然死去。所有的生物都可能被杀死，细菌和许多原初生物也不例外。饥饿、干旱和毒物都是最大的杀手。但对于大灾难造成的死亡，并不存在一个自然拟定的时间表。原初生物祖先进化成植物和动物需要付出牺牲和代价；多细胞和功能复杂的躯体带来了个体生命的衰老和死亡。死亡，其实就是身体外壳的解体（disintegration），是减数成熟分裂的性方式所必须付出的惨痛代价。10 亿年前，通过细菌共生的整合而进化出来的原初生物形成永久稳定的整体时，就首次出现了这种今天深深困扰着我们的程序性死亡。[①]

（二）物种多样性关系

生命普遍性和物种多样性是相辅相成的。基因的独特性决定每一个不同的基因将形成不同的生命个体。由于基因 DNA 的遗传属性，具有基因 DNA 遗传属性生命个体存在生物特征的相似性，使其成为具有相同特征的生物种群。这个生物种群即为物种。对于物种概念，有各种定义。例如，物种是由种群组成的生殖单元，它与其他单元在生殖上互相隔离，并在自然界占有一定的生态位，在宗谱线上代表一定的分支。物种是互交繁殖的自然群体，一个物种的自然群体与其他物种的自然群体在生殖上互相隔离。地理环境和生殖隔离是形成物种多样性的客观原因。

生殖隔离使物种基因遗传保持稳定性和独特性，从而形成稳定的物种个性。生殖隔离在同一个生态群落中有利于物种特性保持，从而形成物种多样性。例如，在同一地区生活的鸟类和爬行动物之间不可能融合成一个新物种。

由于地理环境不同，环境适应性使不同的地理环境中生活着的

① 林恩·马古利斯：《生物共生的行星》，上海科学技术出版社 1999 年版，第 72 页。

物种彼此不同。例如，北极熊和大象属于不同地域的物种，各自独立进化。北美狮子和亚洲狮子由于地理环境的隔离，各自适应环境形成不同物种。

一个物种的不同个体因地理环境等原因被分隔为若干相互隔离的种群，种群之间因空间原因使基因交流中断，不同种群长期进化对地理环境形成独特的适应性，这种适应性使种群的遗传结构发生变化，遗传差异随时间推移而增大，形成了具有地理特征的亚种；亚种之间一旦形成生殖隔离，新物种就产生了。例如，生活在美国的大峡谷两边的松鼠，生活在非洲大陆和亚洲大陆的犀牛都是不同的物种。

一个物种因为生殖隔离原因会导致新种产生。例如，生活在相邻区域的同种生物，由于种群个体之间的基因交流弱，种群间的遗传差异会随时间推移而增大，最终导致新种产生。即使在没有地理隔离的情况下，也存在着一个物种在同一地域的个体变成两个生殖隔离种群的可能性。物种部分个体的交配季节发生变化，有可能使得这部分个体与另一部分个体的生殖时期不重叠，最后形成生殖隔离。寄生生物通过寄生在不同种类的寄主形成寄主专一性，使得寄生于不同寄主的个体被隔离开来了。

1993 年 12 月 29 日生效的《生物多样性公约》给“生物多样性”下了定义，“所有来源的活的生物体中的变异性，这些来源除其他外包括陆地、海洋和其他水生生态系统及其所构成的生态综合体；这包括物种内、物种之间和生态系统的多样性。”该定义反映了物种的地理分布特性。物种是生命存在的独立单位，是生命的完整表现形式。

（三）自然适应性关系

物种生命凡适应自然条件者才能生存。这是一个不用证明的道理。达尔文提出的适者生存原则也表述了这样的道理，但是达尔文是从生存竞争的角度提出这一观点的。从微观角度，物种总是在特定的自然中存在。这种特定的自然在生态学上称为生态群落，许多生态群落形成生态系统。生态群落由特定的物种、陆地或者水域、空气和温度、水等生命和非生命要素构成。例如，长白山区和撒哈拉大沙漠是完全不同的自然状态，其间生活着不同的物种。物种适应其生活地域的气候和水土条件，属于地理适应。在热带雨林中生活的蛇在寒冷的北极很难生存，即便生存下去，其生理结构就会发生适应性变化，形成与原来不同的物种。微生物也是这样，不同的气候带和水陆空间分布，会形成不同的微生物体。

1．环境适应性

物种总是生活在适宜的地理环境中。地理环境一般由阳光、空气、水、陆地等要素构成，形成特定的气候特征。亚马孙河流域位于赤道附近，高温、潮湿。在这样的环境中生长出热带雨林。高温湿热和茂密的森林为这一地区的微生物和动物生存创造了条件。动物、植物、微生物和气候形成整体的生境。所以，生活其中的物种都是适应这种生境的。否则，不适应者就会灭绝。环境的变化曾导致生命在距今约 4.4 亿年前的奥陶纪末、3.7 亿年前的泥盆纪晚期、2.5 亿年前的二叠纪末、2.3 亿年前的三叠纪末和 0.65 亿年前的白垩纪末曾发生过数次灭绝事件。三叶虫、恐龙和其他动物的灭绝都是曾经发生的自然事件。但是，在生命灭绝的同时，新的适应环境的生命就会获得大发展的机会。生物进化史上曾发生过多次适应辐射都是环境适应性的事实。脊椎动物由水进入陆地后（在 3.5 亿～4.0 亿年前），开始了脊椎动物的一次大的适应辐射。但是陆地上没有大的与之竞争的动物，选择压低，登陆的脊椎动物纷纷占领了各自的栖息地而大大发展。后来又出现了一次爬行类的适应辐射（在 2.5 亿～3.0 亿年前），出现了恐龙、翼龙等多种大的爬行动物。哺乳类也发生过 3 次适应辐射。最后一次发生在新生代（在 0.6 亿～0.7 亿年前），从原始的食虫类分化出包括灵长类在内的胎盘哺乳类。

达尔文认为，具有任何优势的个体，无论其优势多么微小，都将比其他个体具有更多的生存和繁殖机会。任何轻微的有害变异都必然导致绝灭。达尔文将这种有利于生物个体的差异或变异的保存，以及有害变异的毁灭，称为“自然选择”或“适者生存”。[①]一切生命物种都时刻经受着环境变化的影响。当环境变化时，幸存者是那些能够成功地适应环境变化的物种。[②]根据迈克尔·博尔特的观点，动物在环境改变的瞬间达到优势地位，不是因为它们在争斗中有强大的力量，而是因为偶然的机会，它们仅仅刚好在某个特定的时间里比其他物种更适应新的环境。也就是当环境内部生物或社会行为发生改变时，在适宜的时间和地点刚好出现某一种适宜的物种。[③]

2. 物种的种间适应性

物种总是生活在特定的时空中。在特定的时空，总是存在多数物种。任何一个物种都不可能孤立地存在，一个物种总是参与到另一个物种的时空，共享阳光、水和空气，而且建立了彼此适应的物种关系。例如，草原气候不适宜树木生长，形成草原。草原上适宜羚羊、斑马、大象等食草动物生活。因为有食草动物，所以草原上生活着老虎、豹子、狮子和狼等食肉动物。在草原的旱季，由于草不能生长，动物就会进行整体性的迁徙，直至找到适宜的生活场所，否则生命就会因不适宜自然而死亡。生命之间建立的整体性链条关系，即通常所说的食物链关系，是生命之间在特定时空中形成的稳定的生活关系，这种关系是有利于整体性生命生存的。在这一关系中总会发生个体生命的死亡，但是个体生命的死亡，一方面有利于个体生命物种的整体保存，另一方面有利于其他物种的生存。此即生存有利性原则，任何物种的存在不是其他物种选择的结果，物种的存在是生命的本性发生的。在一个稳定的生物群落中，物种的存在都有利于其他物种的生存和发展。

中国科学院动物研究所张树义先生在《亚马孙热带雨林系列报

---

① ［英］达尔文：《物种起源》，陕西人民出版社 2004 年第 5 版，第 94 页。

② ［美］迈克尔·博尔特：《灭绝——进化与人类的终结》，中信出版社 2003 年版，第 32 页。

③ ［美］迈克尔·博尔特：《灭绝——进化与人类的终结》，中信出版社 2003 年版，第 32 页。

道（十一）动植物协同进化》[1]中对物种之间的适应性生存有集中的研究，为有利于对生命协同进化的理解，笔者将该文部分引用如下：

人们常慨叹自然界花的绚丽，果的香甜，要知道它们既非上帝的杰作，也不是偶然的产物，而是与动物协同进化的结果。

在温带地区，许多植物的花往往是黄色、白色、紫色或蓝色，因为这里的昆虫对鲜红色辨别力较差。而在热带，很多花则恰好是红色，因为这些地方的蝶类和蜂鸟善于辨别这种鲜艳的颜色。对于这些虫媒花植物来说，传粉是靠昆虫或蜂鸟实现的。动物在寻花采蜜的时身体粘上花粉，拜访其他花朵时先前的花粉就撒落在后者的柱头上，为植物完成了授粉作用。在这一过程中，昆虫得到食物，花得以授粉，动物与植物彼此受益，相得益彰。这种相互依赖的关系有时甚至协同进化出令人惊讶的现象，动植物的一方仿佛完全是为了适应另一方而存在，如蝴蝶的口器刚好适合兰花的唇瓣，一些花花筒的长度和形状恰巧与采蜜蜂鸟的喙相吻合。

在整个地球的热带雨林里，大约 70%的植物依靠动物传播种子。Janson，一位年轻而富有才气的美国热带生态学者，曾系统地研究了南美热带雨林里水果的大小，颜色与其种子传播者的关系，他发现雨林里的水果可以分成两大类：体积小的红色的水果和体积大的黄色的水果，前者的种子传播者是鸟类，后者的种子传播者是哺乳类。另一位法国灵长类学者 Julliot 更深入地研究了吼猴的领域利用行为与植物演替的关系，她发现吼猴经常睡眠的区域幼龄植被结构明显与其他地方的不同，在那里水果被吼猴取食的植物种类的幼苗明显地密集。这一现象很容易被理解，吼猴食量大，又不经常移动，于是，许多被吞下的种子被排泄到同一个区域，种子随后发育成小苗。于是，几十年后，这一小块森林的结构就会稍微区别于邻近的一片，这也就解释了为什么原始热带雨林的植被不十分均匀

① 载中国科学院科学传播网站《亚马孙热带雨林系列报道（十一） 动植物协同进化》，2006 年 7 月 25 日访问。

而是或多或少地呈斑块状。

大自然就是这样随着生命的进化将自身编织成一张错综复杂的网，所有的环节都是直接或间接地相关联。不仅动物与动物之间存在着食物链关系，植物与植物之间有相生和相克，动物和植物也是相互依赖、协同进化。大自然似乎为每一个物种都做了精心的安排！

3. 物种共生性

物种共生是一种普遍的生命现象，正是共生才促进了生命的普遍兴旺。

共生是指很不相同的生物共同生活在一起。①所以，生物学上的共生首先是指不同物种之间生活在一起，在某些情况下，不同物种长期共同生活导致出现新的生命物种、新细胞、新组织、新器官。这就是共生发源。共生发源，在生物学上，本意就是物种通过共生发生的合并形成新器官和生物的过程。②

约在 35 亿年前，细菌共生产生了细胞器，形成了真核细胞。哥伦比亚大学的伊万·沃林（Ivan E.Wallin）在 20 世纪 20 年代提出叶绿体和线粒体起源于细菌共生的理论。林恩·马古利斯提出了“连续内共生理论”（serial endosym biosis），论证细胞器起源于细菌之间的互利共生。线粒体和叶绿体都是细菌共生的结果。该理论指出，真核生物的形成须经过三次共生融合。首先，螺旋体和古细菌共生融合产生了细胞核、细胞膜、染色体、纤毛、鞭毛和中心粒。其次，有核细胞和紫细菌共生融合，紫细菌变成了线粒体。再次，线粒体和藻青菌共生融合，藻青菌变成了叶绿体，形成完整的真核生物。植物生命在细菌共生过程中就产生了。

细菌共生不仅产生了植物，而且形成了生命的性现象。生物的性源于最早的近邻捕食现象。一个个体被另一个个体吞噬，但是二者的基因组不消失，到有利条件出现时才发生分裂。只在特殊的生

---

① 林恩·马古利斯：《生物共生的行星》，上海科学技术出版社 1999 年版，第 27 页。
② 林恩·马古利斯：《生物共生的行星》，上海科学技术出版社 1999 年版，第 27 页。

命周期中发生减数分裂，产生只有一个基因组的细胞，并让基因组间多进行交换以获得有利基因。这种性现象可以看做一种周期性的同种互利共生现象，这种现象为自然选择提供了更多的选择材料，大大加快了进化速度。加拿大植物学家K.A.Pirozynski和D.W.Maloch为了解释 4.5 亿年前的维管束植物的起源提出了真菌融合（fungal fusion）假说。他们指出植物和藻类的共同进化使这一对伙伴在共生发源过程中结合。在长期相处的过程中植物窃取了真菌制造木质的基因。

不但细菌共生促进了植物生命的诞生，在所有微生物、植物和动物共同生活的世界里，共生现象依然是最普遍的现象。共生现象体现在生态系统的食物链中。

捕食关系看起来是对一方有害的，但它实际上是一个互利共生的关系。其他的种间共生现象非常普遍。例如，豆科植物和根瘤菌共生才能生长。豆科植物的根部一般都有一种瘤状的小突起，其中含有固氮的根瘤菌为豆子提供氮肥。地衣是绿藻和真菌类的共生体，真菌帮助保持水分和提供营养素，藻类提供光合作用产生的碳水化合物。动物和植物的互利共生表现在渡渡鸟和大头树的关系上，渡渡鸟为大头树提供种子萌发的强壮砂囊，大头树为渡渡鸟提供食物。在加勒比海生活着一种裸鳃类动物，它以海葵作为食物。在海葵被吃下后，海葵的刺细胞会从这种动物的背上长出来。两种生物的组织联系十分紧密就像是一种生物。珊瑚虫（anthozoans）和绿藻、黄藻共生，珊瑚虫为藻类提供营养，藻类则为珊瑚虫提供各种复杂的光合作用产物。热带雨林的生物共生性非常典型。昆虫、鸟类、哺乳类等生命为有花植物授粉或传播种子。植物为动物提供花蜜和果实作为食物。如果没有生物的共生关系，大部分植物就无法生存。动物以木质素、纤维素为食，但是其身体内无法产生相应的酶，只好依靠肠道里的微生物。

所以，人类生活在一个共生共存的世界上，人类每时每刻都与微生物、植物和动物生活在一起。就拿微生物来说，在我们的皮肤上生活着大约有 1 万亿个细菌，平均每平方厘米皮肤上生活着 10

万个左右的细菌。在我们的肠胃里、鼻孔里、眼睛里都生活着细菌。仅仅在消化系统里就生活着 100 万亿个以上的细菌寄主。除少数病菌外，大多数细菌都是我们生命所不可缺少的，都是有益于生命健康的。[①]

三、自然主体性的现实依据——生命的自主权利

自然本性是一切生命权利的来源。生命基因的独特性和无等级性、生命的普遍性和共生性决定生命之间的平等关系；平等生命之间的协同生活形成普遍的生命自由。所以，一切生命生而平等，一切生命生而自由。

（一）物种自在平等

平等概念是人类伦理和法律上的概念，指人们之间在出身、人身、地位、财产、待遇和机会上的没有差别性。平等源于人类对社会不平等的反抗和修正，是一种基本的人权价值。所以，平等概念是一种关系性描述概念。我们在论证物种平等时仅从关系性描述角度运用这个概念，不带任何的人际伦理道德和法律评判意识。

生命的普遍性、多样性和共生性衍生出物种之间的平等关系。虽然按照生物学的设计，食物链存在等级，每一物种都处在不同的营养级别上，但是食物链的等级不是人类社会中存在的那种等级差别和服从关系。食物关系是物种之间在长期进化过程中形成的一种有利于物种生存的关系，是物种平等性之间的协作和适应，而不是等级的高下关系。植物就是植物，动物就是动物，微生物就是微生物。在食物关系中，长颈鹿吃树叶，狮子吃长颈鹿，狮子死后被细菌分解。我们不能因此得出树木是长颈鹿的奴仆，长颈鹿是狮子的奴仆，狮子是微生物的奴仆。根据生存有利原则，在物种适应关系中，物种都会向其他相关的物种奉献出部分个体，从而形成协同共生进化。在一个稳定的生物群落中，物种不会主动的整体性灭绝或

---

① 比尔·布莱森：《万物简史》，接力出版社 2005 年版，第 270 页。

者奴役另一物种，所有的物种在同一生境中自由发展。其实，物种之间除了食物链的基本关系外没有其他的束缚。物种之间不存在暴力和强制，不存在一物种对其他物种的从属，一切皆依自然本性生活。

物种平等性可以分为种内平等和种际平等。种内平等是指一个物种内部成员之间的平等性。种内平等首先表现在物种内部成员之间对彼此生命的承认和对彼此共同生活在一个地域空间的认可，物种内部成员之间共同协作保持整体的生机与健康。例如，狼群内部成员之间的关系、蚂蚁内部成员之间的关系、蜜蜂内部成员之间的关系都是平等关系。种际平等是物种之间的平等性。种际之间不存在一物种主动整体性消灭另一物种的现象；不存在一物种不允许另一物种生存，继而剥夺其生存空间的现象。老虎不会将整个草原毁掉，也不会有组织有计划地在特定时间将羚羊整体性消灭。任何一个物种都不会成为其他物种奴役的对象。

物种平等具体表现在如下两个方面：一是物种平等地享有阳光、空气和水源。虽然在地球上，不同地域的物种对阳光、空气和水的使用存在数量上的差异，但是不同地域的物种在使用阳光、空气和水的机会上不存在差别。就同一个地域或生物群落而言，物种对阳光、空气和水的使用上也不存在机会差别的。只要生命需要，大家都有权享有这些自然条件。二是物种平等地享有生存空间。在一个地域生活的物种构成生物群落，每个生活在其中的物种都平等地分享这个生活空间。一个物种是否能够生活在某一区域取决于该地区的气候和食物数量，而不取决于这个物种的身份。当自然条件适宜物种生存的时候，物种就会生活在其中，而不会被暴力驱赶出这个区域。

（二）生命自由

自由的一般含义是不受限制和强制。对生命物种而言，自由乃是生命依据自然本性生活而不受外来限制和强制。例如，只要身体机能不存在问题，生命一经诞生就可以自由自在地享受阳光，呼吸空气和饮水。生命经本性驱使自发自由地寻找食物并摄取食物。所以，自由是生命本性充分表达的生存状态。生命自由是有条件的。首先，生命自由总是发生在特定的自然条件下，即自然选择。在自然中，生命的诞生和发展都是在特定的生境下发生的，即在自然条件形成的时候，生命就会自发地生成，并按照其本性所要求的样子生活。其次，当生命之间的共生状态形成的时候，在生存有利的原则下，当生命获得其他生命支持的时候，生命的自由会获得更加充分的表达。在食物关系中，生命个体可能会被其他生命个体作为食物吃掉，被食者丧失了生命。这是自然界中个体生命死亡的一种基本方式，是生存有利原则的张扬，是对生者自由的支援。一只羚羊被狼吃了，这只羚羊的死亡有助于整个羚羊种群的保存和自由存在，也有利于狼的生命自由。自然界中的食物关系不是消灭和限制自由，而是对生命自由的基本支援。

迁徙自由是生命自由的另一种表现。“迁徙作为一种生命现象存在于生物界。我们说首先是生物的一种本能。……我们将迁徙的范围扩展到整个生物界，就是指出迁徙包括植物和动物在内的整个生物界都具有的本能。”①生命物种的迁徙行为主要是由气候等环境因素导致某一地域不适合生存。非洲大草原上的动物在干旱季节都会发生大规模的千里迁徙行为。北方的候鸟在冬季都会向南飞翔。生命的迁徙行为是生命的本能，这种本能源于生命本性对生存条件的依赖。

所以，生命自由乃是自然界生命的存在状态。自由乃是生命在一定的生境场所依其自然本性活动而不受其他生命限制。当然，与自由相对应的就是不自由。依据自然本性，对于动物生命来说，不自由就是死亡。因为不自由就是一个生命对另一个生命的强制，被强制者将成为强制者的食物。动物生命之间的强制与动物对植物的强制不同。动物生命之间的强制会发生强制者剥夺被强制者的生命。动物对植物的强制一般会在枝叶上，并不影响到植物的根。所

① 张永和：《权利的由来》，中国检察出版社 2001 年版，第 40-42 页。

以，逃生是生命尤其是动物生命对自由的本能向往，是保全生命的本能对自由的渴望。虽然有这种不自由的存在，物种依然是自由的。羚羊虽然丧失了个体生命，但是羚羊的种群依然是自由的。它们依然在草原上自由生活。

生命自由的状态适用于人类进入社会以前的阶段。人类的政治自由乃是政治对人的生命自由的确认和保护。施特劳斯对自然的自由和自然的平等有过充分的论述：

自然的自由和自然的平等是相互不能割离的。如果人人生而自由，就没有人生而比任何别人更优越，因此人人就是生而彼此平等的。倘若人人生而自由和平等，把任何人看做不自由或者不平等，那就违背了自然；保持或恢复自然的自由或平等乃是自然权利所要求的。这样，城邦似乎就是违背自然权利的，因为城邦是以不平等或从属关系以及对自由的限制而立足的。城邦对于自然的自由和平等实际上的否定，必须追溯到暴力，最终追溯到错误的意见或者是天性的败坏。这就意味着要把自然的自由和平等看做是一开始，当天性还没有被意见败坏时，就是充分有效的。①

生命自由是生命在自然法规制下的生存状态。这里的自然法含义并不是笼统指西方自苏格拉底的自然法思想。因为西方的自然法是仅指向人的自然权利的。这里的自然法是指生命根据自然本性生活而形成的生命之间的关系。本书取孟德斯鸠对法的定义："从最广泛的意义来说，法是由事物的性质产生出来的必然关系。在这个意义上，一切存在物都有它们的法。"②孟德斯鸠进而认为法是存在着的一种根本理性和各种存在物之间的关系，是存在物彼此之间的关系。孟德斯鸠将事物的性质、事物之间的关系和宇宙间存在的规律都纳入法的范围，因此他给法下了一个广泛的定义。他的定义对

① ［美］列奥·施特劳斯：《自然权利与历史》，三联书店2006年版，第119页。

② ［法］孟德斯鸠：《论法的精神》（上），商务印书馆1985年版，第1页。

于生命而言也是有效的，法是生命的性质产生出来的必然关系，是生命之间的关系。这种生命的性质就是生命的自然本性。果不其然，孟德斯鸠在接下来对自然法的阐述中，他将法的对象和范围限定在人。他认为，自然法是源于人类生命的本质，并指出人类如果要很好地认识自然法就应当考察社会产生以前的人类，自然法是人类在这样一种状态之下所接受的规律。①孟德斯鸠提出了人类四条自然法：一是和平，二是寻找食物，三是两性之间的爱慕，四是愿望过社会生活。②孟德斯鸠对法的定义符合法的本性关系。

江山认为，秩序在相的层面表现为法相。③法是宇宙间全部有序规则的总称，是事物存在的一个相维，是存在的内在机制。④法在自然界具有普遍性，法不仅在物种内部存在，在物种之间也是存在的。自然中，没有不受法规制的生命。物种内部规则使物种生存和发展成为可能。同时，物种总是生活在物种之间，即生活在生命中，此即生物群落。

在一个生物群落中，阳光、空气和水是所有生命共享的。没有一个物种会限制另外一个物种享有阳光、空气和水。在陆地上，这样一个空间就会生长出植物，植物形成森林和草地，植物吸收阳光、水和二氧化碳，通过光合作用，向空气中释放出氧气，氧气是动物生命不可缺少的。食草动物依靠吃植物的茎叶生活，哺乳动物靠吃食草动物生活。这样，在物种吃的本性的基础上，在物种之间形成了一种稳定的食物供应关系，食物关系的稳定为生命协同进化奠定了基础。如何理解动物吃植物的茎叶，哺乳动物吃食草动物呢？物种个体或者个体的一部分被其他物种个体作为食物所享用的关系，是有利于物种生存的，即生存有利规则。个体的消亡有利于自身物种的保存，也有利于其他物种的保存。虽然个体消亡总是伤心的事情，但是这是符合整体生命发展的自然本性。如果不遵守这一关系，

---

① ［法］孟德斯鸠：《论法的精神》（上），商务印书馆 1985 年版，第 2 页。

② ［法］孟德斯鸠：《论法的精神》（上），商务印书馆 1985 年版，第 2-3 页。

③ 江山：《法的自然精神导论》，中国政法大学出版社 2002 年版，第 79 页。

④ 江山：《互助与自助》，中国政法大学出版社 1994 年版，第 95 页。

生命的链条就会中断，物种之间就会因为没有食物而消亡。如果羚羊不吃草，那么会发生什么事情呢？结果羚羊会饿死。老虎不吃其他的动物，老虎也会饿死。这种死亡是不符合自然本性的。食物关系是物种为了生存对其他物种提出的要求。

食物关系是物种之间普遍而基本的关系，是物种之间的法。其实，这种食物关系总是发生在个体之间，而不是物种的整体之间，但是个体之间的行为对整体有利。物种之间除了食物关系外，便不再有一物种对其他物种的限制。物种之间独立、平等而自由。在大草原上，狮子和羚羊之间是平等的。当狮子不饿的时候，狮子对羚羊来说是安全的。此时，狮子和羚羊都是自由的，并不存在狮子对羚羊的奴役和限制。所以，一切生命生而平等和自由。

如果我们用权利概念和主体概念描述生命在自然法状态下的生活行为，我们会发现每一个物种生命都是一个独立的主体，所以在自然状态下主体与物种生命是同一的概念。一个生命物种在自然状态下依据自然法做或者不做某种行为的自由即为权利。所以，自由受自然本性规定。生命在自然状态下的自由生活，其做某种行为或者不做某种行为，都是决定于自然本性，这种自然本性的自由规定性对一切生命体都是有利的，此即自由有利生存原则。自由有利生存原则首先形成了生命之间的独立平等性。所以，在自然本性下，生命自由、平等，每一种生命都有生存的权利。

第三节　自然权利成立条件之二——合乎道德性

人类应当保护自然或者说保护自然是正当的，是人类赋予自然以权利的理由。但是，主张自然体享有权利不是仅仅通过声称自然体享有权利就能获致正当性，而是需要相关的证明。在此，我们有必要分析一下西方环境伦理思想对自然的权利的渗透。

根据价值立场和终极目的的不同，西方环境伦理学可分为人类中心主义环境伦理学和非人类中心主义环境伦理学两大类型。非人类中心主义是西方环境伦理学的主流话语，它站在整体主义的立场上去构建自己的理论体系，强调自然生物之间的相互联系和相互依存以及生态系统整体的重要性，要求个体的价值只能在满足和服从其他物种和共同体整体利益的基础上才能实现。非人类中心论者从自然的内在价值与生态系统的整体价值出发，主张不应仅考虑人类利益，更应从自然本身利益出发来保护自然环境，提出重建人与自然和谐共生关系的要求。非人类中心主义思潮中的“动物权利论”、“生物中心论”、“生态中心论”等流派颠覆传统伦理的新思想对自然权利的产生和发展的影响是革命性的。

一、动物权利论：权利主体的范围由人扩展到动物

从20世纪70年代后期、80年代初开始，动物保护运动出现了新的发展动向，即动物解放运动和动物权利运动，进而产生了以皮特·辛格（Peter Singer）为代表的动物解放论和以汤姆·雷根（Tom Regan）为代表的动物权利论。动物解放论和权利论者认为，动物感受痛苦的能力使它们有权不受人类的任意侵害，导致动物不必要痛苦的行为是错误的。他们率先将道德关怀的范围从人扩展到了人以外的非人类存在物，但由于此理论将非人类利益与价值定位于感觉能力，所以只有中枢神经系统发达的动物才应受到人类的道德关怀。

以皮特·辛格为代表的动物解放论秉承的是19世纪功利主义哲学家边沁（Jeremy Bentham）的功利主义。早在1789年边沁就指出，“或许有一天，动物可以取得原本属于它们但只因为人的残暴之力而遭到剥夺的权利”。[①]皮特·辛格在其撰写的《动物的解放》一书中指出，“人的生命或者只有人的生命是神圣不可侵犯的信念，是物种歧视的形态之一”、“不管一个存在物的本性如何，平等原则都要求我们把它的苦乐看得和其他存在物的苦乐同等重要”、“所有的动物都是平等的”。

① 皮特·辛格：《动物的解放》，光明日报出版社1999年版，第9页。

皮特·辛格认为，感受痛苦的能力是动物拥有利益，获得道德权利的根本特征。快乐即善，痛苦即恶；凡带来快乐的就是道德的，凡带来痛苦的就是不道德的；而且，在计算一个行为的道德后果时，必须把受此行为影响的所有个体的利益都同等程度地考虑进去。而把每一个人的利益都考虑进去的根据，不是他们的智力、道德天赋或情感能力，而是由于他们都拥有能感受苦乐的感觉能力，这是拥有利益的充分条件，也是获得道德关怀的充分条件。在动物解放论者看来，具有感觉能力的动物至少拥有一种利益：体验愉快和避免痛苦的利益。因此，我们必须把动物的苦乐利益也当做道德计算的相关因素。可见，在动物解放论者看来，“感受痛苦”、“存在”等自然拥有价值和权利的依据。

以汤姆·雷根为代表的动物权利论师承的是康德的道义论传统，即“间接义务论”。汤姆·雷根真正从哲学的高度阐释了“自然拥有权利”这一命题，认为动物是“能感受愉悦与痛苦”的“生命主体”，具有与人类一样不可侵犯的权利，一样有“固有的内在价值”。在他看来，人们用来证明人拥有权利的理由与用来证明动物拥有权利的理由是相同的：每一个人都具有平等的道德权利的根据并不是由于每一个人都具有理性、能说话、能自由选择的能力（如白痴不具有这些能力，我们并未因此而否定他们的权利，因为这种权利是天赋的）。每一个人之所以同等地享有这种权利，是由于每一个人都具有一种内在价值，具有这种价值的存在物必须被当做目的本身，而不能当做工具来对待，这种价值应获得恰当的尊重。人拥有天赋价值源于人是有生命、有感觉、有意识的生命主体，而动物（至少某些哺乳动物）也具有成为生命主体的种种特征，因而，动物也拥有值得我们予以尊重的天赋价值。它们的这种特征以及由此而来的这种权利决定了人类既不应也不能把它们当做一种仅仅能促进人类自身福利的工具来对待，而必须以一种尊重它们身上的天赋价值的方式来对待。

二、生物中心论：权利主体的范围扩展到所有存在物

如果说，动物解放论和动物权利论者关注的仅是动物个体的福祉和利益，具有局限性。那么，20 世纪初叶产生的生物中心论正好可以弥补这一缺陷。生物中心论认为，不仅动物有“权利”，而且包括植物在内的所有生物一般说来都有其自身的“内在的价值”，因此都应受到同等的尊重。这是以敬畏生命的理念为基础的。

法国伟人阿尔贝特•施韦泽（Albert Schweizter）是 20 世纪最伟大的人道主义者，他首次将伦理学概念及其权利扩大到其他所有生物，并在此基础上提出了“敬畏生命”的伦理观。1943 年，施韦泽在其代表著作《文明与伦理》中详细阐述了其所倡导的敬畏生命伦理观，他认为，“善的本质是保持生命、促进生命，使可发展的生命实现其最高的价值；恶的本质是毁灭生命、伤害生命，阻止生命的发展”。[①]他指出，哲学要使伦理学成为一种能实行的义务和命令的规则化体系。如果只承认人的原则，伦理就不可规则化，如果把爱扩到一切生物，就会承认伦理的范围是无限的。所以，为爱一切生物的伦理学制定细则，这是当代的艰巨任务。

生物中心论的另一代表人物是 P.W.泰勒，他在《尊重大自然》一书中写道：“采取尊重自然的态度，就是把地球自然生态系统中的野生动植物看做是具有内在价值的东西。”[②]即“尊重自然”就是尊重“作为整体的生物共同体”，尊重“生物共同体”就是承认构成共同体的每个动植物的“内在的价值”。P.W.泰勒认为，生命体之所以具有内在的价值，是因为生命体是“具有其自身的善的存在物”。[③]他区别了靠评价而被承认的主观价值（value）与作为客观价值而存在的“善”（good），由此主张只有生命体才是具有自身“善”的存在。

生物中心论从尊重一切生命体的角度出发，把所有生命当做道

① 余谋昌：《环境伦理学》，高等教育出版社 2000 年版，第 72 页。

② P.W.Tayor：Respect for nature，Princeton University Press，1986，p.71.

③ P.W.Tayor：Respect for nature，Princeton University Press，1986，p.66.

德关怀的对象，提出物种平等主义，不应把人类看成是优于其他生物的主张，避免了以往环境伦理观中的生物等级观念和物种歧视观念，是一个极为重要的观点。但是，生物中心论关心的仍是生命个体，否认了人对物种本身和生态系统负有直接的道德义务，这与现代生态学对生物之间的相互联系、相互依存以及由生物和非生物组成的生态系统的重视和强调是不协调的。

三、生态中心论：权利主体的范围扩展到整个生态系统

生态中心论蒙受现代生态学启示，认为一种恰当的环境伦理学必须从道德上关心无生命的生态系统、自然过程以及其他自然存在物。因此，生态中心论的道德关怀范围更广大，从生命物扩展到无机物，从生命个体扩展到生物共同体。于是，关于“价值”和“权利”的概念便进一步向包括无生命的自然在内的整个自然界扩展。

A. 利奥波德（A. Leopold）被现代美国人称为是“环境伦理学之父”，其代表的“大地伦理学”以扩展道德共同体的边界作为其崇高的任务。大地伦理学致力于改变人类的地位，从人类是大地——社会的征服者，转变为他是其中的普通的成员与公民。这意味着人类不仅要尊重共同体的其他同伴，而且要尊重共同体本身。尊重共同体，一方面要认识到自然界的一切是有机地相互联系的，人类自己的生存与发展取决于自然界的调节机制的正常发挥作用，要承认人以外的自然存在，承认自然实体及其过程所固有的伦理准则和存在权利；另一方面要激发对自然共同体的热爱，就是说人类不仅要把“权利”概念扩展到大地共同体，而且要把“良心”和“义务”扩展到大地共同体。由此，大地伦理学倡导确立一种新的伦理价值尺度和新的道德原则，人类应当彻底改变以单一经济私利为基础的自然保护体系，改变流行的价值尺度，确立新的价值尺度，大地伦理学的价值尺度，应当从“什么是道德的，以及什么是道德权利，同时什么是经济上的应付手段的角度，去检验每一个问题。当一个事物有助于保护生物共同体的和谐、稳定和美丽的时候，它就

是正确的；反之，就是错误的”。[1]这种尺度，从生态学的角度看来，是对生存竞争中行动自由的限制；从哲学的角度看来，是对社会和反社会行为的鉴别。A. 利奥波德在对大地伦理学说进行阐述的同时，明确提出了生态整体主义最基本的价值评判标准：“当一个事物有助于保护生物共同体的和谐、稳定和美丽的时候，它就是正确的，当它走向反面时，就是错误的。”[2]

挪威哲学家阿恩·纳斯（Ame Naess）也是生态中心论的代表人物，他是“深层生态学”的创始人，提出了深层生态学理论的两个“最高规范”（ultimate norms）：“自我实现”和“生物中心主义的平等”。其中“生物中心主义的平等”的基本要义是：“在生物圈中的所有事物都有一种生存与发展的平等权利，有一种在更大的自我实现的范围内，达到它们自己的个体伸张和自我实现的形式的平等权利”。[3]生态系统中物种的丰富性和多样性是生态系统稳定性和健康发展的基础，因此一切存在物对生态系统来说都是重要的、有价值的。从整个生态系统的稳定和发展来看，一切存在形式都有其内在目的性，它们在生态系统中具有平等的地位。

以罗尔斯顿为代表的“自然价值论生态伦理学”，提出了一种自然价值论的生态伦理学体系，在西方生态伦理学界格外引人注目，“价值走向荒野”是他提出的最响亮的口号，这是对旧哲学和旧伦理的突破，因为“旧伦理仅强调一个物种（人）的福利；新伦理学必须关注构成地球进化着的生命的几百万物种的福利”。[4]他进一步提出自然界承载着多种价值。自然界的价值即自然的属性，是由自然系统或自然物质的结构决定的。当自然价值以和谐的生态关系或自然关系表现时，可以从两个层次进行分析：一是生物学层次，

① A.leopold：A Sand Country Almanac，Oxford University Press，Inc.，1981，pp.224-225.

② ［美］A. 利奥波德：《沙乡年鉴》，侯文惠译，吉林人民出版社 1997 年版，第 213 页。

③ Pojman，Louis P.（ed）：Environmental Ethics，Reading in Theory and Application，Boston：Jones and Bartlett Publishers，Inc.，1998，p.146.

④ 傅华：《生态伦理学探究》，华夏出版社 2002 年版，第 30 页。

即生物与非生物环境的自然关系价值；二是文化层次，即人类的层次，是人与环境关系的价值。也就是说，自然界不仅具有以人为尺度的价值，即工具主义的价值，而且具有以它自身为尺度的价值，即非工具主义的内在价值。把它们所有的工具价值和内在价值结合起来，共有 12 种价值：经济价值、消遣价值、科学价值、美学价值、历史价值、哲学与宗教价值、生命支撑价值、遗传和生物多样性价值、生命价值、同一性和多样性价值、稳定性和自发性价值、辩证的价值。自然界的这些价值是自然的属性，是由它的结构决定的，不以人的意志为转移，因而自然界的价值是客观的。但是，在另外一些情况下，自然界的价值是由人的主观意识到或体验到的，并在人的经验中被享用，因而它又是主观的。有鉴于此，我们应该遵循自然，把生态规律转化为道德义务。我们既是生态系统的一个公民，又是生态系统的“国王”，我们的作用就是对生态系统进行治理，因为进化过程在创造一个完善的生态系统上迄今为止也只是取得部分成功。我们可以改造自然，但这种改造应该是对地球生态系统之美丽、完整和稳定的一种补充，而不是对它施暴。我们的改造活动必须是合理的，是丰富地球的生态的，我们必须证明牺牲某些价值是为了更大的价值。我们的伦理生活应该在效率和道德的双重意义上使我们保持与自然的很好的适应。总之，我们为了所有生命和非生命存在物的权利，必须以遵循自然规律，把握自然规律作为我们人类的道德义务，这是现代生态哲学的主题。

基于人的本性的人类的生存和发展权利是西方自然法学的概念。但是，其他生命的自然权利，在当代社会学中，从目前来说，并不是一个法律概念，而是一个环境论理学概念。也就是说，生命自然的权利意识首先在环境伦理学领域兴起的。它是现代环境保护运动的一个成果。具体而言，现代环境保护运动有两个重要的历史遗产，一是始于 18 世纪反对虐待动物的动物保护运动，二是 19 世纪末期始于国外的资源保护运动。在其初期，这两个运动都只是少数“理想主义的志愿者们的孤军奋战”，但今天，它们的精神遗产已经被大多数人接受。如果我们仅仅因为一种理念在其发展初期尚不能为大多数人接受，就视之为“异端”，那么现代文明的许多成就在其襁褓期就夭折了。

尽管对自然权利的维护遭到令人不可想象的诘难，如杰里米·边沁声称这种提法“毫无意义”，谈论自然的权利是“装腔作势的胡扯”。当代哲学家阿拉斯戴尔认为几乎没有理由去相信这些权利，就像不能相信巫术和独角兽一样[①]美国的 R. 沃特森把自然的权利视为生态宗教、生态神秘主义，是反人道主义和厌世主义。沃特森认为生态哲学家的反人道主义是建立在一个错误的哲学基础上的：他们把物种的利益凌驾于个体之上。岩佐茂在其著作《环境的思想》中对自然的权利发问，他认为“承认‘自然的权利’不仅不会带来权利的扩大，相反，却只能带来‘权利’概念的暧昧，贬低其意义。”[②]尽管考察这个问题使我们面临无法回避的质问和挑战，然而，这些发难却给法律上自然权利的地位的确立以契机。哲学的能动性使哲学的方向向有利于人与自然关系协调的方向发展，并为自然权利的法律化证成准备了前期哲学基础。

① G. Tyler Miller，Environment Science，3d，ed. Belmont，Calif: Wadsworth，1991，p.354.

② ［日］岩佐茂：《环境的思想》，韩立新等译，中央编译出版社 1997 年版，第 99 页。

第三章　自然权利的法律观照

法治是实现社会和谐以及人与自然和谐的基本途径，通过法治才能实现社会内部的公平正义，才能到达人与自然之间的和谐状态。随着社会的发展，生态安全已与国防安全、经济安全、政治安全等成为国家安全的重要组成部分。承认自然权利的存在并将自然权利法律化，是扭转我国生态恶化、资源浪费趋势，保证区域生态安全的客观需要，是建立生态文明，构建和谐社会的基本要求之一。

第一节　东西方自然权利法律化的早期尝试

纵观人类的历史，其实就是不断发现自然权利，并将自然权利法律化的过程。立法是实现人与自然和谐共生关系法律化的第一步。法律革命的成功与否，关键看立法中是否确立了人与自然和谐的法律关系，人与自然之间的权利义务是否获得了公平的分配。深入分析东西方自然权利法律化的早期尝试，可以为自然权利法律化的现代化实践提供宝贵的经验。

一、西方自然权利法律化的早期尝试

（一）古希腊自然神中蕴涵的自然权利

自然和古希腊城邦政治是苏格拉底思想和行为的背景，自然是苏格拉底哲学的基础，而城邦政治是苏格拉底哲学改造的对象。

城邦政治源于祭祀。死亡如同出生一样是古代人面临的人生问题。古代人相信人死以后灵魂依然存在，于是形成了尊重死者和埋

葬死者的生活习惯，形成了对灵魂的信仰。信仰灵魂的形式就是祭祀，祭祀的方式就是家火和祭品。久而久之，灵魂变成神，认为死者是生活在地下的神。生者将神请回家供奉在家中。所以，古希腊早期家家都有神。各家的神只保佑他的家庭，他只在这一家里时才是神。[①]不过，对家神的崇拜在家庭中只有男人才有资格进行。所以，“罗马法史学家无不正确地指出，出生与亲情都不是罗马家庭的基础，他们相信，这种基础应到父权或夫权中找。他们以为，这种权威是原始制度的根源。……我们将指出，父权及夫权并非是家庭的最初原因，而是它的一个后果。这种权力生于宗教，并因宗教而维系着，它因此并不是家庭的组织原则。将古代家庭联系起来的是一种比出生、情感、体力更大的力量，那就是对家火及祖先进行敬礼的宗教。此宗教将家庭中的生者与死者结合成为一个整体。古代家庭不是一个自然的团体，而是一个宗教的团体。”[②]

“若人类本身的能力及意志使他感觉到自身的神圣性，那么他周边环境和自然威力则是宗教情感的另一来源途径。”[③]古希腊人对祖先的崇拜是在家庭内部生活中，在人的心灵中自然生长的观念。但是，古希腊人在走出家门从事生产活动的时候，他们接触到的是自然事物，是自然现象。基于对人的灵魂未央的信仰，古希腊人相信自然事物，如土地、树木、河流和太阳等都像人一样也是有灵魂的。对灵魂的信仰使很多自然现象成为人们心中的神，即自然神，例如希腊奥林匹亚山上的诸神。所以，在古希腊人生活的某一个时期出现了既信仰家庭神又信仰自然神的现象。人们对同一个自然现象的信仰就出现了共同的神，这与敬仰祖先不同。共同的宗教信仰使家庭逐渐联合成更大的社团，形成城邦。所以，这种宗教更适合人类团体的发展。[④]城邦沿袭着对神的崇拜，宗教仪式逐渐成为表达权威的方式了。例如，城邦负责祭祀的教长就成为城邦的君主。

① ［法］库朗热：《古代城邦》，华东师范大学出版社 2006 年版，第 27 页。
② ［法］库朗热：《古代城邦》，华东师范大学出版社 2006 年版，第 27 页。
③ ［法］库朗热：《古代城邦》，华东师范大学出版社 2006 年版，第 111 页。
④ ［法］库朗热：《古代城邦》，华东师范大学出版社 2006 年版，第 115 页。

君主统管整个城邦，成为政治生活的首领。“将教权与政权集于一人之身的制度并不因王权的倾覆而告终结。……在王权之后执政官取代了君主，他既是宗教的教主，也是政治的首领。”①

古希腊人在祭祀过程中形成了法律。城邦的古代法律是礼仪和悼词的总集，一方面用于祭祀，另一方面用于公共生活。②因此，法律就具备了神圣性，成为城邦人们生活的准则。所以，在古希腊城邦，法律的性质是宗教秩序，是对自然的崇拜和神性的服从。

（二）人权的膨胀与自然权利的退隐

西方哲学以人类早期生活的自然状态、人的自然本性为基本论据证明了人的基本权利。但是，自从人成为政治人获得现代性后，人类就将其自然本性忘得一干二净了。现代法律本性的核心是人权，人在本性上是拥有人权的动物。但是，这种套用并不符合现代性政治的实际。因为在人的现代性中不存在任何动物性了。现代人纯粹是是法律上的人，即享有法律上主体资格的人。所以，人类获得法律上人权的过程也是人类脱离自然的过程。当人成为法律上的自然人的那一刻，人却一脚把自然给揣了。

当城邦在家庭性宗教秩序下酣睡的时候，古希腊的哲学出现了。贵族中出现了专门谈论自然的人，即哲学家。哲学家首先对自然的看法与城邦中流行的观念不同。传统观念认为自然中的具体现象是神，现在哲学家将神提升到人和自然之上统一为上帝，认为自然和人都是上帝造的，来自上帝的推动，且赋予上帝以全新的理念——善。善是上帝的本性。于是，家庭的神被消解了，神统一为上帝。神成为古希腊城邦公众的神，这个统一过程产生了一个非常重要的自然法则，即上帝对众生公平。

哲学家的想法是新颖的，也是怪诞的，与城邦流行的观念没有共同之处。但是，哲学家的信念是执著的，认为上帝是唯一正确的

---

① ［法］库朗热：《古代城邦》，华东师范大学出版社2006年版，第168页。

② ［法］库朗热：《古代城邦》，华东师范大学出版社2006年版，第174页。

神，城邦应当按照上帝的要求生活，而不是按照家庭式的宗教生活。上帝要求的生活就是过与自然相一致的生活。哲学家推动上帝走向城邦。苏格拉底就是第一个吃螃蟹的哲学家。苏格拉底最早将哲学的中心主题定义为人类活动。[①]他把哲学从天上唤到尘世之间，把哲学引入寻常百姓家，迫使哲学追问生命与风俗习惯，追问好与坏。哲学承认这样一个事实：人类还是有某些值得认真对待的地方，这就是政治哲学的起源，或者说，政治科学的起源。倘若这一承认是哲学的话，这必然意味着政治事务（唯一的人类事务）对于理解作为整体的自然是至关重要的。最先认识到这一点的哲人就是苏格拉底。[②]

自然权利观念的出现是以权威受到质疑为前提的。[③]在一个由神法统治的共同体中，是严格禁止在有年轻人的场合，将那些法律置于真正的讨论亦即批判性的审查之下的；然而，苏格拉底不仅在有年轻人的场合，而且是与他们对话来讨论自然权利。[④]苏格拉底的讲授和分析是从古希腊城邦的法律开始的，以对祖先法典或神的法典的质疑为前提的。他认识到法律是城邦政治的核心，法律是世俗精神所在，是正义所在。城邦法律本来自习俗，来自宗教祭祀仪式，法律的核心是对神奉献和服从，并不关注个人。苏格拉底从人入手提出的正义概念，即给每个人所应得的。这是对不同的城邦分配制度、对城邦世俗权威的直接挑战。苏格拉底进而提出了城邦的标准，正义的城邦就是这样一个城邦，在其中每个人都做自己依自然本性适合做的事情，每个人都接受依自然本性对自己而言好的东西，而非吸引力的或快乐的东西。[⑤]这样，苏格拉底眼中的法律就是充满自然本性的正义，而不是习俗习惯。依苏格拉底的正义观，人人有依自然本性生活和行为的权利，此乃人的基本权利。

---

① 刘小枫等：《苏格拉底问题》，华夏出版社 2005 年版，第 13 页。

② 刘小枫等：《苏格拉底问题》，华夏出版社 2005 年版，第 35 页。

③ [美] 列奥·施特劳斯：《自然权利与历史》，三联书店 2006 年版，第 85 页。

④ [美] 列奥·施特劳斯：《自然权利与历史》，三联书店 2006 年版，第 85 页。

⑤ [美] 列奥·施特劳斯：《自然权利与历史》，三联书店 2006 年版，第 63 页。

他们提出善的生活就是与人的存在的自然秩序相一致的生活，是由秩序良好的或健康的灵魂所流溢出来的生活。善的生活简单说来，就是人的自然喜好能在最大限度上按恰当秩序得到满足的生活，就是人最大限度地保持头脑清醒的生活，就是人的灵魂中没有任何东西被虚掷浪费的生活。善的生活就是人性的完美化。它是与自然相一致的生活。因而，人们可以将制约着善的生活的一般特征的准则叫做“自然法”。①

分析至此，我们看到苏格拉底对人类发现人的基本权利，并将人的基本权利引入法学领域所作出的贡献。他将哲学与法学联系起来，并将哲学作为法学研究的前提。他向民众宣传哲学，传播哲学思想，尤其是用哲学改造政治生活中的法学观念。他提出了自然本性的社会正义观，要求城邦过与自然相一致的生活，向世俗政治提出了人的自然正义要求。但是，苏格拉底主张以哲学家的统治代替世俗政治的统治在当时是不成熟的，除哲学家外，古希腊城邦人接受苏格拉底观念的人不多，尤其是统治的贵族，不但不接受其自然正义的观念而且意识到苏格拉底对自身统治的危险。最终，苏格拉底被依世俗政治所制定的法律所镇压。

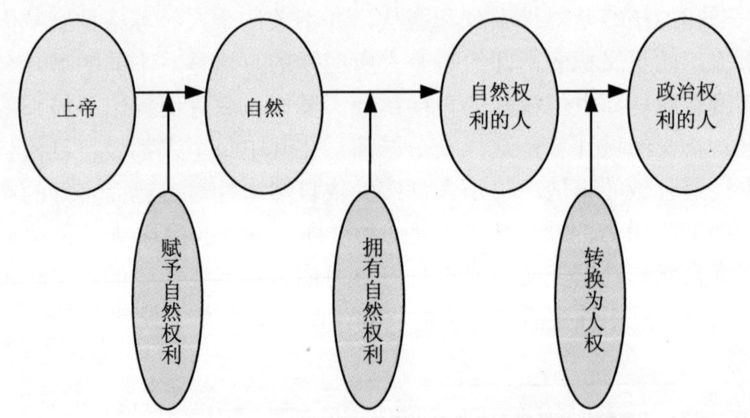

图 1　第一次政治哲学革命的进程（证明自然权利存在）

① ［美］列奥·施特劳斯：《自然权利与历史》，三联书店 2006 年版，第 128 页。

传统的西方经济学家认为：当今资本主义社会已经达到了这样的物质生产发展水平，它能保证人们享有完全不受自然资源制约的生命活动的能力；资本主义经济拥有强大的科学技术手段，已经开始用技术力量代替生物圈的作用，甚至能够按照人类自己的意愿来调节空气的构成、水的净化等过去依靠自然赐予的资源。自然只是作为现代人们生活的外部对象，也就是说，人类社会不仅脱离了自然，而且还作为统治力量处于控制自然的地位。①

苏格拉底的自然权利思想被后来者所继承。柏拉图依然能从哲学的层面抽象地审视城邦，坚持正义就是善，正义是给予每个人以应得之物，坚持善的生活是与自然一致的生活，并提出哲学王的统治才是最好的统治。哲学对世俗政治的整合运动执著地进行着。但是，柏拉图试图缓和苏格拉底与城邦之间的紧张关系。自然权利与世俗法律的妥协已经显露端倪。自柏拉图以后，自然权利仅仅停留在正义和善的层面，其他的领域都让给了城邦的世俗法律。

在下降到洞穴时，哲学家得承认，那本然的或者说出于自然的就是最高尚的东西，并非人类最迫切需要的，人类本质上乃是一种“介于其间”（in-between）的存在物——介于禽兽与众神之间。当人们试图掌管城邦时，他们预先就知道，为了对城邦有用或有益，就必须修正或淡化对于智慧的要求。如果这些要求就等同于自然权利或自然法，那么自然权利或者自然法就必须淡化，以与城邦的要求相匹配。②

亚里士多德更加注重城邦的生活现实，自然权利的恢弘气度已经被消解。亚里士多德回到了现实，回到了城邦，他从城邦看待自然权利，而不是从自然权利看待城邦。亚里士多德认为，城邦的存

① 刘文等：《资源价格》，商务印书馆1996年版，第30页。

② ［美］列奥•施特劳斯：《自然权利与历史》，三联书店2006年版，第155页。

在是自然现象，城邦是善的，善的生活是城邦生活的目的，人在本性上是适应于城邦生活的动物。所以，城邦生活是与自然一致的。他认为，自然权利与政治社会的要求之间并不存在什么根本性的不和谐，或者说并不存在什么淡化自然权利的根本需要。[①]一种必然要超越政治社会的权利不可能对人而言是自然的权利，因为人按其本性乃是政治动物。[②]自然权利的哲学观念被政治所整合，自然权利成为政治权利的一部分，而且一切的自然权利都是可以变易的，自然权利依赖于人为的制度或习俗。[③]苏格拉底建立的那种介于政治之上的自然哲学已经萎缩到政治哲学的内部，而不是政治哲学的指导。自然本性的正义、自然权利失去了向现实社会转化的哲学动力。

……（城邦）为了人类生活而诞生，而其实际的存在却是为了优良的生活……因此，一切城邦都是自然的产物……这是其他社会团体发展的终点。无论是一个人或一匹马或一个家庭，当它生长完成以后，我们就见到了它的自然本性；每一个自然事物生长的目的就是显明其本性，或其极因，必然达到至善，那么，自足是一种终点，它也必然达到了至善。由此可以明白城邦处于自然的演化之中，而人类自然是趋向于城邦生活的动物（一个政治动物）。（亚里士多德，《政治学》：1.1）[④]

斯多葛学派将思考的对象从人与城邦关系转到单个的人，探讨人的普遍性。一方面在哲学上个人从城邦中从整体中分化出来，出现了个人主体意识的萌芽；另一方面斯多葛学派专注于个人人性的完善，不关注对城邦政治的参与和改革。斯多葛学派的哲学已经远

---

① ［美］列奥·施特劳斯：《自然权利与历史》，三联书店 2006 年版，第 159 页。
② ［美］列奥·施特劳斯：《自然权利与历史》，三联书店 2006 年版，第 159 页。
③ ［美］列奥·施特劳斯：《自然权利与历史》，三联书店 2006 年版，第 164-165 页。
④ 转引自［英］韦恩·莫里森：《法理学——从古希腊到后现代》，武汉大学出版社 2004 年版，第 45 页。

离了政治，人成为哲学的中心。

芝诺，作为一个哲学家，在他的《论人性》中说至善就是明显地依照自然而生活，也就是依照道德而生活，因为自然引导我们走向道德。克林塞斯在他的《论快乐》和波赛都尼亚斯与海克通等人的《目的至善论》都是这样主张的。依照道德而生活像依照一个人发现于自然中的经验而生活是同样的，如克利西斯在他的《至善论》卷一中所解释的。我们个人的本性就是宇宙的自然的一部分，合乎自然的方式的生活就是至善，就是说至善合乎个人的本性以及宇宙的自然，不应作任何为人类普遍法则习惯上所禁止的事。[①]

西塞罗的思想承袭了斯多葛学派的自然法观念，但是其思想比斯多葛学派更加缓和。西塞罗着眼于罗马的现实生活，从国家的现实出发阐述他的理解，不再像柏拉图和亚里士多德那样为现实寻找理想模型。西塞罗把自然的力量归于法律，视真正的法律为同自然一致的正当理性，同时又将正义视为自然所固有的，将法律视为测定正义和非正义的重要标准[②]。西塞罗从法律的角度审视罗马城邦的现实生活，将正义原则植入法律，将自然权利浓缩在法律正义中，使法律获得了价值的评判标准。从此以后，对自然权利的讨论就是关于正义的讨论。

奥古斯丁对以往的哲学进行了颠覆。古希腊哲学致力于建构一个知识体系，以理性地处理社会成员参与城邦生活的问题，并将正义看做是按照对城邦生活的不同参与来合理地分配好处，而奥古斯丁将正义看做是超越任何特定社会人群与宇宙万物——由创造而形成的一个整体——相联系的一种标准，认为真实的正义可以在人性与上帝相联系的那部分结构中发现[③]。奥古斯丁将古希腊哲学安置

① 周辅成：《西方伦理学名著选辑》（上），商务印书馆1996年版，第213页。

② 欧阳英：《走进西方政治哲学》，中央编译出版社2006年版，第31页。

③ ［英］韦恩·莫里森：《法理学——从古希腊到后现代》，武汉大学出版社2004年版，第65页。

在城邦中的正义观念从社会中剥离提升到天上，归于上帝。古希腊哲学认为人和上帝都是源于自然的具有灵魂的动物。同时，奥古斯丁颠覆了这一观念。他认为，人和自然都是上帝的造物，在万事万物的秩序背后存在上帝的主宰。正义不再是人与人之间的关系了，而是人与上帝之间的关系。自然在人与上帝之间退隐了。托马斯·阿奎那综合了亚里士多德和奥古斯丁的哲学思想，在上帝的永恒法的秩序观念中寻找善和幸福。在上帝面前，人接到的自然法律令是保全生命、繁殖抚养后代、追求真理和建设一个和平社会①。在托马斯·阿奎那那里重新出现了古希腊城邦初期的法律状态，人没有权利，人只有义务和服从。自然权利源于上帝，却被上帝剥夺了。

在西方，古希腊哲学产生于自然科学，自一开始就与政治存在冲突，它保持着改造政治的天然冲动。所以，当古希腊哲学思想被后来的平民阶级所掌握的时候就发生了平民革命；当其发展到霍布斯、洛克和卢梭时期，资产阶级革命不可抑制地发生了。古希腊哲学与政治之间的冲突源于哲学不是产生于政治。古希腊哲学相信存在着一种全然独立于任何人类合约或习俗的自然权利；或者说，存在着一种最佳的政治秩序，它之所以为最佳是因其合于自然。②在古希腊城邦时期，就诞生了专门研究自然的人。他们研究自然事物的本性，并发现了基于自然本性基础上的自然权利，尤其是动物的自然权利。通过将人与动物类比，他们发现基于人的自然本性，人应当享有基于自然本性的基本生存和发展权利。但是，在城邦中生活的人从自然中走来，走进政治以后，自然的所有权利都失去了。

① ［英］韦恩·莫里森：《法理学——从古希腊到后现代》，武汉大学出版社 2004 年版，第 72 页。

② ［美］列奥·施特劳斯：《自然权利与历史》，三联书店 2006 年版，第 170 页。

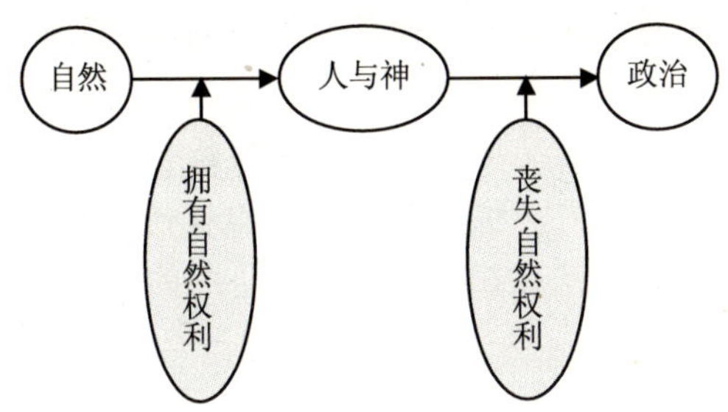

图 2　第一次政治哲学革命的进程（发现自然权利丧失）

（三）资产阶级革命时期自然权利的湮灭

16—18 世纪是欧洲资产阶级革命时期，它标志着人类历史开始进入新的资本主义时期。该时期的资产阶级政治法律思想同以往相比有巨大的不同，具体来说就是以理性主义、人文主义代替古典的自然主义和中世纪的神学主义，天赋人权、民主自由、人民主权等理论相当发达。资产阶级革命时期的西方哲学和政治学家，特别是霍布斯、洛克、卢梭以其疾风暴雨式的激情和理想吹去了人的动物性，唤起了个人的权利，确立了人的尊严。自此人不再是政治性的动物，人是政治性的人，人就是人，与动物毫无关系。可是人类在政治社会上获得巨大成就的同时却忽视了自然权利的自然属性，人走向了政治，却脱离了自然，像断线的风筝一样在天上飘着。霍布斯、洛克、卢梭的思想是一把双刃剑，它把人们送上自然权利的宫殿，却关闭了身后的大门，人的动物尾巴就此砍去了。

霍布斯从人类的基本情感——对死亡的恐惧——入手推演出人类最根本的欲求乃是自我保全的欲求。人人都有自我保全的权利，在这种状态下，人人都是平等的、自由的，人人都致力于和平和践行订立的契约。

如果自然法必须得从自我保全的欲求中推演出来，如果，换句话说，自我保全的欲求乃是一切正义和道德的唯一根源，那么根本的道德事实就不是一项义务，而是一项权利；所有的义务都是从根本的和不可离弃的自我保全的权利中派生出来的。因此，就不存在什么绝对的或无条件的义务；义务只在其施行不致危及我们的自我保全时，才具有约束力。唯有自我保全的权利才是无条件的或绝对的。按照自然，世间只存在着一项不折不扣的权利，而并不存在什么不折不扣的义务。①

霍布斯将自苏格拉底以来的政治哲学颠倒过来。以前的哲学以义务为取向，而现在霍布斯将哲学以权利为取向。世间秩序不再以义务来界定，而是以人的权利来界定，但霍布斯眼中的权利仅指人的基本权利，而不包括自然的权利。霍布斯将自然权利的终极关怀建立在伊壁鸠鲁的快乐主义上。他认为，善等于快乐，德性只是有助于达成快乐或者避免痛苦才是可取的。他认为人的自然状态是一个苦难的状态，人生活在野蛮和孤独之中，而不是生活在人性的社会里。在自然状态下存在人与人之间的战争，死亡的恐惧时时逼迫着人类，自我保全是人的最基本的欲望，能否自我保全成为善的标准。在霍布斯那里凡能满足欲求的东西都是善的。

他是以人的开端时期或人的自然权利（而不是人的义务或完满性或德性）来设想善的生活的。他所理解的自然权利，疏通了而不是遏制了无尽的欲望：那种导源于对自我保全的关切、追逐权力的无尽的权力欲，就成了对于幸福的合理追求。如此这般理解的自然权利只能导向有条件的义务和唯利是图的德性。②

霍布斯的理论基点其实是苏格拉底所反对的。因为霍布斯将人权的基点建立在人的快乐上，而不是幸福。善等同于快乐正是自苏格拉底时代以来的习俗主义的核心。苏格拉底主张善是幸福，幸福

① ［美］列奥·施特劳斯：《自然权利与历史》，三联书店2006年版，第185页。
② ［美］列奥·施特劳斯：《自然权利与历史》，三联书店2006年版，第286页。

不同于快乐；幸福比快乐更加根本。所以，苏格拉底是反对习俗主义的。苏格拉底被迫在习俗主义所选定的基础上论证自然权利的存在[①]。霍布斯的快乐主义到洛克那里发展成为享乐主义。享乐主义成为资本主义政治的核心理念。霍布斯建立的权利理论对于攻击封建政治、确立人的政治权利是有效的，也是成功的。但是，这种只有绝对的权利而没有任何义务的人在翻转身来面对自然界的时候可怕的事情就出现了。人已经记不得他的出身了，不知道他曾从哪里来了。因为人的欲求的满足不再限于美好生活的需要，而是漫无目标的了。欲望在享乐主义的驱使下变成没有尽头的贪婪。人在欲望的驱使下开始了无限地从自然界索取的资本主义经济生活。

霍布斯的思想在洛克那里发展成熟。洛克认为自然状态是自由和平等的状态，一切事物都遵循符合自己本性的自然法则，人也不例外。在自然法下，人享有基本的权利，尤以自由、财产和生命为最重要的权利。但是，洛克忽略了基本人权的法律保障。洛克以自然法方式表达的财产理论为资产阶级财产的保护提供了理论依据。但是，当人们将他的理论用于考量财产来源于自然界这一命题时，问题就异常的严重了。他的理论通过将重心由自然义务或责任转移到自然权利，个人、自我成为了道德世界的中心和源泉。[②]他将财产归于人的劳动，劳动是一切价值的源泉，自然只不过是质料，自然本身并无价值。人类的幸福就是通过劳动脱离自然状态，脱离自然状态的过程就是获得幸福的过程。洛克不再过“与自然一致的生活”了。自然完全成为人类劳动的质料和对象，除此以外，自然在人类眼中等同于无，没有任何价值。

卢梭在接受霍布斯的自然状态和自我保全的自然法理论时，对现代性进行了反叛。他从城邦与德性角度，从自然角度对现代性进行了攻击。[③]卢梭对现代性的批判出于对人类幸福和人性的思考。霍布斯强调理性，而卢梭注重情感，强调德性对于公民社会的重要

---

① ［美］列奥·施特劳斯：《自然权利与历史》，三联书店2006年版，第127页。
② ［美］列奥·施特劳斯：《自然权利与历史》，三联书店2006年版，第253页。
③ ［美］列奥·施特劳斯：《自然权利与历史》，三联书店2006年版，第258页。

性。他认为，德性与自由社会是彼此相属的。因为德性不是源于理性，而是源于良知和同情心，同情心是善的自然根基。他认为，人的天性是善良的，即便在自然状态下。但是，他认为人的特质在自然状态下并没有形成，人的特质是在人改造自然的过程中形成的。因此，他拒绝承认人具有天生的社会性。施特劳斯认为，“卢梭拒绝回到人是社会动物的概念，是由于他所关注的是个人，亦即每一个人的彻底的独立性。他保留了自然状态的概念是由于自然状态保障了个人的彻底独立。他保留了自然状态的概念，是由于他所关注的是这样一种在最大可能的程度上有利于个人独立的自然的标准。”①因此，与霍布斯不同，卢梭在自我保全和自由之间选择了自由优先。他认为，自由就是善。在这里，卢梭颠覆了传统哲学对人的定义：人的传统定义在于理性，而卢梭将理性置换成自由。自由就是自我立法。自由使人具有德性，而不是相反。通过自由这个桥梁，卢梭将人的自然权利置换成社会权利，而自然的自由让位于社会的自由。卢梭的个人的自然自由通向社会自由的思想为 18 世纪美国和法国的革命运动提供了理论基础，革命的成果便是人的基本权利走向宪法上的人权。

社会中的自由，只有通过每个人（尤其是政府）都彻底服从于自由社会的意志才成其为可能。既然将自己全部的权利都让渡给了社会，人们就丧失掉了不服从社会的裁定（亦即实在法）而向自然权利申诉的权利：所有的权利都成了社会性的权利。自由社会根植和依赖于实在法对自然权利的吸纳。自然权利被一个社会的实在法所合法地吸纳其中，那种实在法是符合于自然权利而建立起来的。②

霍布斯、洛克和卢梭的政治哲学对自然产生的副作用如同该理论对政治产生的积极作用一样强烈。该理论积极地作用于资本主义

① ［美］列奥·施特劳斯：《自然权利与历史》，三联书店 2006 年版，第 284 页。
② ［美］列奥·施特劳斯：《自然权利与历史》，三联书店 2006 年版，第 292 页。

的经济生活，激励着人们从事盲目地瓦解自然界的生产活动。因为随心所欲地聚敛尽可能多的货币和其他财富乃是正当的或正义的，在道德上也并非错误。①卢梭的理论使人类脱离了自然。因为卢梭思想的核心是霍布斯式的。霍布斯早就拒斥了古希腊关于人天生就是政治动物的思想，拒绝承认人的动物性。所以，卢梭思想中连接人与自然的桥梁断了。结果是资本主义的政治哲学驾驶着人类的市场经济战车正陷入自然的沼泽，越陷越深。

（四）认识西方的法律文化

虽然西方的法律文化学派纷呈，但古希腊和罗马的法律文化，仍是西方法律文化的渊源和基础。民主是古希腊制度的传统。但是，古希腊文化与中国的传统文化有一点不同，古希腊文化中缺少对人与自然关系的关注。古希腊哲学为什么忽略了人与自然关系？自苏格拉底到亚里士多德，为什么只是关注城邦国家和人的问题？古希腊立法中为什么毫不关注山林等自然问题？古希腊立法思想为什么会缺少东方的自然思维？

从历史分析，古希腊是一个港口型的城邦社会，土地稀少，矿产丰富，贸易和手工业发达。公元前750年到公元前550年，古希腊人一方面向海外移民，另一方面向城市集中，建立城邦。城邦生活依靠贸易和商业维持，农业并不是主要的因素。城邦之内的社会秩序是古希腊人首要关注的问题。这种秩序在早期是通过神来维持的。主要表现是城邦中普遍建立了神庙。神庙是城邦的宗教、政治、军事和文化中心。②所以，城邦是古希腊的全部内容。古希腊哲学关注城邦国家的治理，关注人们利益分配之间的正义。至于城邦之外的自然世界，从社会角度，在当时，古希腊人或许没有关注的必要。因为贸易和殖民地建设解决了城邦内部的资源短缺问题。这种客观的社会条件决定了古希腊的立法必须为城邦的秩序服务，而不

---

① ［美］列奥·施特劳斯：《自然权利与历史》，三联书店2006年版，第251页。
② 马克垚：《世界文明史》（上），北京大学出版社2002年版，第220页。

是关注其他。这种特点在雅典立法中表现得很充分。

对于一个国家或者民族来说，法律是民族、国家心理的内在需求，是文化的选择，而不是外在强加的。尽管古希腊战争频繁，梭伦在公元前 600 年左右率领军队获得萨拉米斯岛战争的胜利后，通过改革建立了奴隶主、自由民、手工业者和贫民等多数人管理社会的民主制度，树立了尊重法律的稳定性和权威性的社会习惯。这种民主的理念是人类社会最宝贵的立法理念之一。但是，雅典立法诞生了人类等级制的立法观念，法律上的人类不平等传统从此展开。另外，雅典立法还诞生了忽视人与自然关系的立法传统，从此人与自然之间的关系没能够进入国家立法的视野。古希腊的法律文化影响了罗马法。罗马法将自然划归为物的立法传统也一直延续到今天，成为今天解决人与自然关系的难题。

为什么古希腊立法和古罗马立法都不考虑人与自然关系呢？孟德斯鸠认为，立法者为整个社会所立的法律应当与政体的原则相适应。[①] 那么，根据这一原则，古罗马社会和古希腊社会都是施行民主政体，民主的内容主要包括人之间的权利平等和人对物的依法享有权。民主的核心是人，民主是否包括自然的因素？这在古希腊立法和古罗马立法中看不出来。所以，古希腊立法和古罗马立法都重在调整人与人之间的关系。我们认为，城邦社会的秩序就是人与人之间的秩序，当这种秩序成为首要任务的时候，立法者就应当制定有利于人们之间关系的法律，无论这种政体是民主的还是专制的。我们用人与自然关系的眼光来审视这两大古代文明是否超越了历史阶段呢？但是，古希腊立法和古罗马立法留下的传统——法只调整社会关系——在今天存在明显的负面作用。

二、古代中国的“天人合一”法律文化

从词源上看，“天人合一”的说法可以追溯到春秋战国时期庄子、孟子等先秦诸子的著作中。但是，明确提出这一概念的是汉代

① ［法］孟德斯鸠：《论法的精神》，商务印书馆 1997 年版，第 40 页。

儒学家董仲舒，其在《深查名号》中写道“天人之际，合而为一”。古代所论“天人之际”的“天”含义多样，一般是指自然界，“人”指人类，“天人之际”主要就是讲人与自然的关系，而“天人合一”其实是指“天”和“人”的所有合理性在根本上建立在同一个基本的依据上。

“天人合一”的观念源于中国古代家国合一的社会结构。侯外庐认为，“周人‘以天为宗，以德为本’，在宗教观念上的敬天，在伦理观念上就延长而为敬德。同样地，在宗教的观念上的尊祖，在伦理观念上也就延长而为宗孝，也可以说，‘以祖为宗，以孝为本’。先祖克配上帝，是宗教的天人合一，而敬德与孝思，是使‘先天的’天人合一，延长而为‘后天的’天人合一。”① 由于在中国古代，氏族都是以血缘关系存在的，所以在中国的神中包括宗族的祖宗，祭祀在早期既祭天又祭祖。天本来与太阳和雨水相联系的，祭祀是祈求风调雨顺。后来，天的观念抽象出来成为神。祭神活动在氏族中是最为隆重的活动，为氏族首领所掌握，氏族首领成为天的代言人。国家产生后，氏族首领成为国之首领，以天的名义组织祭祀和以天的名义发号施令，这样天的观念进入礼，并将天和皇帝联系起来，认为皇帝乃天子，皇帝以下都是皇帝的臣仆。但是，同时，祭祀祖宗的活动依然并行不悖，也成为礼的内容。这样，神分为天和祖宗，祭祀包括祭天和祭祖，二者在礼中完美结合，构成“天人合一”的观念。如果说礼是古代中国的法制一部分，那么“天人合一”乃是古代法的一个基本原则。

中国传统法律十分注重人与自然的和谐，而人与自然的和谐共生思想也是中国古代法传统的独特价值之一。古代中国是从自然现象和社会现象合一的路径出发对“天人合一”的观念进行解释的。《周易》曰：“仰观俯察象天地而育群晶，云行雨施效四时以生万物。”《老子》（二十四章）曰：道生一，一生二，二生三，三生万物。万物负阴而抱阳，充气以为和。老子的学说中，天地合一为道，

① 侯外庐：《中国思想通史》（一），人民出版社1980年版，第92页。

道指称自然现象，并不包含神意义上的天。这种天人合一的思想，实际上是将人、家、国家、自然合一，形成一个整体，追求整体中的和谐。这大概是礼的目标。《孟子·尽心上》曰："夫君子所过者化，所存者神，上下与天地同流。"张载在《西铭》中曰："乾称父，坤称母，予兹藐也，乃浑然中处。故天地之塞吾其体，天地之帅吾其性。民，吾同胞；物，吾与也。"天人合一的思想虽主张自然之道与文明之仁的和谐，但核心仍是礼刑合一的人的和谐。"天人合一"的思想是礼制的哲学思想。数千年来，这一观念解释和支撑着礼与刑，达到古代中国法制内部的和谐，实现了礼之下的社会和谐。这便是"天人合一"观念的历史背景和社会功能。

中国古代的"天人合一"的法制观念虽具有独特的价值，但也存在时代局限性。"天人合一"观念是中华民族在以自然膜拜和实用理性为基础的传统农耕文明条件下与自然界长期的相互作用的产物，但这种观念下人对自然的认识和利用，主要依靠直观的感知经验和直觉证悟，缺乏相应的科学基础和依据，并未洞见自然界的客观本质。从某种意义上说，"天人合一"的观念，与其说是自然观，不如说是社会观。因为"天人合一"的自然观，以"天"为讨论人类生存环境的出发点，以人类社会的生存需求为中心，以顺应人的实用理性为实现生存需求的根据。因此，中国古代"天人合一"观念不能用今天的眼光来看，还无法信手拈来用于解决工业文明实践产生的人与自然的生态危机问题，其在理论内容和实践方式都存在着巨大的局限性。

总的来说，古代"天人合一"观念是一种朦胧的道德秩序向往，在人与自然关系上并没有权利义务的分配，并不是古代社会调节人与自然关系的道德准则和法律制度。如何根据当今和未来社会的需要，将"天人合一"的古老观念注入新的内容，为解决当今的人与自然关系提供精神支持？这便是当今社会立法的一个任务。

第二节　传统法学观念对自然权利的批判

在近代随同人类走进法制社会的还有自然生命，但相反的是，人类的权利获得了法律的确认，自然权利却被剥夺了。现代性人类以经济增长的方式追求物质的进步，掠夺式地利用自然资源。温室效应、空气污染和水体污染使人类基本人权存在的自然基础退化了。现代性价值观已经一天天走近回报递减的时代，而无视自然的人类的生存权利也开始面临的真正的危机。如今，谈论自然权利，人们就会想到环境问题。其实，环境问题只是现代性危机的表象。环境问题的背后是人的生存发展权利和自然生命的自然权利之间的冲突，是政治哲学、法哲学问题，而不是自然科学技术问题。传统社会经济发展模式对自然造成的冲击在市场经济内部不能得到解决，需要外部的力量改变经济思想，改变生产方式和消费方式。这种外部力量只能来自政治社会，来自法律。法哲学的任务依然是保护和救济人的基本权利，为化解人权危机寻找出路，而这一使命的实现必须通过承认并确认自然生命的自然权利实现。法哲学在现代性中兜圈子是不能够找到出路的，必须要走进自然，吸纳当代自然科学，尤其是生物学、生命科学和天体物理学的成果，从当代的自然科学成果中领悟、体会自然权利。

当代自然科学揭示的自然规律显示人的权利与自然权利是一枚钱币的两面。人的基本生存和发展权利面临的危机正是由于自然在世俗法律中的地位如同奴隶在习俗政治中的地位引发的。自然权利的丧失是人类生存发展权受到威胁的根本原因。所以，法哲学的使命是在人的法律权利的基础上论证自然权利的存在及其正当性，最终实现自然权利获得政治社会和法律的确认，获得法律上的主体资格。当然，这是一个漫长的逐步实现的过程，最终达到人权与自然权利和谐共存的状态。

目前，自然权利的法律化还处于初级探索阶段，尚缺乏深厚的理论基础支撑和丰富的实践经验参考。自然权利的法律化进程所面临的首要难题，就是传统法学价值观对自然权利法律化的阻挠和批判。其中，对自然权利进行猛烈批判的主力是那些信誓旦旦捍卫人的权利的“人类中心主义者”。他们认为传统法律调整的是人与人之间的权利义务关系，始终是以人类为中心，而未将权利赋予“非人类生物”。我们无法通过某一个具体的部门法去改变整个社会的权利结构；相反，任何一种权利正好是某一种社会权利结构的具体反映。①从人类中心主义的角度来看，“自然权利”至少在以下几点是难以成立的。

一、权利的属人性

一般我们认为，权利是属人的。它是对人的某些特定群体或者对人的整个类而言的。作为权利，必定有个权利主体问题，没有权利主体的权利，便如无源之水、无本之木，能够成为权利主体的，只能是人——或者是人的特定群体，或者是人的整个类。没有提出要求的主体的存在，权利不可能成立。权利是通过由作为人并像人那样生存的人们的运动被提出，通过其正当性得到社会承认，而被逐渐获得、扩大、形成的。权利不是被给予的东西，没有要求其主体的存在，权利是不可能成立的。“尽管也有人提出人可做自然和动物的‘代理人’，但是说自然物和动物也要求权利只不过是代理人的任意推测。”②法国哲学家 L. 费里就自然的权利的实现途径提出质疑：“在‘自然契约’中，当（人类）计划为自然提供能够扮演缔约一方角色的权利主体的地位时，……遇到的两个主要困难，可作如下归纳：第一个困难是……自然既不是‘能动者’，又不是能够期待人作为其法律上‘代理人’而进行相互性行为的存在。‘权利存在往往是对人而言的’，树木和鲸鱼作为自然的一种形态，能

① 周训芳：《论环境权的本质——一种“人类中心主义”环境权观》，http://www.law-walker.net/detail.asp? id=3028（2006 年 1 月 31 日访问）。

② ［日］岩佐茂：《环境的思想》，韩立新等译，中央编译出版社 1997 年版，第 100 页。

够成为与法律相关联的受尊重的对象，也是对人而言的，而不是相反。第二个困难不那么明确。通过隐喻把‘自然’作为‘契约当事者’是可能的……然而，这样一来，我们是不是可以认真地说，与海豹幼仔一样，生物圈也要给予艾滋病病毒以生命；与森林、河流一样，它也要给予鼠疫、霍乱以生命。艾滋病病毒是和人一样的权利主体。”①

人以外的存在物是不可能充当权利主体的，它们不可能有整体的“类”意识，也绝不可能有丰富的社会历史的内涵，因而也绝不会提出什么权利要求的。如果以泯灭人的主体性或者将人的主体性消融在“自然的内在价值”之中，人还原为动物，或者放弃技术后回归到原始社会，这是一种消极的解构主义，必须予以否定。那种“更多的只是以浪漫的方式来急诊动物的权利，来抒发自己悲天悯人的宗教情怀，来提倡荒野体验，来抽象地谈人类与自然物的平等关系”②的做法显得有些不可理喻，因为权利的讨论不仅是个爱心关怀或乐善好施的问题，也不仅是人们的社交礼仪、风度的问题，它要处理权利和义务、主体和客体的关系，这些关系理顺了，人们的悲悯之心才显得有的放矢，不致沦为自作多情。

洛克认为，“所有”是权利的基础和前提，也就是说“所有”就是权利；而人的劳动能够使人与自然物之间建立起所有或权利关系。黑格尔发展了这一观点，他认为，理性是“所有”或权利产生的依据。人之所以成为所有者或权利主体，是因为人是理性的存在物，具有“人格”，即自由意志存在于人的身体之中，使人自身成为主体的存在而拥有自己的自由领域。人以外的一切存在物由于没有“理性”，也就没有自由意志，没有目的性，没有人格，“动物虽然也占有它们的身体，但是，它们的这种占有由于不是意志的占有，所以它们对于它们的生命没有任何权利”。它们不仅对主体——人来说是外在的，就是对它们自身来说也是外在的。它们不能成为权

① ［日］尾关周二：《共生的理想》，卞崇道等译，中央编译出版社1996年版，第164页。

② 李培超：《自然的伦理尊严》，江西人民出版社2001年版，第122页。

利的主体，只能成为具有自由意志的人格所有的对象，成为人的权利的对象、权利的客体。虽然人格或人的自由领域是以外在于人的自然物为客观基础的，但是外物由于它自身没有自由意志，所以它也就不能成为主体。在人类中心主义者看来，非人类中心主义的伦理学等于说是一种非人道的伦理学，其本身就是一种悖论。而且客体的泛主体化被认为是权利概念的暧昧化和相对化，[①]除了引起不必要的混乱之外，其实于事无补。把自然归于权利的客体，并未否定其受保护的地位，客体可以有其自身的价值，我们现行的法律是保护客体的，人们并不能毫无约束地侵害客体。我们完全可以期待借助于法律的完善，达到充分保护客体的目的。那种赋予自然法律主体的想法不过是一种“乌托邦”的倾向。

虽然近来也有法学家提出环境法既调整人与人之间的关系，也调整人与自然的关系。[②]这种主张科学地拓宽了环境法的调整对象的范围，符合环境法的内在逻辑和可持续发展的要求，也显示了环境法作为一个独立的法律部门与别的法律部门不同的特征。但“人类中心主义者”并不认为，这种主张改换了法律所一贯坚持的人类中心主义立场而将“非人类生物”当做法律关系的主体看待，更不认为一个部门法的调整对象的发展和理论突破，将导致一些学者所主张的整个法律制度的革命性变革，或者实现“法律的生态化”。相反，这种主张将视角扩展到人与自然和谐的物质关系，正是为了更好地维护人类中心主义立场。这种立场与传统法律的立场有所不同：除了维护人类眼前的现实利益，还要维护未来世代人类的利益；除了调整人与人之间的社会关系（包括人与人通过环境这个物质媒介发生的社会关系），还调整人与自然之间的物质关系（通过这种调整实现人与自然的和谐）。

法律所一贯坚持的人类中心主义立场并没有错，错的是人类日益膨胀的自私自利和逐利动机，以及由此发生的对自然界的贪婪索

① ［日］岩佐茂：《环境的思想》，韩立新等译，中央编译出版社 1997 年版，第 100 页。

② 蔡守秋：《论环境资源法所调整的人与自然的关系》，《城市环境》2002 年第 3 期。

取和疯狂掠夺，和对人类全体、对未来世代人类的不负责任。国外某些环境法律赋予“非人类生物”“权利”的做法，并非真的是要改变人类中心主义立场；实质上，这种做法是为了维护人类整体的利益而将“非人类生物”当做“形式主体”对待，“非人类生物”的“权利”仍然由人类来行使。将“非人类生物”作为客体或“形式主体”的做法并无本质差异，只是立法技术的不同。由此，不能从这些立法中得出自然体享有权利的结论，更不能把这种主观上的结论等同于法律的真实。[①]

二、权利义务的不对等性

如果承认自然是权利主体，那就意味着它在享受权利的同时，应当承担义务，但它如何承担义务呢？

“权利”作为一个科学的概念和范畴，有着明确而严格的内涵和范围，只适用于人类社会具有法律关系或道德关系的生活领域，而不适用于人类社会的非法律关系或道德关系的生活领域，更不适用于非人类的自然界的动物或植物的生活领域。如果越出人类社会的法律关系或道德关系领域，甚至运用到非人类的自然界的动植物的生活领域，那么这个概念就失去了它的内涵和本来的意义，变成一个没有确定的客观内容的空洞的符号了。如果用“讲故事”的方式来说明自然物拥有“权利”，那么这里的自然物已经是拟人化的东西了，当然不足为据。因为人类之外的生命认识不到彼此之间的责任，也没有能力交流对责任的看法。人以外的存在，无论是否具有生命，都只具有工具的价值，动物如此，植物如此，荒野也是如此。我们认识的人与自然的相互作用，要求人与自然的和谐相处，实际上都是人类自身单方面的行为，或者说是以人类为主导的。人类保护自然是处于保护自己的目的，因为生态危机证明人对自然做了什么就是对自己做了什么。事实上，我们保护自然就是为了保护

① 周训芳：《论环境权的本质——一种“人类中心主义”环境权观》，《林业经济问题》2003 年第 6 期。

我们自身的利益。人类对环境问题和生态破坏负有道德责任，主要源于对我们人类生存和社会发展以及子孙后代利益的关心，因为人类生存必须依靠自然界。非人类自然界，无论是动物、植物，还是其他的存在物，都无所谓“公共利益”，更谈不上辨识相互的责任和互相尽义务。①

任何权利都产生义务，一种法定权利是否合理，关键要看权利带来的利益是否大于义务导致的损失，所以人的法定权利的合理性取决于权利与义务的均衡，而这种均衡的前提就是平等原则，每个人获得权利的同时承担相应义务。把权利概念应用于动物的根本问题是动物不可能承担任何义务。结果就是动物单方面获得权利，而人则单方面承担义务，造成极大的不平等，关键问题在于离开了权利与义务的均衡也就无法判断这些“权利”设定是否合理。伦理学中经常讨论到道德关系的互反性，但人与自然的关系中却缺少这种互反性。由“对人如己”这一社会伦理原则，我们可以推出“对自然如己”的环境伦理原则，然而，“对人如己”这条原则的基础是一种互反性：因为我希望别人对我好，所以我能想到别人也希望我对他们好；同时，因为这条原则对所有社会成员都有效，我在遵照它行事、对别人好时，可以期望别人也会对我好。

在人与自然的关系上，如果我们可以定义自然物与生态系统的权利并尊重这些权利，那么，我们是否也应该为它们界定相应的义务呢？即使我们能定义出这种义务，自然能够主动、自觉地履行这些义务吗？由此，承认自然是权利主体常不免予被诘之为违背了法学基本原理，因为它忽略了“法律关系的相关性、对称性、可逆性、双向性，没有注意到人对物、人与自然的关系，实质上不具有意义上的相互性。”②

---

①傅华：《生态伦理学探究》，华夏出版社2002年版，第227页。

② 张文显：《法学基本范畴研究》，中国政法大学出版社1993年版，第161页。

三、主张自然权利的非现实性

如果自然有权利，它如何主张？

对这一问题，非人类中心主义者的回答最有代表性的就是“代理人”制度，即由人或人的组织来代表自然行使权利。但既然是“代理”，“代理人”如何从他的被代理“人”那里得到指示呢？我们的时代众声喧哗，然而自然却沉默不语。人类作为生物发展到今天，与自然的沟通最常见的方式是通过劳动不断从事社会实践使自己得以进步，这个进步绝不是大自然对人的施舍和恩赐，而大自然对人类的“警告”和对人类不当行为的“惩罚”，无非是一种拟人化的比喻罢了。即使在神话传说中，我们看到人兽对话、宗教迷信中的人天、人鬼对话，也不过是将其拟人化或者说将人的本质力量对象化而已。既然无法从被代理“人”那里得到指示，“代理人”只能要么私相揣度，要么自行其是。比如对“不杀生”，有学者指出，自古以来，人类就有不杀生的宗教和道德传统。人类的不杀生，主要是基于宗教和现实两方面的原因。宗教原因的不杀生，如印度教禁止杀牛、伊斯兰教禁止杀猪，基于远古的图腾崇拜和后世的宗教信仰。阴阳五行家的“天人感应”、“相生相克”，道家的“道法自然”，佛家的“不杀生”、“六道轮回”、“因果报应”、“万物皆有佛性”等朴素的生态伦理观念，旨在告诫人们顺应自然，不破坏自然历史过程，否则将遭到大自然报复。这是一种宗教伦理。现实原因的不杀生，基于现实的生产、生活需要。如牛在农业社会中是最基本的生产工具，杀之不利于生产，继而产生了杀之不义的宗教情感；有些动物与人类关系密切，如军犬可作为战场上的帮手，军队甚至会为战场上死亡的军犬举行葬礼。这都是一种宗教情感。但是，无论怀有何种伦理和情感，人类做不到绝对不杀生。如蚊子、苍蝇、老鼠、蟑螂等可谓人人喊打。

可见，人类对自然的权利的理解是会随着人类情感的改变而改变，对人类有益者则保护和利用，有害者则灭除和防范。[①]人类提出要保护大气圈和臭氧层、水土和森林，而没人提出保护月亮和流星；人类提出保护狮子、老虎等野生动植物，但没人提出保护家禽和家畜。而且，令人尴尬的是，人类的好恶常常显得反复无常。比如，中国在 50 年代将麻雀列为害鸟，全国上下齐心协力加以剿灭，而后来动物学家又为其翻案。

另外，也有学者从社会效益的角度提出疑问。为动物设立监护人，必须考虑此监护人制度如何设计，如何具体操作，假设家养的宠物可以将其主人设定为监护人的话，那么对于数量庞大、种类繁多的野生动物，又该如何设定监护人呢？是为每一个动物设定一位监护人，还是为每一种动物设定一位监护人？这样巨大的社会成本可行吗？[②]

四、自然权利的不可操作性

如果自然成为权利主体，那就意味着其成为法律关系的一方，当人与自然发生冲突时，可以寻求人类社会相对成熟的纠纷解决机制的裁断与救济——诉诸法庭。但这里潜藏着一个法理上的缺陷，即这个法庭是人类社会的法庭，裁判者永远是人类，根据“任何人不得为自己的法官”的自然正义原则，这是荒谬的。那些主张自然权利的人费尽周折把自然带进了庄严的法庭寻求公道，却最终发现被告就是法官。

人类无法摆脱自己的利益，成为超然的中立者。对自然权利的认定，也是“根据我们的利益来决定，在什么情况下把自然的利益当做拥有同等权利的对象予以尊重。”[③]无论是人类中心主义的良好

① 周训芳:《多学科视角的环境概念与环境法对环境概念的选择》,http//www.riel.whu.edu.cn/show.asp？ID=251（2004 年 2 月 30 日访问）。

② 刘国涛:《动物何以成被告？》，http://www.riel.whu.edu.cn/show.asp？ID=749（2005 年 1 月 26 日访问）。

③ ［德］库尔特·拜尔茨:《基因伦理学——人的繁殖技术化带来的问题》，马怀其译，华夏出版社 2001 年版，第 177 页。

环境还是非人类中心主义的良好环境，都是人类根据自己的利益加以价值判断的结果。一个行为主体只会选择那些对他有利的规则，自利是行为主体所有行为的唯一动机。在人类中心主义者看来，保护自然必须立足于人类的利益。一种不包含人的福利的环境伦理学是没有生命力的，导致环境危机的主要原因，不是人们只把人类的利益当做行为的最高准则，而是大多数人、大多数民族都没有真正把人类的利益当做其行为的指针，许多人还深陷在个人利己主义、集团利己主义的泥潭中，为满足自己和小团体的利益而不惜损害他人和后代的利益，许多民族和国家（特别是发达国家）还未能突破狭隘的民族主义的价值樊篱，还在奉行着“生态帝国主义”和“环境殖民主义”的政策，或为维护既得的发展利益而把那些污染严重的产业转移到欠发达国家，或直接把第三世界当做垃圾处理场，或只片面强调欠发达国家保护环境的义务，而无视后者的生存权和发展权。由此可见，人类目前所面临的窘境，主要不是太以人类为中心，而是还没有真正以全人类的利益为中心，要实现真正的人类中心论，我们还有很长一段路要走。①因此人保护自然的义务不是因为自然有权利，而是以自然为“中介”指向人本身的。

人类的行为或者是适应保护了自然，或者是破坏了自然，但无论如何都是人类这个主体主动和自觉活动的结果，是经过价值判断和选择，从人类的利益和目的出发的，即使人类提出了保护环境实行可持续发展的战略，也最终是为了人类的整体利益即代内平等和人类长远的利益即代际平等服务的。由于自然只是被人化过程中才显示出价值和意义，是人从自己的需要出发为其赋值，因而就不能乞求人与自然存在物的平等地位。人有保护世界物种多样性、尊重自然、维护生存环境的义务，也只是人对人的道德行为关系的调整，而不是出于人类为自然的目的所做出的选择。人与自然存在物关系的裁决者只能是人，因而自然存在物根本不能与人处于一样的主体平等地位。

---

① 杨通进：《人类中心论与环境伦理学》，载《中国人民大学学报》1998年第6期。

而且，在反对自然权利者看来，自然的权利显然缺乏可操作性，因为所谓的自然的权利只能存在于我们每一个文明人理想的拟制中，存在于我们每一个人对社会的道德判断中，难为现实的法律制度所接纳。即使是在“法官造法”的英美法系国家，例如美国、英国、加拿大、澳大利亚等国，法官完全可以凭借自己的良知与理性来发展法律并做出判决，①但是，在自然的权利诉讼问题上，原告的请求也经常得不到法官的支持。这个“法庭”的其他荒谬之处俯拾皆是，比如自然如果成为当事人，当其受到侵犯时，如何获得赔偿呢？法应体现教育功能，惩罚和教育应相结合，以实现特殊预防与一般预防的统一，如果因动物侵袭了人类，而像某些国家的部分案例一样被判处刑罚，动物能够得到教育吗？会迷途知返下次不犯吗？甚至国内不止一位学者在已发表的文章中提到了“传唤它到庭的文书该如何送达”。②

第三节 自然权利的辩护

针对人类中心主义的批判，非人类中心主义者也提出了他们的主张，认为传统的人类中心主义在对待自然、代际、代内、种际之间等关系时存在着偏差和失误：

一是在对待自然的态度上，传统人类中心主义强调对自然的征服和改造，如曾经把生产力定义为人们改造自然和征服自然的能力，过分强调人类对自然的利用和需求，导致对自然环境的巨大破坏。自然在人的眼里不再有工业文明之前那样的神秘和威力，而成为人们征服和统治的对象。这是因为传统的人类中心主义在对待发展的问题上是建立在“经济人”的假设基础上的。所谓“经济人”假设，在亚当·斯密那里，人的双重本性包括自利性（Self-interest）

① 董茂云：《比较法律文化：法典法与判例法》，中国人民公安大学出版社2000年版，第90页。

② 李东慧：《试论当代民法的环境伦理观》，《法学》2001年第6期。

和社会性（Social affectivity），也就是“经济人”就是自利的，“经济人”就是理性的。“经济人”是会算计、有创造性、能追求利益最大化的人。但是，这种理性只是对个人利益的理性。从未理性地从自然的角度去考虑它，而是将自然资源视为自然再生产的结果，因而人类可以不加限制地无偿索取和占有，而不必考虑经济活动所引起的变化及其反作用，导致生产系统和资源系统失衡，进而导致了环境问题的恶化。

二是在对待后代人的利益上，存在着代际不公平。传统人类中心主义只强调当代人的需要，置后代人的利益于不顾。置整个人类生态系统的平衡和全人类的延续于不顾，为了满足当代人的自身的需要寻找各种理由，当代人肆无忌惮地消费着地球上的有限的资源并将地球当做一个巨大的垃圾场，极大地破坏地球的生态平衡，严重威胁了当代人的生存，同时也损害了后代人的利益。总结起来有如下几个缺陷：缺陷之一是当代人总是想更多地占用地球资源。发展是无限的，然而地球资源却是极其有限的，特别是一些不可再生资源的锐减，已使地球的“家底”显得不再丰厚，昔日曾经丰腴的地球已渐显贫瘠。日趋贫瘠的地球把人类引入发展的困境，自掘坟墓的是人类自身；缺陷之二是当代人对财富的追求，对享受的追求部分是建立在对地球环境的破坏的基础之上。人与环境是密不可分的整体，文明的繁荣得益于良好的环境作用机理，文明的衰退甚至湮灭也是由于环境的过度破坏所致。当代人类缺乏良好的环境意识，就等于剥夺了后代人享受天蓝、地绿、水净的优美的地球环境的权利；缺陷之三是当代人对后代人欠下了发展的“赤字”，当代人的急功近利，使地球出现了“资源赤字”、“环境赤字”、“生态赤字”，这种种“赤字”终将使人类的可持续发展难以为继，不仅恶化了当代的发展条件，而且使后代的发展面临着比当代更为严峻的挑战。①

三是在对待当代人的利益上，存在着代内不公平。传统人类中

① 郭艳华：《走向绿色文明》，中国社会科学出版社2004年版，第61页。

心主义只考虑一部分人的利益，而忽视了世界上绝大多数人的整体利益。在这种传统人类中心主义的指导下，少部分人的利益的满足是以损害绝大多数人的利益为代价的。目前，世界上 20%的富裕人口，消费了相当于不发达国家同样人口 10 倍的能源、10 倍的木材、13 倍的铁和钢、14 倍的纸、18 倍的合成化学物以及 19 倍的铝。① 富人们“奢侈型”的消费，使世界上各种资源和能源在以惊人的速度被消耗。另外，发达国家在经济飞速发展的同时也向全球排放了大量的污染废气物，使大多数发展中国家也因此受到环境污染的影响。

四是在对待人类以外的其他动物方面，存在着种际之间的不公平。而这种种际之间的不公平是人类中心主义产生这种种偏差的最核心问题。人与动物如何相处？人类应该怎样对待动物？目前人们的生活方式，对待动物的行为方式都存在着严重的缺陷：（1）吃野生动物的陋习。享受着丰衣足食的工业文明的人类，也“复习”起先人吃野生动物的习惯。（2）不断侵占野生动物的生存空间。随着人口的增长，耕地和经济林木面积的扩大，人类已经侵占了其他生物过多的空间领地，破坏了自然界本身的生物链。②

所以以上从人类中心主义出发对“自然权利”的质疑是强有力的，但仔细推敲，这些质疑却颇多值得商榷之处。

一、权利概念的扩展

传统意义上，权利无疑是属人的，但我们必须注意到，一个概念的定义是可以改变的，人们过去曾这样理解权利这一概念，并不意味着人们就只能永远这样来理解。从学术史上来看，对一门既有学科的一些重要概念进行新的阐释和定义，以扩展该学科的研究范围或建立一门新学科的例子是屡见不鲜的，执拗于传统法学对“权利”一词的界定可能并不一定是一种顺应时代的选择。当然，对既

① 李友梅、刘春燕：《环境社会学》，上海大学出版社 2004 年版，第 191 页。

② 苏海燕：《可持续发展观的形成和经济人范式的演进》，《社会科学家》2003 年第 5 期。

有概念的重新阐释和定义也不是可以任意进行的。新的阐释和定义要立得住脚，须与既有概念所表达的意义有相当程度的吻合，且往往是在更深刻、更本质的层次上揭示了既有概念所要表达的意义。所以，对于非人类中心主义要求从法学基本概念的定义出发对人类中心主义提出的批评，是值得认真对待的。这种批评能促使人类中心主义更深入地审视这些概念的含义，从而进一步阐明自己是在何种意义上使用这些概念，以及这样用的依据何在。甚至于顺应时势，将概念的外延加以扩展。

环境法作为充满了创新的法律学科，它的每一步都可能是反叛性的，环境法本身就是革命性的法律部门。也许我们可以说，环境法在传统法律中酝酿并最终诞生的历程就是不断叛逆的过程。没有创新和叛逆，就没有今天的环境法。在人类文明进化的过程中，每一次突破几乎都离不开对人在自然和社会中地位的重新解读和定位，更离不开对终极关怀的追问。自然权利导致的对人与自然关系的法律定位的冲击，不可避免地构成了对整个传统法律体系的挑战。它要求人认识到自己属于而不是外化于自然，因此人类得依赖于而不是控制自然。这一世界观的改变尽管在哲学领域早已开始，但人与自然作为一个整体存在的观念却并没有进入社会文化中最为保守的法律领域。

人们对人类与自然的关系的认识经历了一个扩展过程。动物解放论（权利论）认为动物具有与人相同的体验愉快和避免痛苦的利益，具有与人相同的“天赋价值”，因而“所有的动物都是平等的”。这种论调第一次使伦理学突破了对人的“固恋”，填平了横亘在人与动物之间的道德鸿沟。生物中心论主张一切生物的生命都是有价值的，所有的自然生物都拥有自己的“好”，拥有自己的“好”的实体都有天赋价值，因此要“敬畏生命”（施韦泽），“尊重大自然”（泰勒），这种观点突破了动物解放论（权利论）只关注部分动物的局限，将视域拓展到野生的动物、植物等一切生命实体。生态中心论则强调动物、植物、土地、沼泽、河流及其他无生命的自然存在物、自然过程和生态系统都是作为自然整体的有机组成部分而具有自身的价值。“大地伦理学”提出人类对大地共同体负有义务。“深层生态学”认为每一种生命形式都拥有生存和发展的权利。这种理论又超越了生物中心论只关心个体生命的视界，更加注重生态共同体的利益。以上三种主张均为人们关注自然的存在提供了独特的理论根据，都将伦理学的正当概念扩大到包括对自然本身的关心，尊重所有生命和生态完整稳定。这种理论内蕴的拓展是以肯定自然价值和自然权利为基石的。

生态伦理学指出自然物不仅具有相对于人之需要的工具价值，还有其自身的内在价值、固有价值、生态价值；而“在存在权利上，所有生物都是平等的，无贵贱之分，高低之别，优劣之异，决不因其数量的多少，出现时间的早晚，力量的大小，进化程度的高低不同。自然这一伟大的造物主，既不偏爱也不歧视它的任何一个成员，任何生物都不可能获得超越生态学规律之上、之外的特权。”[①]由此，美国的非人类中心主义哲学家纳什对“权利”概念的扩展作了一定的阐述。纳什在对环境伦理学的各种思潮作了历史考察之后，指出权利概念是沿着英国贵族—美国殖民者—奴隶—女性—美国土著民族—工人—黑人这一顺序不断扩大的，“自然的权利”这一概念就处在英美的少数派权利扩大的历史延长线上。[②]承认“自然的权利”，并在人权的延长线上给其以位置，这就意味着“权利”概念向人以外的存在物的扩张。正如塞尔特总结道：“每一个伟大的运动都把人们模糊的同情意识提升为一种明确的权利观念。对压迫者来说，达到这一点的必要条件是承认被压迫者是其所属的共同体的成员。”[③]

施韦泽有关这一问题的意见颇有代表性。他指出，有思想的人必须“把道德体系的应用范围从最狭小的家庭圈子首先扩展到家

① 刘湘溶：《生态文明论》，湖南教育出版社1999年版，第203页。

② ［美］罗德里克·纳什：《大自然的权利》，杨通进译，青岛出版社1999年版，第9页。

③ ［美］罗德里克·纳什：《大自然的权利》，杨通进译，青岛出版社1999年版，第35页。

族，其次是部落，最后是全人类”，这还仅仅是扩展道德范围的开始，“根据万物都加入了共同的大自然大家族这一理想，人们必须承认，人类与其他创造物亲如一家”。尽管他认识到要实现把伦理学扩展应用于所有的存在物这样一场如此根本性的观念革命，绝非易事，但是，观念变革的历史给他提供了希望：“曾几何时，人们认为下述观念是愚蠢的：黑人也是真正的人，必须获得人道的待遇，这一曾被认为是愚蠢的观念，现在已成为一条真理。”他以同样的方式预言权利的范围还将进一步扩展：“今天，在人们看来，下述主张有些夸大其词：一种合理的伦理体系要求人们一视同仁地关心所有生命（包括最低级的生命）。但总有一天人们会感到奇怪，人类竟然要花如此长的时间才认识到这一点：对生命的无谓伤害与道德格格不入。”①

非人类中心主义认为，“在本体论意义上，主体不是唯一的，事物本身是它的主体，在生态系统中，不仅人是主体，生物个体、种群和群落也是生态主体，不仅人是生存权利的主体，而且生命和自然界也是生存权的主体。”②一句话，生命和自然界本身就是自然价值和生态伦理的主体，而作为这种伦理和价值体现形式的法律制度也必须确立自然的主体地位。其实，人的思维能力并不是人主体唯一性的充分条件。在人类的角度，正是人类的意识能动性为人理解自然规律，理解人与自然关系提供了思想前提。它使人正确地通过人类法律调整人—自然关系，从而使给予非人类生命应有的法律待遇成为可能。当然，也正是人类的意识能动性使人自觉地解决人与自然之间日益加剧的矛盾。

从人类法历史看，人并不是随心所欲地创造法律，而是发现法律即通过认识自然规律和社会规律的途径去发现并提升为法律。因此，我们不能因为实证法上的困难而将一切主观地抹去。如果主张权利的基础在于主体具有意志，我们就会发现其中的谬误：人之为

① ［美］罗德里克·纳什：《大自然的权利》，杨通进译，青岛出版社 1999 年版，第 73-75 页。

② 余谋昌：《生态伦理学》，首都师范大学出版社 1999 年版，第 78-79 页。

人，就个体而言，其意志是有差别的，但在法的权利上，我们的权利却又是一样的。再者，即使是人的社会组织，尽管由人所组成，其统一一致难道是每个成员意志的总和？我们所设计的所有类型的社会组织，无非是出于自然人的需求罢了。何况，动植物乃至无生命物质是否有其自己的意志，还是个有待求证的问题。

法兰克福著名学者霍克海默在其著作《理性的黯然失色》中认为，理性可以分为主观理性（工具理性）和客观理性。主观理性是一种限于工具而非目的之领域的理性，它追求知识，追求工具的效率和各种行动方案的“正确”抉择。当培根强调“知识就是力量”时，他亦指的就是这样一种主观理性和工具理性，也正是它，指导着当代西方的工业文明。而所谓的客观理性，指的是“一个包括人和他的目的在内的所有存在的综合系统和等级观念，人类生活的理性程度由其与这一整体的和谐所决定的。正是它的客观结构，而不是人和他的目的，是个体思想和行为的量尺。在这里，关键的是目的而不是手段。”[①]客观理性具有本体论上的意义，作为世界的客观秩序，它决定着万事万物的存在与发展，承担着理性的决定人类的美好生活究竟是什么的任务。几个世纪以来，一直是技术高度发展的工具理性时代，在工具理性中，人作为主体，高居于所有的客体之上，把世界看做是一个可以被操纵和统治的集合体，世界也开始以一种新的图景出现，每一件东西都是可通约的、可代替的，它是一堆无生命的、冷冰冰的东西的聚集，可由纯粹的主体所操纵统治。但是现代科学的发展，已证明人仅是自然界的一环，仅是自然界诸多物种的一个，诸多物种构成生态平衡，若任意毁坏某个物种，会导致生态失衡，最终导致人的灭失，自然物具有法益，而这种法益则成为自然权利的基石。

强调自然的内在价值，强调自然存在的权利，可能会使人类中心主义者感到极大地贬低人所具有的内在价值和尊严，将使“物竞

---

①［英］克莱夫·庞廷：《绿色世界史——环境与伟大文明的衰落》，王毅、张学广译，上海人民出版社2002年版，第6页。

天择”自然法当成放大了的共同体的道德法则，造成人类社会内部道德水准的退步和社会失范，而且会由于生物的无节制生育而造成更大的环境问题。人类中心主义者的上述担心是想象的，既不能从历史得到证明，又不能从现实得到证明；既不能从自然史得到证明，又不能从社会史得到证明。人类承认是从猴子甚至更低级的生物演进而来，这一点除被与赫胥利对战的那位主教及追随者认为有辱尊严外，已成为科学的公识。在人类社会中，人们强调权利与平等，但并非要求铲除竞争以及由此引起的所有差异；人们强调自由，但同时也强调法制；人们强调民主，但又主张由有权威的政府领导。

由此可见，人们对自然内在价值和权利的认同，只是承认了一个事实。“承认自然具有内在价值，是从一个侧面丰富了真理。它不是真理的全部，或取代全部真理。这是不言而喻的。”[①]而且，主张自然的权利并不会削弱或排斥人类去谋求最大幸福的愿望。有人认为，如果认同自然的权利，这样人类就会连饭也没得吃。其实，这是对自然权利的极端片面的理解。在地球上，人类本来就与自然是平等的，人类只是生态系统的一个组成部分。从食物链的关系上讲，人类也不会因为自然的权利而放弃食物。这里面有权利的普遍性、多样性、特殊性的关系的问题。“强调自然的权利，就是要人类进一步认识自然的内在价值，自然对生态共同体的价值，只有这样，人类才能可持续地发展，这才是真正意义上人类的幸福。”[②]

将动物作为权利客体予以保护中存在着误区。地球生态系统的存在是以“食物链”为基础的，一切与这种关系相符合者均为合理。人类不能因为保护动物的权利而主张“素食主义”。若实行了“素食主义”，那么，当主张植物权利时，人类又应当以何为食呢？自人类出现以来，动物和植物一直是人类的给养资源，由于物种的危机和主张动植物的权利而彻底切断人类生存的给养是不切实际的。

---

① 徐嵩龄：《论现代环境伦理观的恰当性》，《清华大学学报》2001 年第 2 期。

② 汪劲：《环境法律的理念与价值追求》，法律出版社 2000 年版，第 280 页。

况且受科学技术发展的制约，人类尚不可能完全以化学合成物为食。因此似乎出现了人类的生存与保护动物权利之间的矛盾。但是笔者认为，在机械化大生产的社会，人类赖以生存的营养资源——素食（各种植物）与肉食（各种动物）都已被商品化，而存在于非自然状态下，即它们已由人类添加了劳动，成为可供人类支配、处分的财产或物。当然这些动植物物种的最初形成不是人类劳动的结果，但现今已无法考证这些物种的原始取得状况。所以，前述经过人类世代培育的营养资源已具有了权利的排他性，不再属于公共资源，也就脱离了非人类生命体保护的客体范畴，成为财产法或物权法上的客体。动物的权利理论的合理内涵应在于强调人类应当重视非人类生命物质的权利及其内在的价值。这也正好揭示了非人类生态权利保护中的一个盲点，即仅将非人类生命体作为客体保护是不够的，赋予非人类生命体法律关系的主体地位才是解决问题的关键。

至于被指责为有“乌托邦”的倾向，心怀理想的自然权利的辩护者们认为这也无可厚非。实际上国外环境法的法律实践中，有些领域已经出现了“乌托邦”的倾向。2002 年 4 月，挪威奥斯陆大学发展与环境中心的学术会议上已经有学者提出了这种“乌托邦”（Evironment Utopias）倾向。他们认为在人类法律中通过实践赋予自然以法律主体的地位并保障其权利的做法，也不外乎是一种“环境乌托邦”的倾向，但是，这也未尝不可，因为人类总是具有一定的“乌托邦”幻想的，而且这种“乌托邦”幻想从来没有伤害过人类的整体利益。相反，它使人类变得善良和慈爱。

二、人类中心主义不可能完全解决好人与自然的关系问题

自然权利最有力的支撑点在于：人类中心主义不可能完全解决好人与自然的关系问题。人类中心主义的合理性有赖于这样一个前提：“通过人自身的完善和人与人关系的调整，可以达到人与自然的和谐。”但最起码目前看来，人类明显对此力不从心，难以胜任。在解决人与自然的关系上，人类中心主义的环境伦理已暴露出明显的不足，主要表现在：

1．人类中心主义伦理从人类自身一个物种种群的利益出发，而不是从千百万种其他生命物种种群的利益出发，它不考虑所有生命物种种群的生存环境，它强调的只是人与社会、人与自我的道德关系，基本上把人与自然关系排除在外，这就割裂了人与自然的统一性。即使曾有对自然的伦理观念，但也并没有作为一种成熟的道德理论学说而存在，仅仅表现为一种自发的道德情感、道德心理，因而是排斥自然的，把人类作为伦理上的最高目的与全部价值，其他客体存在物都是一种无伦理或非伦理的存在。这种伦理价值观表达了人类对自然的一种狂妄，而它的逻辑结果，必然是因轻视自然而导致的环境恶化。

2．人类中心主义从人类的利益和价值出发来保护环境，这是从人类自身功利角度来看待人与自然的关系，也就意味着它建立在一个功利主义的立场之上——因为保护环境从长远来看对我们人类整体更有利，所以我们要加以保护。功利主义的问题在于，其判断具有临时性。功利主义认为没有哪个具体的行为，无论是内在的还是其本身，是对的或错的。任何行为的伦理状态都依赖于其后果。正确与否也总是依赖于后果因而总是依赖于人无法控制、把握的因素。但这似乎就遗漏了一个很重要的伦理学关注的领域，即那些在伦理上是正确的判断而不去考虑后果的情况。有时我们从理论上判断，某行为是伦理上正确时，其结果却是糟糕的。自然界比人类所了解的要复杂得多，甚至可能比我们能够了解的还要复杂。人类根本不可能确切地知道，一个物种的毁灭或一个特定生态系统的破坏究竟会产生哪些长远的影响；有些自然存在物，现代人可能觉得毫无用处，但谁又能保证这些事物不会在未来的某一天成为一种新的资源呢？资源总有稀缺程度的不同，把自然仅仅当做资源来保护，我们就不得不对它们的稀缺性进行排序，把大自然的各个部分人为地分成不同地等级，从而使大自然与大自然对立起来。

设想这样一种情况，若我们背叛我们的朋友，我会得到巨大的好处。也设想那个朋友永远不会知道我的背叛。在这种情况下，功利主义的决定是背叛这个朋友。然而，这种背叛显然违背了一个重要的伦理学原则（不要背叛朋友），即使结果对自己不利也不应当这样。[①]具体到环境法领域，戴斯·贾丁斯曾用斑点猫头鹰的例子来加以论证。一些环境主义者反对砍伐西北太平洋沿岸的原始森林，因为肆意的砍伐正威胁着濒危物种斑点猫头鹰的生活。若继续砍下去，斑点猫头鹰就会灭绝。另外，伐木场的扩大却会带来非常可观的经济效益。由于尚不知道这种猫头鹰对人有什么好处，它对人类也没什么贡献，功利主义者就会主张砍下去。但环境主义者指出，从理论上让一个物种灭绝是错误的，即使这种做法会带来好的社会效益的净增加。[②]可见功利主义的局限性在于对人们行为结果的意图思考过于绝对化。人们进行一定的行为，具有自身角度的行为意图，而人们的这种行为意图并不全是对结果进行权衡而得来的，人们权衡不同结果的意图还会受到其他社会、个人等因素的影响。另外，功利主义从两种截然相反的事实状态的对比结果出发来论证问题，而并没有从问题本身的正当性的角度进行阐释，缺乏对本体责任感的把握。因此，功利主义并没有也不可能对我们为何要保护环境作出全面合理的解释。

3．人类中心主义相信人类的理性能够正确评价人的利益和价值，借助于人类的理性认识和预测功能能够把握生态系统复杂的动态平衡规律，从而管理好生态环境。这种价值观念具有过高地估计人类理性能力和盲目乐观的倾向。近代科学以来，人们越来越相信世界是可以预测的，比如哈雷彗星回归、日食、月食、天气、社会发展预测等，好像一切都是如此可预测，但是，20 世纪的非线性科学发展的基本结论是：多数系统，原则上是不可以预测的，许多明显简单的系统也是不可预测的。严格地说，世界不是完全可以预测的，当然也不是完全不可预测的。如果把未来的样本取得多一些，可预测性就小，如果只想知道明天，只想外推一点点，我们就会觉

① ［美］戴斯·贾丁斯：《环境伦理学》，林官明、杨爱民译，北京大学出版社 2002 年版，第 30 页。

② ［美］戴斯·贾丁斯：《环境伦理学》，林官明、杨爱民译，北京大学出版社 2002 年版，第 31 页。

得世界基本是可预测的，这与我们看问题的尺度有关，如果我们只看到目前，那么生活就简单的多了，如果人类还要活 1000 年、100 万年，那就不一样了，未来样本非常大，可预测性的概率几乎是零了。

人类中心主义者在承认自然不可预测的同时，依然认为依靠人类的理性能够驾驭自然。其理论的前提和出发点是一种“无知者无畏”的满不在乎：未来的不确定性，对一些人来说是苦恼，但对另一些人来说是解脱，既然我们不知道会变得多么糟，也同样不知道会变得多么好。这种盲目乐观的态度，如止痛片可以缓解人们的病痛一样，因其可以安慰人类对环境恶化的不安而广受欢迎。但也正如止痛片不能根治人们的病痛一样，人类不可能在自欺欺人中相安无事。就像王小波在一篇文章中所说的，花剌子模国王消除坏消息的做法是把带来坏消息的使者喂老虎，但这就能防止坏事的发生吗？1962 年美国生物学家雷切尔·卡逊出版《寂静的春天》一书，报告了化学杀虫剂污染造成的严重危害，使生机勃勃的春天“寂静”了。它不仅危及许多生物的生存，而且正在危害人类自己。据此她做出结论：“控制自然这个词是一个妄自尊大的想象产物，是当时生物学和哲学还处于低级幼稚阶段时的产物。当时人们设想中的‘控制自然’就是要大自然为人们的方便有利而存在。应用昆虫学上的这些概念和做法在很大程度上应归咎于科学上的蒙昧。这样一门如此原始的科学却已经被现代化，被最可怕的化学武器武装起来了。这些武器在被用来对付昆虫之余，已转过来威胁着我们的整个大地了。这是我们的巨大不幸。”也许对我们而言，明智的做法是承认人类在自然面前的无知，敬畏自然，认识到我们传统的以人为中心的环境伦理价值观和法学理论的不足，这也正是环境法在很多领域需要加以突破和变革的深刻的思想根源之一。

联合国有关机构的文件已经将当前的生态、资源和环境问题归结为一些国家（特别是发达国家）不可持续的生产方式和消费方式的恶果。在这种情况下，仅仅靠自律是难以解决问题的。工业革命以来生产方式的确立，使人们一方面打开了在认识论意义上的自然的神秘之门，另一方面机器大工业的生产方式，使人类加快了向自然进军的步伐，人类获得的财富呈几何级数增长。但这种增长不仅没有满足人们的需求，而且更激起了他们对财富的欲望和对自然资源的掠夺，上一代人的奢侈品可能成为下一代人的必需品。很难想象人类整体上会情愿为了环境降低自己的生活水准。

在资源问题上，人类寻求的是最大的生产量，而生态系统则是寻求“最大的保护”（即力求达到对复杂生物结构的最大支持），两者常常是冲突的。工业社会选择的重心自然地会倾向人类一方。人们倾向于相信技术的进步、科学的昌明会使人类最终逐步了解自然，并使人类达至与自然的和谐，但正像马克思所说：“人们不能自由选择自己的生产力”那样，人们也不能自由地选择自己的技术基础和技术手段。工具理性的合理性主导着发展的方向，而功利性则影响着技术手段的选择和利用。其结果是人异化为物，技术上的合理性，就成为统治上的合理性，人越是控制自然，自然就越控制人、报复人。技术没有使人获得自然中的真正自由，作为人与自然中介的技术，其遮蔽的片面性只能使人获得控制自然的局部的、暂时的胜利。人们常常以为自己支配、改造自然的能力在迅速增加，却没意识到他们对自然的理解和审美能力在不断丧失。人们可以不断地破坏自然，而又不断地制造人工的自然，这无疑是十分荒谬的，人们可以用金钱设计出一个自然，但这个自然却丧失了自然的实际内涵，因为自然最重要的价值就在于其真实性和原始性。

人类目前所面临的环境危机，不是科技提供资源速度慢于人类消费资源的速度，技术问题只是环境危机的表面症候。环境问题的实质是价值取向问题，是目标和意义的选择问题。人类面临的生态危机，本质上是文化和价值层面的危机，其根源在于我们陈旧的价值理念、行为模式，以及社会政治、经济和文化机制方面的缺陷，人类只有确立保证人与自然环境和谐相处的新文化价值观念、消费模式、生活方式和社会政治机制，才能从根本上克服生态危机。也就是说，不能只从经济利用的角度来理解人与自然的关系，要认识到自然存在物的非经济价值，特别是它们的精神价值（如审美的、认识的、科学研究的、教育的、心理和精神治疗的、人格塑造的）[①]，因此，环境伦理的出现，从根本上说是人类为矫正价值取向的偏差而进行的精神疗法。[②]

非人类中心主义给人们的一切与环境发生的直接或间接关系的行为提出了一个评价标准和取舍原则。而这个评价标准和取舍原则是建立在非人类中心主义的价值观之上的，它为我们保护自然生态系统提供了一个超然于人们主观偏好的客观的道德根据。事实上，从自然权利意识出发的对自然的保护运动将与传统的自然保护运动形成鲜明对照，其效果可能大相径庭，比如，对河流的保护，从自然权利论来讲，河流有其保持自身清洁水质的权利，如果人类社会肯定了这种权利，那么任何对清洁水体污染的行为都侵犯了河流的权利，理应受到"自然权利法案"的制裁。从而对河流任何形式的污染行为加以惩罚。这样，解决水质污染问题就从最终意义上确定了理论依据。而从传统自然保护理论作为出发点来保护自然，必然会受到经济等理论的制约。我们知道，当污染程度很高时，降低污染可能成效显著，但在低污染水平时，再降低污染将可能要付出巨大的物力与财力。那么经济学的效益与成本理论就不会为进一步的治理污染提供理论依据，因为经济要追求效益最大化。而且，人们还会采取补救措施，比如生产药物以治疗人类因污染而出现的疾病。同时，我们还会注意到，这种污染水平受人们认识、经济状况的制约，会处于变动之中，从而使得污染不能根除，甚至在一定时期内加剧。

三、自然权利存在着转化为在法律上具有可操作性的可能

非人类中心论在伦理学上的一个革命性变革，就是突破了把权利仅限于人与人之间，从而只适用于人类内部的正统观点。这就导致人类立法在制订规则时有可能超越物种的偏好。不是站在人类这

① 杨通进：《整合与超越：走向非人类中心主义的环境伦理学》，载徐嵩龄主编《环境伦理学进展：评论与阐释》，社会科学文献出版社 1999 年版，第 58 页。

② 胡建、陈国跃：《环境伦理与普遍伦理》，《唯实》2001 年第 5 期。

个物种的角度来设计规则，而是站在暂时忘记设计者的物种身份的角度来设计规则，以免这一规则在尚未设计出来之前就带有对其他物种的歧视成分。

考虑到法庭必须在法律设定的范围内活动，法律规则的中立性就一定程度上赋予法庭以中立性。至于人类的法庭如何摆脱其自身利益对其中立性的冲击，事实上人们已经认识到总以人类利益为处理人类自身与外部生态环境关系的“根本价值尺度”，未必能有效地保障人类的眼前利益和长远利益，这正如自私自利的人未必能有效地实现自我价值。承认和维护其他生命物种的利益和价值，并不要求同等程度地去对待人类个体和生物个体，更不意味着要站在自然界的立场上来与人类对抗，而只是要求人类彻底放弃从自身一个物种的福利出发来对待其他生命物种和生态系统的价值观，把自己的价值和利益真正置于生物圈的整体利益之中，置于与其他生命物种相互依存的价值关系的网络之中。

只有承认生物圈的整体价值，承认并维护非人类存在物的自身价值和对于生物圈的工具价值，人类才能在追求自己的价值实现过程中，积极地遵循生态系统运行的规律，自觉制定并遵守生物圈共同体中合理的人类行为规范，对其他生命的价值和非生物的资源加以明智、合理的利用，从而实现人类开明的自我利益。否则，人类即使有保护生态环境的良好愿望，也会由于自身物种极端狭隘的私利的遮蔽，从而在追求自己的生存和发展利益时，违背自然系统的要求，破坏生命共同体存在的生物多样性前提，产生损物害己的后果。显然，极端的自私并不能自利，一定程度的利他反倒能成就利己。

具体地讲，自然权利主要表现在以下几个方面：第一，生存的权利。一切自然权利的主体，都能利用所处的特定空间、资源、进行着自身内在的物质循环和能量、信息的交换，以维持自身的存在和发展。自然界的一切生命体，无论是高级形式的生命，还是低级形式的生命；无论是微生物、植物的生命，还是包括人在内的动物的生命，都有生存的权利。第二，自主的权利。所谓生物自主的权利，是指任何生物都有按其自身的生态活动的方式追求自由的权利，但这种权利的实现应该适应生态系统整体支配并决定部分的自然选择机制，否则就谈不上生物的自主权利。例如，老虎有在山林中自由活动的权利，松鼠有采集松果谋求种的生存的权利，候鸟有依据气候变化迁徙的权利。生物是以其不同的自主性活动反映不同种类的特征，破坏自主性，本质上是破坏不同种类生物各自的生态习性，而不是毁坏个性本身。第三，捍卫自身的权利。作为权利的拥有者，无论是高级生命形式还是低级生物形式，都希望它的生存不受到侵害。这是一种生命本能的需求，当受到伤害和侵犯时，它会对侵犯它们权利的行为提出挑战。比如，自然界是按照自身的生态运动规律存在着，如果没有来自外界及人为因素的干扰和破坏，自身系统和结构是稳固的、持续的，而一旦人类的社会生产实践活动打破了自然的生态平衡，使其不能正常运转，那么，自然就开始对人类的这种“征服”或“破坏”活动实施“报复”，它会以自然力的方式反作用于人类，让人类感受到它是庄严地“捍卫”自己的权利，在与人类进行抗争。自然权利是自然意志的体现，是客观生态规律的当然之则。①

这里需要明确指出的是自然权利既有绝对性的一面，又有相对性的一面。我们说它是绝对的，是指一旦社会承认自然权利，那就不依人的主观愿望为转移，不能为某些人类的利益而忽视它、取消它。但它又具有相对性，在社会中，人的权利具有时间和空间上的相对性，自然权利也需要界定其范围，并根据具体的情况有所变化。自然的权利，并不是指对自然界物种个体存在状态的剥夺就是自然权利的剥夺。只有当对自然界物种存在的状态的剥夺危及整个世界或某一区域的生态平衡与生态稳定，同时，这种物种的存在对世界或某地区的生态平衡的稳定不可缺少时，才是对物种自然权利的剥夺。如果人们连拍死一只苍蝇也怕侵犯了自然中某物的权利而畏手

---

① 肖毅：《走出人类生存困境——自然权利的哲学反思》，《湖南工程学院学报》2004年第4期。

畏足的话，这样的自然权利在现实社会中将毫无意义。

对于自然享受权利的同时如何承担责任的问题，其实存在着一个认识上的误区，即享受权利就一定需要承担义务。这里我们有必要引入法律上对主体能力的界定，一般来讲，当我们谈到主体能力时，它是两分的，即它可以分为权利能力和责任能力。只要被纳入了权利主体的范围，法律即认可了它的权利能力。法律对其权利的保障是全面的和现实的，这时，我们是不会考虑主体的责任能力的。权利的保护是无条件的，如果非要设定一个条件，这一条件只能是某一主体被承认为权利主体，而不是与其关于履行义务讨价还价。

当然，此时人们仍然会心存疑虑，认为无责任能力便无资格获得权利能力。这实际上是一个伪命题，事实上在法律中一直都认可无责任能力的权利主体的存在。比如婴儿、精神病人、白痴等，这部分权利主体享受权利并非是人们期待他们有朝一日会履行义务，像婴儿长大成人，白痴突然恢复理智；或者是他们以前曾经履行过义务，法律绝非如此庸俗和世侩。追根溯源，这部分主体享受权利的理由只在于我们认可他们的“类”的属性。那种把道德关怀的范围固定在人类这一物种的界限内的做法，肯定是缺乏历史眼光的。理性、道德自律和自我意识并不是获得权利的必要条件，只要在伦理的认同感上获得了共鸣，主体的权利能力便水到渠成顺理成章了。而非人类中心主义的支持者们一直以来，以一种高贵的道德情感和极为可敬的执著精神与热情态度，孜孜以求加以宣扬和呼吁的正在于此。如果我们认可了人类只是自然的一部分，人与自然平等和谐，我们并无既定的先验的优越可言，那么，自然距离“权利”不过一层一捅既破的窗户纸而已。

而且，平心而论，人类指责自然不能履行义务似有负义之嫌，试想，人类的生存和发展，难道有一时一刻停止过向自然的索取吗？

对于自然承担责任的另一面，像动物伤人，我们依然需要用责任能力的理论加以理解。动物行为仅出于本能而无理性，其并无责任能力，因此是不受惩罚的。这里我们需要对不受惩罚的理解加以廓清，前文已述，对自然界物种存在的状态的剥夺危及整个世界或某一区域的生态平衡与生态稳定，同时，这种物种的存在对世界或某地区的生态平衡的稳定不可缺少时，才是对物种自然权利的剥夺。我们不能因为狼会叼走羊，就对草原上的狼斩尽杀绝，使草原生态失衡。同时，人类将个别为害一方的狼猎杀，并不是惩罚，对此，我们只能把它理解成人类正常生产活动的一部分。在人类的法庭上，正如无责任能力的婴儿、白痴一样，自然作为主体出现时，参加的只能是纯获利益的诉讼，其不为被告。

反对“代理人”制度的人对代理人不能从自然那里得到“指示”的担忧其实大可不必，我们应反对在这一问题上的不可知论的倾向，一味纠缠于“子非鱼焉知鱼之乐”。婴儿、白痴的代理人也不曾从他们的被代理人那里得到“指示”，但人们根据常识、经验和对人情物理的体认，事实上一直使“代理”制度有效运转。同样道理，人与自然朝夕相处，如果我们对人类理性信心尚存，“代理”完全应当是可能、可行的。

毫无疑问，在法律中对于主体的重新界定，必然会造成一定程度的混乱，但混乱会随着这一理论和制度的逐步完善而消失，我们应当接受这种暂时的混乱，因为惟其如此，伦理的诉求进入法律才是正当的和可能的，伦理的诉求也才能真正地内化于法律。

四、自然权利理论已在法律实践领域拓展

尊重自然的权利这一价值观念目前已在一些国际性法律文件中多次出现。最早体现这一法律价值取向的多国间条约当属 1979 年欧洲议会在波恩通过的《保护欧洲野生生物及其自然栖息地公约》。该公约在序言中规定：“野生动物和植物是一种自然财产，具有美学、科学、文化、原始性、经济获取内在价值，为了未来世代必须予以保存”。

随后，1982 年以 111 票比 1 票（美国投了反对票）的绝对优势在联合国获得通过的重要国际法律文件《世界自然宪章》，也被认为是所有涉及影响自然的人类活动的基准。该宪章的核心部分是将人与自然的关系作为“自然的一部分”，为人类活动设定了应遵循

的保全自然的原则。该宪章将“自然”作关键词，以替代人们习惯使用的“环境”，其主要目的是要体现自然独立于人类以外而存在的，它所表现的是“非人类利益主义”①为此，该宪章所确立的 24 项原则均超越了“人类利益主义”，从而创立了新的自然保护法律框架。②该宪章在原则 14 中要求，人类对自然环境的责任以及对自然内在价值的认识和明确人类的义务等，应当同时反映和实施于各国国内一级的法律之中。

1991 年 10 月，世界自然保护同盟、联合国环境规划署和世界自然保护基金联合发表了《新的世界环境保护战略》，其中作为有关实现社会可持续发展的 9 项基本原则的第 1 项原则就是：“尊重生命共同体是重要的”。该原则所表现的是“在现在和未来都有义务尊重他人与其他所有的生命体”的思想。③这项原则的意义在于，它确立了保护自然不只是为了人类的需要的理念，同时它还承认了自然的权利。④

继此之后，1992 年联合国通过的《生物多样性公约》则更为明确地指出了自然价值的重要性。该公约在序言中规定：“意识到生物多样性的内在价值，和生物多样性及其组成部分的生态、遗传、社会、经济、科学、教育、文化、娱乐和美学价值，还意识到生物多样性对进化和保持生物圈的生命维持系统的重要性，确认生物多样性的保护是全人类共同关切的事项。”日本学者山村恒年教授等认为，上述规定不仅在自然的内在价值和人类的价值之间划出了明确的分界线，而且将“非人类利益主义”作为第一需要，这意味着新的方法将要在国际环境法中出现。⑤

此外，在 1992 年里约地球高峰会议期间，参加“国际非政府

① Susan Emmernegfger，Axel Tschentsscher，“Taking Naturcs Right Seriously：The Long may to Biocentrism in Envirormental Law”，p.569。

② 汪劲：《论全球环境立法的趋同化》，《中外法学》1998 年第 2 期。

③ 汪劲：《论全球环境立法的趋同化》，《中外法学》1998 年第 2 期。

④ ［日］山村恒年：《现代环境法的法理学》，载《环境问题的法哲学 1995 年日本法哲学学会年报》（日文），有斐阁，1996 年版。

⑤ ［日］山村恒年等：《自然的权利》（日文版），信山社 1996 年版。

组织（NGO）、社会运动团体研讨会”的世界团体和个人缔结了若干 NGO 条约，其中也提出了“所有的生物或无生命物质具有实际存在的和固有的价值”，“确认所有的生物或无生命物质的生存、保存以及受到保护的权利”，“所有生命的多样性具有其自身固有的价值”，“生命的各种形态具有存在的权利”等各项主张。①

与此同时，1992 年在日本召开了“地球环境贤人会议”。该会议所通过的《地球环境贤人会议东京宣言》中也确立了自然的价值，其认为“新的价值体系由下列三个理念支撑：（1）人与环境与发展之间有着深刻的联系；（2）在生态系统的背后存在着地球的有限性和易受伤害性，应实行适合于自然之理的行动；（3）不能对环境实行独占，应采取世界所有国家平等地分享和与现在以及将来世代的需要相均衡的行动”。②

上述这此规定均体现了承认其他生命物种种群价值、尊重非人类权利的法律价值取向，这表明国际立法正朝着“承认其他生命物种种群的价值、承认自然的权利”的新领域拓展，其必将影响国内立法也在这一新领域里迅速发展。而且，在人类法律实践领域主张自然权利的案例在当今世界某些国家多有所见，其结果并未像国内某些学者在理论探讨中所担忧的那么“荒谬”和“混乱”。

受自然权利理论的影响，1973 年美国制定了《濒危物种法》，该法规定，任何人都可以针对侵害物种的行为提起诉讼，在 1974 1979 年间美国展开了多项以河流、沼泽、海岸、树木为原告的诉讼。例如，纽约于 1975 年出现了拜拉穆河等诉博得彻斯特村等七单位（当局）案、帕里拉属鸟诉夏威夷州土地自然资源局事件案等以自然物为原告的诉讼。1975 年，美国联邦法庭审理了一桩以拜拉穆河（位于纽约州和康涅狄格州）的名义起诉岸边的一家污染企业的诉讼案。1978 年 1 月 27 日，塞拉俱乐部法律保护基金会和夏威夷奥杜邦协会代表仅存的几百只帕里拉属鸟提出一份诉状，要求停止在

① 分别引自 NGO 条约中的《地球的生态状态和对行为的伦理公约》和《关于生物多样性市民誓约》。

② 汪劲：《论全球环境立法的趋同化》，《中外法学》1998 年第 2 期。

该鸟类的栖息地上放牧牛、绵羊和山羊。这件案子的名称是：帕里拉属鸟诉夏威夷土地与资源管理局。在美国的法律史上，一种非人类存在物首次成了法庭中的原告，更为重要的是这种鸟类获胜了。1979 年 6 月，一名联邦法官为帕里拉属鸟作出了裁决，夏威夷当局被要求必须在两年的时间内完成禁止在芒那基火山放牧的工作。

1973 年，美国伊利诺伊州的《人道的照料动物的法律》要求动物的所有者为他们的每个动物提供足量的、质量好的、适合卫生的食物和水；充分的庇护场所和保护，使其免受恶劣天气之害；人道的照料和待遇。“任何人和所有者不得大打、残酷对待、折磨、超越、过度劳作或其他方式虐待任何动物。”①意大利曾制定一项关于家养动物的法律，该法律规定了动物的“权利和义务”，承认它们的“生活权利”，所有家养动物都受国家保护，那些虐待、遗弃家养动物的行为将受到谴责，所有家犬必须在 6 个月内登记注册，领取身份证。“以确保人和动物和睦相处以及保护公共卫生与环境。”②

矿石王国诉墨顿案是非人类存在物诉讼主体资格问题的经典案例。③1971 年，美国南加利福尼亚大学的法律哲学教授克里斯托弗·斯通在《南加利福尼亚法律评论》上发表了题为“树木拥有法律地位吗？”的论文，提出了这一前无古人的论点，我们的社会应当“把法律权利赋予森林、海洋、河流以及环境中的其他所谓‘自然物体’——作为整体的自然环境。”但是，河流、树木和生态系统如何能起诉呢？斯通援引了监护人或受托管理人这个广为人知的法律概念来回答这一问题。婴儿或弱智的利益通常是由合法的监护人来代表的。斯通认为，通过扩展这一原则，就能使湖泊、森林和大地在美国的司法系统中获得“一席之地”。法官威廉姆斯·道格拉斯（W. O. Douglas）读了斯通的文章并接受了斯通的观点。道格拉斯指出，这场官司的恰当名称应当是“矿石王国诉

---

① 蔡守秋：《环境资源法教程》，武汉大学出版社 2000 年版，第 266 页。

② 《中国法制报》，1991 年 12 月 21 日。

③ 曹明德：《法律生态化趋势初探》，《现代法学》2002 年第 4 期。

墨顿”，而不是“塞拉俱乐部诉墨顿”（1972 年时墨顿是美国的内政部长）。在道格拉斯看来，这样能够提高“自然客体的法律地位，使它们能够为保护自己而起诉”。他进一步指出，美国的法院为什么不向“河流、湖泊、河口、沙滩、山脉、森林、沼泽地甚至空气开放呢？”人类理应成为它们的利益的代言人。道格拉斯还提出了一个选举它们的代言人的标准：“那些与即将被损害、受污染或遭掠夺的无生物关系较为密切的人应当成为它们的法律代言人。”作为最发达的生命形式，人类必须“替整个生态共同体说话”。实际上，人应当成为自然的道德之声。

20 世纪 80 年代，世界自然保护同盟（IUCN）成立了一个伦理与保护工作组，为起草《世界自然宪章》和《世界自然保护大纲》确立的一些基本环保理念，亦反映了自然权利的主张：“世界是一个相互依赖的整体，由自然和人类社会组成。任何一方的健康存在和兴亡都依赖于其他方面的健康存在与兴亡”。“人类是自然的一部分，人类与所有在这个星球上的其他物种一样是同样的永恒生态规律的对象。所有使命都依赖于自然系统的不间断的运转，这保证了能量和营养物质的供应，因此，为维护世界社会的生存、安全、公平和尊严，所有的人都必须担负起生态责任。人类的文化必须建立在对自然的极度尊重上，具有与自然相一致的观念，并认识到人类事物必须在与自然的和谐平衡中进行”。“所有物种具有固有的生存权利。支持生物圈的完整性和支持生物圈内多样化物种、景观和环境的生态过程要得到维持。同样，人类文化在全球范围内对当地环境的适应也能获得繁荣。”①

到 20 世纪 90 年代，自然权利理论的法律实践在有着大陆传统的日本得到了发展。例如，1995 年 3 月 23 日以日本鹿儿岛、奄美岛内生存的 4 种珍稀鸟类为原告，由几位日本公民以其代理人的身份在鹿儿岛地方法院提起了自然的权利诉讼，请求法院判决禁止政

① J. A. 麦克尼利等：《保护世界的生物多样性》，薛元达等译. 中国环境科学出版社 1991 年版，第 18 页。

府批准的高尔夫球场建设。①这些案例在客观上对环境保护起到了正面的作用。

第四节　走出自然权利认识的误区

整个现代性及其法律体系，乃是一个解除伦理的行为。孔德、穆勒、斯宾塞的实证话语既充斥了社会、经济、政治诸领域，也充斥了法律世界，分析实证法学将法律单一化为命令，从而驱逐了前现代法律中的宗教、伦理因素。法律成为黑格尔所说的“欲望的体系”，它的价值观念冲决了几乎任何形式的伦理约束。自然权利理论的出现，是法律和伦理二次整合的初步尝试，也是最为彻底、革命性最强的尝试。然而，正因为如此，对这种理论的任何偏激的、片面的理解都是需要加以澄清的。

一、发达的人类中心主义是实现自然权利的必由之路

由于本章的前半部分集中分析了人类中心主义和非人类中心主义在自然是否应享有权利问题上的尖锐对立，这两种“主义”的观点是截然相反的。由此，人们遵循一种非此即彼的心理路径不难形成一种思维定式，即这二者是水火不容的，只有靠打败对方才能赢得自己的生存。笔者认为，这是一个认识上的误区，正是这一认识上的误区，导致了关于这一问题在理论上严重的混乱和实践中环境伦理思想精华的难以落实和无法操作。事实上，作为坚守非人类中心主义立场的观察者，我们或许不得不承认只有依赖高度发达的人类中心主义才能到达非人类中心主义的彼岸。

这一似乎自相矛盾的说法的合理性是由人类自身的矛盾性决定的。人作为自然界有史以来发育出的最完备的一种生化系统，作为

① 雷健坤：《略论生态伦理学所隐含的思维方式革命》，《道德与文明》1998 第 2 期。

“万物之灵长”，有其自身深刻的矛盾性，即人的自然本性和社会性的矛盾。作为一个自然存在物，人类必须遵循自然法则。自然的铁律是“物竞天择，适者生存”，是“优胜劣汰”，而社会伦理的基础是“人人平等”，二者是背反的。当代法理学家斯托尔迦在论述这一问题时写道：“在历史上，从‘理性’、从某种‘正当理性的命令’推导出自然权利的理论经久不衰。使用这种方法虽代不乏人，但十分虚假，因为自然权利就像道德原理那样没有特定的认识上的来源。理性在任何场合都不能揭示关于单个事情的事实，它只能使我们明了事情之间的联系——一种推理上的联系；我们也不能从理性里推导出权利，倘若这意味着从单独陈述事实的大前提推导出道德上的‘可以’或‘应当’；……同理，将本性（nature）看做自然权利的唯一适当来源也是错误的……本性不会提供分辨不同价值的标准，因为标准不是靠本性而是靠道德选择来确定的，本性不会指示我们为达到道德目的所需要的标准。”进而，他举例说：“尽管自然造就了黑人和白人，但我们不能从道德上区分二者，我们常常发现不同于自然事实的道德安排：在自然里大鱼吃小鱼，在道德里我们不允许以强凌弱。”①

对自然权利的认可与保障是人类的社会性发展到一定阶段以后高度文明的结果，是人类理性的优越感的极致表达。但不可否认，它与人类的自然本性是相悖的。就如同我们保护人群中的妇孺、老弱而反对强霸横行一样，是优胜劣汰的自然法则的背反。人类发展的历史表明，正是这一背反，使人类摆脱了动物的蒙昧，人类社会不再是“狼和狼”的群体，人们可以在规则约束下的有限竞争与社会安定的相对平衡中追求各自不同的人生目标。这就是人类社会性和自然性的矛盾与统一，通过二者的平衡，不可否认，人类比在自然状态下生活得更好、更安全，也更有质量。那么，时代发展到今天，在生态危机已迫在眉睫的环境形势下，我们的社会性为什么不能为自然留下一席之地呢？我们有什么理由无视人类社会发展进步

①夏勇：《人权概念起源》，中国政法大学出版社1992年版，第225页。

的经验而相信不懂得“推己及人”的自私自利会更符合人类的整体利益呢？

正如人类的社会性并不完全否定人的自然性并以自然性为基础一样，非人类中心主义并不是要完全否定人类中心主义，我们必须承认并重视人类中心主义的价值，正是人类中心主义对自然的工具价值和资源价值的孜孜不倦的发掘，才使得人类的社会伦理规则具有了一个坚实的物质基础，使得人类能够摆脱迫在眉睫的生存危机，从更长远的视角来谋求一种更富智慧的生存之道，并对人类存在的终极意义加以追问。在笔者看来，一个真正和谐有序前程远大的社会应当是一个人类中心主义者和非人类中心主义者并行不悖互补短长的社会，在这个社会中，资本和产业永远是人类中心主义的，是以人为本的，因为自然无法购买他们的产品，从而为他们赢得利润，资本和资源永远是流向它们的终端消费者——人类的好恶，以满足人的需求为己任，人的永无休止的需要成为社会财富生生不息的源泉，在需求不足的时候，一些企业甚至不惜重金，通过广告和时尚形式“创造”需求，需求是人类社会存在的生命之泉。欲望本身不是罪恶，满足欲望也不是罪恶，罪恶的是对欲望的不恰当的满足和对自然权利的极度蔑视。因此，为了防止人类中心主义者的穷奢极欲走向狂悖，这个社会的主流价值观应当是非人类中心主义的，跳出人类自身利益的局限性，用一种“生我养我”的由衷的感激拥抱自然，用一种万物平等的悲悯情怀抚慰这个伤痕累累的自然。当这种伦理价值观具备相当的社会规模，甚至像我们所期待的那样成为意识形态的主流的时候，敏锐和高效的人类中心主义者是绝不会忽视这一生态需求的。

笔者认为，在对自然的贡献上，如果方向正确，人类中心主义者一定会比非人类中心主义者更有激情，更有创造性，也更富有成效，因为如果我们以一种实事求是的客观态度来反躬自省，我们不得不承认当我们为自己做事情的时候是干得最积极的，“义务劳动”往往意味着低效率和磨洋工。通过对“生态需求”的满足，人类的物质追求和精神圆满得到了完美表达。这时的人类中心主义者和非人类中心主义者，是各得其所、珠联璧合的。因此，谈到人类中心主义和非人类中心主义二者的关系，相比“誓不两立”，笔者宁愿选择“最佳拍挡”这个词。一言以蔽之，人类中心主义是社会进步的发动机，它勇猛精进生生不息，非人类中心主义者应当责无旁贷地把握好社会发展的方向舵，使人类通过与自然的和谐、交融，在理解与默契的气氛中相依为命。

由此，我们可以引出本书的另一个重要的论点：自然权利的概念不是从来就有的，虽然如前文所述，自然权利的思想在自然法中有着久远的渊源，这一权利有着深厚的自然法基础，但这种思想的概念化和社会化却是人类文明高度发达的产物。就如同“权利”是一个历史的概念一样，自然的权利也只有在人类文明发展到一定的阶段才有可能被认可并得到实现。尽管权利思想是预设在人的道德共识之中的，我们相信尊重人、让人生活得更好更平等是符合我们的道德直观的，但在人类发展的漫长历史中，权利概念的出现和发展只是短暂的一瞬，在此之前，在古斯巴达，残疾儿童被合法地消灭；在各个专制国家，人民相信毫无怨言地忍受暴君的肆虐是一种美德。而即使是作为人类历史上最重要的人权宣言之一的 1776 年美国的《独立宣言》发布之后，在美国，奴隶作为劳动力被合法地进口，他们的子女不是“生而自由”而是“生而为奴”。由此可见，对“权利”的认识并不是基于对事实情况的考察得出的确定结论，对这一概念的理解只与人们的共识和道德感相关，而共识和道德感又是一个不确定的概念，是一个发展和变动中的抽象的概念。同样，自然权利出现的这个“一定的阶段”是伴随着人类中心主义的高度发达而来的：在以改造自然为目的的人类活动中，发育起了高度的人类文明，使人类的富足成为可能，而富裕是自然权利的最坚实的基础，贫穷永远是反自然的，只有在富裕的情形之下，人类才有可能摆脱求生时对自然的不顾一切的残暴，脱离“狼与狼”的自然状态，显示出人类作为“万物之灵长”的独有的伦理优越性。

自从 8 000～10 000 年前稳定的人类社会兴起以来，世界人口的大多数生活在难以忍受的贫困条件下。他们拥有的财产很少，遭受着悲惨的生活条件，为了获得维持生存的足够食物，被迫消耗掉其大多数能够找到的有限的资源。大多数人要么生活在赤贫状态，要么生活在贫困的边缘。19 世纪开始兴起的产业革命使人类改造自然的能力空前提高，人类中心主义者们改善自身生存条件的努力带来了丰硕的成果，不可否认，世界从整体上讲较之以前更加富裕了，尤其是在西方发达国家。在欧洲、北美、日本和澳大利亚的居民现在有着甚至一个世纪前他们的祖先不可想象的物质生活水平。这意味着人们获得了巨大的收益，更好的医疗，更好的教育，更轻松更舒适的生活方式，以及更大范围的经验。而生活的富足，衣食无忧，使得与物质满足极为不同的精神追求更加社会化，这也正是非人类中心主义的自然权利概念产生于西方发达国家的最根本的原因。

1972 年联合国人类环境会议首次把贫困定为地球的主要污染物。会议指出，由贫困产生的对生命系统的压力和由工业、技术及富人过度消费造成的污染一样沉重，因为二者都会导致基本自然资源的迅速耗尽。贫困不能保证人民的基本生活需要，却会对资源、环境带来巨大危害，它削弱了人们以持续的方式利用资源的能力。穷人既是环境破坏的受害者，同时也是责任者。他们生活在环境极易遭受破坏的地区，对于不适宜耕种的土地的开垦，不仅没有带来充足的食品反而造成土壤退化、沙漠化。穷人常常锁定在这样的陷阱中：贫穷造成环境恶化，环境恶化反过来又造成贫困的恶性循环之中。即因为你的贫穷，你被迫过分利用你的环境，这种过分利用反过来使你更贫穷，而更加贫穷的状态反过来又对环境带来更大的压力，这样一直循环往复下去。由于贫穷而造成的穷人的生存困境，使得他们破坏他们赖以生存的资源成为完全合理。同时，贫穷也是人口问题的不可否认的根源之一。单独地看，贫困会引起人们特别重视由传宗接代所获得的自尊，当社会无法向人们（特别是妇女）提供安全、地位和机会时，只有家庭（而且往往是越大越好）有可能成为派生尊严、意义和未来希望的唯一源泉。穷人们的工作机会屈指可数，卫生保健、教育、老年保障难以获得，于是只能在对孩子劳力和收入的预期中求得安全保障，也只能在自己的家庭生活中求得足可抵消社会异化感的某种补偿。

人口问题的解决事实上的确依赖着人类经济状况的改善，巴里·康芒纳认为贫困会引起人们特别重视由传宗接代所获得的自尊，[①]莱斯特·布朗的“儿童存活假说”论证了营养状况与儿童出生率的相互关系，“有保证的食物供给在减少出生率上发挥重要作用。如果营养不良盛行，即使普通的儿童疾病也常常是致命的。在观察中概括出来的营养与人口出生率的关系是：良好的营养是最好的避孕药。事实上，所有营养充足的社会都具有低人口出生率，而营养不佳的社会人口出生率高，这不是巧合。营养对人口出生率的影响一般是间接的，通过其对婴儿死亡率和普遍的生命预期发生作用。在营养不良盛行的地方，达到低婴儿死亡率事实上是不可能的。”[②]由此，布朗的理论框架是这样的：合理性支配着家庭规模的决策；如果婴儿死亡率高，父母会有许多孩子，以确保其中的某一个能在他们年老的时候来照顾他们；如果婴儿死亡率低，在一个较小的家庭规模就将停止生育，因为他们明白少数几个就足够了。科尔曼把这个过程表述为一种“四阶段的人口理论”：第一阶段是前工业化社会，高出生率和高死亡率相结合形成稳定的人口；在第二阶段，工业化带来生活水平的提高，卫生和医疗有了改善的机会，由此引起死亡率降低，再加上出生率居高不下，便形成人口的增长；然而，第三阶段的出现需要生活水平的继续提高，这样才最终会引起出生率的下降；在第四阶段，出生率和死亡率双双处于低位，因而再次形成稳态的人口。[③]富裕的确是环境伦理发育的沃土，是自

① ［美］丹尼尔·A. 科尔曼：《生态政治——建设一个绿色社会》，梅俊杰译，上海译文出版社 2002 年版，第 12 页

② ［美］加勒特·哈丁：《生活在极限之内——生态学、经济学和人口禁忌》，戴星翼译，上海译文出版社 2002 年版，第 268 页。

③ ［美］丹尼尔·A. 科尔曼：《生态政治——建设一个绿色社会》，梅俊杰译，上海译文出版社 2002 年版，第 11 页。

然权利理论的源泉。

经验告诉我们，富人远比穷人更容易接受环境保护主义的理论。慢性贫困的焦虑和压力不会使人倾向于绿色。只有当人们感到他个人是安全的时候，当他们自己的欲望已经满足的时候，当他们不为前途、自己的生存、自己的孩子感到恐惧的时候，环境伦理才会是可能的。是财富自身给了大多数普通人以信心，使他们慷慨对待身外的世界。“只有富人才可以承受得起贫困，他们可以宣布，已经足够了，足够了，我们不需要更多了。”[①]富人可以是瘦的，因为，他们总是有大量吃的东西，富人可以是环保的，因为他们不再需要在自己的生存和自然之间进行生死抉择。只有当你足够富裕，也只有当你已经足够富裕的时候，你关于财富的观念才会延伸到不仅包括你自己，而且也包括公众。只有当你真正在身体和精神上感到富裕了，所有形式的个人、社会和环境的财富才会聚集到一起。

随着收入的增加，人们对环保的关切程度超比例地增加。随着生活条件的改善，人们的教育水平提高了，他们就能更好地表达自己的愿望，保卫自己的利益。随着收入的增加，把环境代价外部化到他人头上越来越困难，因为后者具有了较高的为反对使他们的福利遭受损害而斗争的能力。而且，富裕的人们由于有了更好的教育和信息，更可能了解环境受到的损害。因此，人们的环保行为可以更加及时有效。

富裕还使人类不仅可能有较高的环境保护的要求，而且可能拥有较好的满足这种较高要求的手段。如果你富裕了，你就更能承担得起花在环境上的费用，而且，你也有环境保护的技术手段。对此，彼得·休伯认为：“当然，富人远比穷人产生更多的废物。这是因为生产更多的货物必然在总体上增加垃圾。但是，财富也使我们更好地处理我们的垃圾。加尔各答、墨西哥城和非洲部落人中没有人

① ［美］彼得·休伯：《硬绿——从环境主义者手中拯救环境·保守主义宣言》，戴星翼、徐立青译，上海译文出版社 2002 年版，第 189 页。

能够对此怀疑。绝望的穷人生活在他们自己的垃圾堆和腐烂物中。除了保持令人震惊的高死亡率以外，没有绿色，也没有与环境的和谐。”①

另外，富裕国家也有先进的社会、法律和财政基础建设，这对强化环境法规和促进对绿色的认识是必不可少的。

由此，正如本书前述所言，自然权利是一个历史的概念，必须是人类社会发展到一定阶段，建立在一定的物质基础上才有可能的。但这绝不意味着要走“先发展，后治理”的路子，先通过对自然的掠夺积累财富，物质“足够”之后才承认自然的权利。对我们当今时代而言，以非人类中心主义伦理观为基础的自然的权利应当成为我们的主流环境伦理的共识。诚然，我国部分地区存在着严重的贫困问题，部分欠发达地区的居民甚至连温饱问题还未完全解决，这时，与他们谈自然的权利似乎是不可理喻的。但我们应当在一个更广阔的时空背景里探讨这一问题。

首先，在经济发展的现阶段，承认自然的权利并不意味着会导致人类的贫困。恰恰相反，只有尊重自然，与自然保持和谐，以一种可持续的模式实现与自然的物质交流，才能实现人类真正的富足。人们当今的贫困事实上很大程度上并不能成为反对自然权利的理由，而应当成为主张自然权利的论据——造成贫困的耕地退化、水源污染、土地荒漠化、植被消失……正是由于人们的把自然仅仅作为人类活动的客体，长期无视自然的权利，疯狂向自然索取和掠夺，无度地开发自然所导致的。在这种情况下，生态经济、可持续发展的经济增长模式是我们唯一的选择。

其次，当今我国的贫困问题很大程度上并不是生产力发展水平的问题，而是社会公正的问题，是城乡两极分化和贫富两极分化的问题。所以环境问题的解决，从来就不是仅就环境问题本身采取措施就能实现的目标，而必须涉及政治、经济、文化的全面

① ［美］彼得·休伯：《硬绿——从环境主义者手中拯救环境·保守主义宣言》，戴星翼、徐立青译，上海译文出版社2002年版，第190页。

变革。

最后，贫困问题是局部问题。主流环境伦理的方向和选择应着眼于大局和整体，而不能局限于局部的考虑。从整体来看，我国已基本解决温饱问题，一些地区特别是东部沿海地区的经济发展已有一定的基础，已经具备了自然权利的物质基础。我们不能以局部的贫困问题来否定自然权利的现实可行性与必要性。

总之，我们在谈及人类中心主义与非人类中心主义的关系时，也许应当借鉴一下自然科学在对待新旧理论时的态度。我们大家都知道，爱因斯坦的相对论在物理学中已经基本取代了牛顿力学而成为一种新的物理学中的基础理论。但是在物理学中我们却并没有完全抛弃牛顿理论，甚至牛顿的理论还仍旧在各种领域内被大量地应用。这一现象实际上反映了人类学术发展的历史特点。在各种学科的学术发展初期，由于人们对于自然规律的认识还很不准确，往往学术之间的论争都是在争论谁是正确的谁是错误的，然而随着人类学术水平的不断提高，旧的理论实际上已经不太可能是完全错误的，就像牛顿的理论一样，它为自然科学服务了近三百年，很多学科领域的发展都来自于牛顿的理论，并且这些理论在我们认识和利用自然时也真正为我们提供了巨大的便利。我们能够简单地否定它们的价值吗？爱因斯坦的相对论中对于牛顿的理论有很中肯的评价：在宏观低速（远比光速小）的情况下，牛顿理论是相对论很好的近似。也就是说在发现了相对论之后的今天，我们对于牛顿力学的态度并不是简单将它抛弃，而是认识到了它的适用范围。在很多时候，只要条件允许，我们还是宁愿使用牛顿的理论以简化我们的运算，只有在条件不允许的情况下，我们才使用爱因斯坦的理论。从某种意义上说，非人类中心主义环境伦理与人类中心主义环境伦理的关系就像相对论与牛顿理论之间的关系一样，是一种发展的关系而并非否定的关系。

作为一个非人类中心主义的信奉者，笔者之所以在此处要不吝笔墨地为人类中心主义张目，无非是基于笔者的一个坚定的信念：贫穷不是非人类中心主义，非人类中心主义绝不是反人类。它并不是要停滞人类社会的发展进步，而是要追求人类社会在正确方向上的发展进步，追求人与自然的和谐相处共同发展。笔者坚信，建立在生态和谐基础上的人类社会文明的更加高度的发达对自然的权利有益无害。贫穷不是非人类中心主义，只有在与自然和谐的基础上实现人类的生态化的富足，才有实现自然权利的可能。

二、与庸俗环保主义决裂——好事也会过分

如第三节中所述，我们主张自然的权利，就必须承认自然的权利既有绝对性的一面，又有相对性的一面。在社会中，人的权利具有时间和空间上的相对性，则自然的权利也必定要界定其范围，并根据具体的情况有所变化。而一些激进的环保主义者对自然权利的绝对性认识，导致了环保主义的庸俗化、标签化，这主要表现在：

（1）“极端的自然论”，把人看做是“宇宙之癌”。认为人的存在是一种宇宙病态，人在宇宙中如同癌细胞一样，夺取了其他生物的生存空间，破坏了宇宙的和谐，人与自然的关系也是一种敌对关系。如威斯康辛大学的哲学家巴尔德·克里考特认为，“海洋、湖泊、高山、森林和潮湿的土壤拥有的价值大于单个的动物所有的价值”，甚至主张，从生态系统完整的角度看，濒危物种的单个有机体的生命比单个人或数量巨大的人类种群的一部分人的生命更有价值、更应该值得人们从道德上予以尊重。他同意爱德华·阿比（Edward Abbey）的如下著名观点：“他愿意杀死一个人而不是一条蛇。”[①]布鲁克林学院的保尔·泰勒（P. W. Talor）教授也认为，“由于人类在历史上对环境所造成的影响一直是有害的，因而，我似乎有理由认为，人类的完全消失并不是某种道德上的灾难，而是一种生命共同体的其他成员——如果它们会说话的话——会以一种满心欢喜的心情欢呼雀跃的‘大好事’”。[②]这种观点是用数学方法理解“权利”

---

① ［美］罗德里克·纳什：《大自然的权利》，杨通进译，梁治平校，青岛出版社 1999 年版，第 186 页

② ［美］保尔·泰勒：《捍卫生物中心论》，《环境伦理学（1983 秋季号）。参见［美］罗德里克·纳什：《大自然的权利》，杨通进译，梁治平校，青岛出版社 1999 年版，第 187 页。

的一种典型表现，在解决权利冲突的问题时，他们倾向于一种数学式的简单化的处理方式，先是比较一下此大彼小，此重彼轻，然后贯彻剃刀原则，那个比较小的或者比较轻的，命运已经注定，这种处理权利冲突方式的残酷性是无论如何也难以掩饰的，这恰恰是反“权利”的。以轻重权衡和主观的好恶来分配权利的归属是专制主义者的通常的做法，因为权利的本质属性在于无论权利主体多么渺小或者多么不讨人喜欢，它们的权利都是不容忽视和不可侵犯的，无论这个被讨厌的对象是老鼠、蚊子还是人类中的一部分。

非人类中心主义者的难以把握的一个度就在于少数庸俗环保主义分子由非人类中心主义滑向“反人类”，这不仅无助于甚至会窒息自然权利的真正实现。如果自然权利的主张意味着以人类的灭亡为代价，这样的自然权利是毫无意义的，这同样是不道德的。一些“务实”的人会提出一个两难的问题：“哪个更重要——小鸟还是人类？”这个选择本身是欺诈性的，因为这仍然是把人和自然的关系对立起来的一种思维模式，在处理人与自然的关系的问题上，表现出一种极度的不自信，不相信人类理性的光芒可以普照自然，不相信人类与自然能够和谐相处，不相信自然的权利包含着人类的权利并最终能够达致人类权利的完满。

（2）因保护动物的权利而主张“素食”，认为吃肉而导致的屠宰是残忍和血腥的。如果我们主张动物的权利就应当身体力行不吃肉，以这种逻辑发展下去的结果就是人类不能吃任何东西，因为如果我们主张植物的权利时，我们又将以何以为食呢？蔡守秋教授认为，这种说法显然是混淆了人的自然本能与人的道德理性，“人作为生态系统中的一员和生态食物链中的一个环节，以其他生物为食，这是符合生态规律的自然本性；而人作为社会成员和具有高等智慧的动物，对其他生物实行‘物道主义或泛人道主义’，这是人的道德理性。我们需要的是采取既符合生态规律又体现人类理性的行为，使动物免除不必要的痛苦和灾难，如不采取折磨动物的手段，严禁灭绝物种等。”①

动物权利理论的合理内涵应在于强调人类应当重视非人类生命物质的权利及其内在的价值。这正好揭示了非人类生态权利保护中的一个盲点，即仅将非人类生命体作为客体保护是不够的，赋予非人类生命体法律关系的主体地位才是解决问题的关键。日本学者加藤尚武在《环境伦理学的进展》一文中，从环境伦理学的角度对自然保护作了三个阶段的划分。他认为，在第一阶段，不仅是为了人类个体的生存，而为了个人生命的快乐而允许对物种的破坏；在第二阶段，虽然允许为了人类个体生存而破坏物种，然而为了生命的快乐而破坏物种是绝对不允许的；在第三阶段，不用说是为了生命的快乐，即使是为了人类个体的生存，也绝对不允许对物种的破坏。但是，如果是为了人类（种）的生存，也只能是不得已而破坏生物的种类。由于全部生物都受制于生命意志自我分裂的法则，人类也一直处于这样的境地，为了保存自己的生命和整个人类的生命必须以牺牲其他生命为代价。敬畏生命的人，只是出于不可避免的必然性才伤害和毁灭生命，但从来不会由于疏忽而伤害和毁灭生命。所以，如果人类个体为了生存而有限度地向自然索取尚可被允许，那么人类沙文主义和物种歧视主义情结造成的物种破坏是应被绝对禁止的。因为动植物和人类一样渴求幸福，承受痛苦和畏惧死亡。只有将非人类生命体纳入主体权利保护的体系内，才能阻止人类为追求快感而践踏其他生命体的自我中心主义行径。如果我们从大自然中摄取营养是不可避免的，我们应当将这种摄取控制在合理和适度的限度之内，我们希望我们饮用的牛奶都来自于像电视广告中的那些母牛，它们是快乐生长心满意足的牛，而不是战栗在屠刀之下忍受无谓痛苦的牛，这与我们的道德情感是相通的。

戴斯·贾丁斯在他的《环境伦理学》中阐述这一观点时引用了一个众所周知的例子——嫩牛肉的生产。嫩牛肉即小牛犊的肉，它

---

① 蔡守秋：《调整论——对主流法理学的反思与补充》，高等教育出版社 2003 年版，第 14 页。

一般出现在高档餐馆和美食家的餐桌上，而在普通中产阶级家庭的晚餐桌上很少见到。嫩牛肉柔软易嚼，颜色粉红，因此受到人们的赞赏。那么，如何才能生产出柔软而粉红的嫩牛肉呢？首先，小牛犊出生几天就得离开妈妈。为避免运动，这些小牛犊会被圈养于小木栏中，否则运动会让肌肉发达而使肉质不嫩。木栏中的牛犊无法转身更躺不下来。就在这样的木栏中小牛犊度过其短暂的一生，或许只有 16 周。一般的牛肉之所以是红的是由于其血中的铁质。牛从草中获得铁质，为避免摄入过多的铁质，嫩牛肉牛犊不允许吃含铁的食物。换句话说，它们被人为地造成贫血。当然若过度贫血它们就会死亡，因而要维持饮食平衡。适量的铁使它们活着，但又不让肉和血呈红色。要注意，所有这些并不会改变嫩牛肉的味道。为加速成长，同时也要控制食量，小牛犊通常被喂以流质的奶粉、维生素及生长剂，这也许就是它一生中所能吃到的东西。为确保牛犊尽可能多地按此配方吸收养分，它们被关在温室里不让喝水，唯一的生活改善是饲养者改变配方以解饥渴。在此，贾丁斯借用了辛格对此的描述向人们说明了一个简单的道理，“如果读者会想到这一费力、费钱和痛苦的养牛过程只是为了迎合喜欢苍白、柔嫩牛肉的人的口味，什么解释都是多余的了。”①

给动物带来不必要痛苦的不可接受的做法还包括为了显示身份而给动物带来痛苦——这种行为的合理性是不能用自然主义原理来证明的。中世纪的欧洲所需要的绝大部分动物皮毛都很小——松鼠、白貂、紫貂和狐狸。随着动物的稀有程度和时尚的变化，皮毛的价值也随之改变。在 13 世纪和 14 世纪时，灰色松鼠皮（不是当时欧洲那种常见的红色松鼠）非常流行。到了 15 世纪，当松鼠皮已是随处可见时，富人们就转向了穿戴更为稀有的皮毛如紫貂皮、狐狸皮。即使是做一件衣服，也需要很多张皮毛，尤其是那种小小的松鼠皮，几百张才够做一件斗篷的内层，要 1 400 张才能做一个

① ［美］戴斯·贾丁斯：《环境伦理学》，林官明、杨爱民译，北京大学出版社 2002 年版，第 126 页。

中等尺寸的床罩。亨利八世做一件紫貂的长袍，用了 350 张皮子。一些留存下来的档案可以告诉我们英国皇室曾经买进了多少张皮毛——从 1285 年到 1288 年，爱德华一世每年单是松鼠皮就买了 12 万张，而在 14 世纪 90 年代早期，理查德二世每年要买 10.9 万张。① 罗尔斯顿曾举过一个公益广告为例，在丹佛的一则张贴广告的画面上是：一位妇女拖着一件皮衣前行，身后留下一片血迹，上面写道："做一件皮大衣要杀死 40 个不会说话的动物，但却只有一个人穿。"他认为如果用铁夹子捕捉猫科动物的目的主要是为了满足女性的虚荣心，如果那种认为皮制品比纤维制品优良的观点只是一种文饰化的幻象（illusion），那么，这种捕杀就是没有合理性的。如果捕杀短吻鳄的目的主要是为了服饰的漂亮，如果那种认为短吻鳄皮优于合成乙烯基制品的观点仅只是一种文饰性的看法，那么这种捕杀就是毫无必要的。把羽毛和兽皮用来作为身份的象征与用来作为生存的工具是完全不同的。②

（3）无视社会成本，无视科学规律，用过度的努力追求过少的东西，甚至导致更大的损害。例如在美国埃克森石油公司的瓦尔德茨号油轮发生石油泄漏之后，暴怒的环保主义者要求埃克森石油公司一再地作出赔偿，甚至花了数十亿美元用于蒸汽处理威廉王子海峡的石头，这种做法的坏处事实上远比好处多，因为它把再生的生物种子与石油一起清除了。《科学美国人》杂志在那些留给风浪清洗的地方得出这样的结论："看上去自然自己干得更好。"③要求镀金般补救措施的是那些将环保原教旨主义化的一些人。在原油泄漏以后用蒸汽清洗岩石和海岸的结果，是用石油公司的巨额资金，使得这些岩石和海岸不折不扣地成为不毛之地，对自然造成巨大损

---

① ［英］克莱夫·庞廷：《绿色世界史——环境与伟大文明的衰落》，王毅、学广译，上海人民出版社 2002

② ［美］霍尔姆斯·罗尔斯顿：《环境伦理学》，杨通进译，许广明校，中国社会科学出版社 2000 年版，第 114-115 页。

③ ［美］彼得·休伯：《硬绿——从环境主义者手中拯救环境·保守主义宣言》，戴星翼、徐立青译，上海译文出版社 2002 年版，第 124 页。

害。在笔者看来，环保主义也有一个度的问题，一个人讲卫生是好的，但不停地洗手就是一种病态，因为饭前洗一次手是讲卫生，但洗八次手反而有害无益。

（4）将环保概念化、标签化。环境行为主义庸俗化的结果就是难以理喻的自相矛盾，所有的理论和主张简单和标签化地归结为不要生产、不要生育、不要耕作、不要工厂、不要养殖、不要砍伐、不要捕鱼、不要旅行、不要丢弃、不要建设。“环境行动主义”事实上是自相矛盾的，这种行动主义总是在追求不行动，而且更大的问题在于采取的行动越是没有实践意义，就越是要提倡。而这种提倡的唯一标准就是是否符合“环保主义”的标签。凡是“工业的”、“人类中心主义的”就是不好的，凡是原始的、“非人类中心主义的”就是值得顶礼膜拜的，用极端化的语言做出不经论证且不容置疑的、极端化的结论，笔者认为发达的人类中心主义是非人类中心主义的必由之路，发达的工业文明是生态文明的必经之途。那种把工业文明骂得一无是处甚至是万恶之源的说法，在笔者看来，即使不是哗众取宠，起码在逻辑上是不周延的，凭什么说刀耕火种就一定比机械化集约生产更“文明”？这是反科学的，甚至是反人类的，因为人类生活的一个基本冲动就是追求更加舒适的生活条件，我们必须承认，人类作为自然的一部分在尊重自然权利的条件下，在有度、有节的前提下，有权利为改善他们的生存质量向自然适当地索取。在这个过程中，科学技术是人类与自然界相互作用的中介系统，是人类思维与实践相结合的产物。现代科学技术的应用，极大地丰富了人类的物质财富，改善了生存条件，但与此同时，人类与自然的关系也在不断地恶化，这正是人类在“征服”自然的同时，又被自然所“征服”的辩证的过程。在“人是自然的主人”这一哲学依据背景之下，工业文明在造福人类的同时，由于技术滥用而造成的负效应，加剧了人类与自然的抗衡和对立。但是科学技术的这种二律背反，并不能证明反现代技术的思潮是合理的或者说是正确的，那种向往所谓介于镰刀与拖拉机之间的“中间技术”，以此作为未来技术的主体的主张，不是在解决问题，实际是在回避问题，因为技术作用的关键在于利用者的目的需要，人们使用一种科学技术的性质、功能，首先是取决于它是否具备这种功能。但是要发挥这方面的功能，最终还是要取决于使用者的目的要求。从这一立场出发，通过合理的科技价值观以及科学的生态价值观的确立，我们应当认识到生态技术本质上是软技术，它重视生命过程的复杂性，要求把握生命整体与它所生存环境的复杂的网络关系，使技术带有一种有机的、非暴力的、能与生物圈进化过程相协调的和谐性质，最终满足人的物质、精神、生态需求，因而，在非人类中心主义环境伦理主导下的技术开发，应成为解决环境问题的直接的重要的因素。

（5）非暴力的目的不能靠暴力手段获得。由于认识到蔑视自然权利的种种现有社会组织模式是一种结构性的暴力形式，对实现生态社会所必需的政治与经济体制的广泛改造，非暴力方法是否能够成功，已成为一个争论不休的问题。一些环保分子倡导采用他们所谓“战略性非暴力”的方法，亦即可以在某些情况下容许策略性的暴力。在他们看来，权力堡垒的老爷们为了保住位子定会毫不犹豫地使用暴力，这样我们也必须以暴力应对。例如，加里·西斯科在指出“枪杆子里面出不了生态意识”之后，接着又断言，虽然“争取自由、生态型社会的斗争主要是一场非暴力的政治斗争，……但这并不排斥采用武力自卫，以抵御官方的暴力和武装对抗。”[①]我们必须认识到自然权利的实现只能通过非暴力、和平、合法的途径达成，因为，策略性地接受暴力手段可能会引起副作用，包括其对立面的乘机污蔑和欲擒故纵式的有意捣乱。更为重要的是，一个旨在结束向地球施暴的运动在其组织发动中必须秉承一套保证绝对排斥暴力的价值观体系，这样的运动在其组织发动中必须采用非暴力的方式，不管是战略上还是战术上均应如此。

自然权利的命题主要是一个伦理学的范畴，伦理学在人文社会科学体系中被认为是极具两面性的一个部分，这是由其学科特点决

---

① ［美］丹尼尔·A. 科尔曼：《生态政治——建设一个绿色社会》，梅俊杰译，上海译文出版社 2002 年版，第 130 页。

定的。伦理学没有实际有效的排除错误的机制，荒谬理论可以历几千年而不衰；伦理学不能像科学那样依据公认的标准通过举证达成一致，所以多元的各方经常会爆发冲突，甚至造成流血。因此，某一种伦理的狂热的信奉者往往要通过强制的手法贯彻其主张，迫使不同意的人就范。历史上价值体系、伦理体系的混乱和错误给人类带来的灾难和浩劫数不胜数，罄竹难书。钱钟书对此有一个精彩的总结:“世界上的大罪恶，大残忍——没有比残忍更大的罪恶了——大多是真有道德理想的人干的。上帝要惩罚人类，有时来一个荒年，有时来一次瘟疫或战争，有时产生一个道德家，抱有高尚的一般人实现不了的理想，伴随着和他的理想成正比例的自信心和煽动力，融合成不自觉的骄傲。”①这是由于伦理往往把自己看成是善恶的终极裁判者，从而完全失去了纠错机制，构成最大的道德风险。

一些环保人士痛感自己的呼声得不到社会应有的响应，愤而采取一些过激的行为，因而被称为“生态原教旨主义者”，他们以富于攻击性和行动大胆而著称，以至于经常在报纸上占据相当的篇幅，吸引大量的眼球，使一些对自然权利的理解本就似是而非的民众进而对自然权利产生误解，这是令人十分痛心的。有时当人们追求一个伟大的解决方案，并由此获得了道德上的优越感的时候，问题反而会变得更加棘手。

《环境伦理学》的可贵之处在于发现了环境问题不仅仅是表面上的环境污染问题和环境破坏问题，而是深层的自然权利的问题。但是，《环境伦理学》的思考是不深入的，其理论背景的设置过于偏窄，没有成熟地把握人与自然和谐的基本关系，没有考虑到人类政治对人与自然关系的深刻影响。他们没能够定义自然权利，没能够为自然权利提供出路，其理论大多为情感宣泄，缺少科学性和哲学的深思。他们在为自然权利辩护的时候多在“权利” 的概念中兜圈子，没有突破现有的论理学知识结构。他们没有从宏观上从整体上对人类的哲学思想进行深入反思和批判，他们将批驳的靶子定

① 钱钟书：《写在人生边上》，辽宁人民出版社、辽海出版社 2000 年版，第 58 页。

位人类中心主义，但是最后又回到捍卫人类中心主义上来了。所以，环境伦理学的知识结构的狭隘性不可能提供自然权利的科学理论指导，也不能够彻底驳斥传统观念。环境伦理学的内在缺陷决定了环境伦理的不成熟性，当环境伦理思想进入到环境法或环境实践中就会遇到既定道德秩序和法律秩序的强烈抵制。

第四章　自然权利面临的法律现实困境

从人类文明的发展史，不难看出，人类毁坏其赖以生存的生态环境的历史同人类本身一样古老。随着经济发展和工业化进程的加快，我国的环境污染和生态破坏日趋严重且复杂多样化，生态安全面临重大威胁。经济越发展，生态环境越重要。从表层看，生态保护只涉及污染的防治与生态破坏的抑制，但实质上，生态环境的保护还受到人们的科学技术水平、经济投入、生态意识和生态法制等相关因素的制约。当前生态危机的频发，法律上保护自然权利的不足就是一个重要原因。

第一节　宪法的绿色化实践

自然权利思想不仅仅是一种理念，更应该在实践中贯彻执行，与自然权利有关的立法的实施是自然权利思想付诸实现的重要保障。由于国家在应对生态危机，保护生态环境方面负有不可推卸的责任，因此政治和行政法律手段的运用与环境保护的关系最为密切，而有关宪法绿色化的学术研究和探讨也相对较为激烈。宪法作为国家的根本大法，具有最高的法律效力。宪法将自然环境的价值纳入到其规范体系中，以此作为环境立法和环境行政的依据。宪法对自然权利所做的规定，是国家和社会公众进行环境保护行为的基石，对于下位法的绿色化起着非常重要的作用。

宪法的绿色化是由环境权的产生和发展引起的。环境权既是一种新兴的、发展中的重要法律权利，也是一种新兴的法学理论。环境权是环境法的一个核心问题，是环境立法和执法、环境管理和诉讼的基础，也是环境法学的基本理论。从目前国内研究环境权的状况来看，有以下几点值得深思：一是在宪法中规定的所谓环境权是一种怎样的权利？在国家环境保护中的作用是什么？二是现有宪法中有关环境权的规定能否成为环境保护的权利基础，从而为环境保护行为提供正当性支撑呢？环境权作为环境法学的基石范畴，对其进行研究具有极其重要的理论和实践意义。

一、自然权利的基础：环境权理论

人与自然的关系，可以分为自然存在的人与自然的关系和法律意义上的人类社会与自然界的关系，而两类关系体现在环境法当中就是环境权关系。环境权概念的提出是在 20 世纪 60 年代，后来便频频出现在一系列的国际性环境宣言中。中国法学界开展的环境权理论研究，始于 80 年代初。

虽说是一个学术界广泛使用的概念，但环境权在不同语境下其内涵和外延也有很大差异。环境权，从语义上看有两层含义：一是指环境的权利，这种解释立足于生态整体主义的价值观念，将环境置于与人类同等重要的地位，承认自然拥有权利。二是人类主体对环境所享有的权利。这种解释坚持传统哲学上“主客二分法”，也就是以“主体与客体的完全二致和对立”来进行理论的建构，表达了将环境作为客体的一般理念，不承认环境有独立的内在的权利。但是，它与以往将人类凌驾于自然之上奴役自然的腐朽观念不同，传达了人类尊重自然，愿与自然和谐相处的思想。

从范围上讲，有的学者将环境权理解为环境法律法规中的有关环境保护的各种环境法律权利的总称；有的学者认为，环境权类似于公法中的“职责”，既包括环境法律主体为其生存和发展享有环境的权利，也包括保护环境不受“容忍限度”以外的污染和破坏的义务，比如，1972 年《人类环境宣言》中原则一的宣告，就将环境权的内涵定义为“人类有权在一种能够过尊严的和福利的生活环境中，享有自由、平等和充足的生活条件的基本权利，并且负有保证和改善这一代和世世代代的环境的庄严责任。”从这宣言性的定义，我们可以看出环境权对与人类而言是一系列权利义务的集合体，而对环境的保护义务则反射出自然生命享有权利。还有许多学者将环境权等同于公民环境权，即公民为其生存目的而享有的在不被污染和破坏的环境中生存和开发利用环境资源的权利。

环境权范畴的确立，是协调和缓解人与自然之间紧张关系的需要，也是法制化解决人与人之间就有限资源分配所产生的利益冲突的需要。笔者认为，环境法意义上的环境权应具有更高层次、更深入和更广范围的含义。环境权是以人与自然关系为调整对象而生成的一种新兴权利，是环境社会关系的反映和法定化，是自然权利和环境道德的法定化。蔡守秋先生就曾经指出，作为一种法律权利，环境权具有法律权利的共性和环境法律权利的特征；在将环境权理解为人的权利的基础上，进一步将环境权理解为人与自然或环境的共同权利，不失为环境权理论的一个特色。①

对于环境法学者来说，实现环境权的宪法化还存在诸多困境。到目前为止，环境权在相当多的国家仍然停留在抽象的人权阶段，作为一种道德式的宣言或环境保护的基本理念而存在着，这使得其仅仅具有应然权利的意味而缺少了法律权利所应有的实质性内容，难以在传统的法律体系中生根成长。环境权主客体范围的不确定性、权利内容的模糊性和冲突性以及环境概念本身的模糊性等都为环境权的理论研究和法律实践设置了障碍。构建一种合理的环境权结构，使环境权宪法化、具体化、部门法化并通过专门的诉讼程序的这道保障，是世界各国环境法学界必须认真面对和加以妥善解决的。

环境权入宪昭示着社会公众环境保护需求的正当性，公众可以依据环境权实施相关的环境行为，要求义务主体为或不为一定的环境行为，并在环境权受到侵害时可以获得法律上的救济。可以说，环境权是可持续发展观念下的环境法基石。在宪法上确定环境权，对于社会公众生态化的环境保护意识的培养，为传统法律和环境法

① 蔡守秋：《环境政策法律问题研究》，武汉大学出版社 1999 年版，第 92 页。

律的绿色化提供宪法依据方面具有重要的作用。

二、各国宪法关于环境权的相关规定

自环境权概念提出后，不仅在理论研究领域引起了一股强烈的学术思潮，而且还得到了立法实践的积极响应。自 20 世纪 60 年代环境权的概念被提出后，相继出现在一系列的国际性宣言中，如《东京宣言》、《人类环境宣言》、《里约宣言》等。如 1992 年 6 月的联合国《里约环境与发展宣言》指出，“人类处于环境关心的中心，环境质量取决于人类基本需要的满足，人类应该过着一种健康的生活，免予饥饿，疾病和贫困之苦。”欧洲人权会议组 80 人的专家委员会从 20 世纪 70 年代初就致力于将“人类免受环境危害的这个星球上继续生存下去的权利”作为新的人权原则进行国际法编纂。1973 年的维也纳欧洲环境部长会议制定了《欧洲自然资源人权草案》，肯定地将环境权作为新的人权并认为应将其作为《世界人权宣言》的补充。宪法对环境保护的规定也是随着环境权的提出而发展起来的。据统计，到 1995 年世界上约 60 多个国家的宪法或组织法包括了保护环境的特别条款。目前，在国内法领域，越来越多的国家将环境权写进了宪法，或作政策性、宣言性的条款规定，或明文规定公民享有环境权的同时要承担环境义务，甚至将国家或者政府的权力和职责纳入环境权关系之中，从而将自然权利以人对自然的间接义务的形式凸显出来。

（一）外国宪法对环境权的规定

瑞士宪法对自然保护作了相当具体的规定，其范围既包括受到环境污染的人类生活环境，又涵盖作为生态系统的自然环境。1971 年的瑞士宪法第 24 条之 7 关于保护人类及人类生存的自然环境不受有害或不适作用影响的条款，将自然保护纳入联邦宪法规制的对象，而 1973 年还增加了应当制定动物保护法律的规定。1976 年的《葡萄牙宪法》也对自然保护作了规定，其第 9 条的第 E 项规定了国家在“拥护和增进葡萄牙人民的文化财产，保护环境与自然，维护自然资源”方面的根本任务，以保护自然环境来达到保全生态系统的目的。上述国家的宪法并没有对环境权做出明确的规定，只是在相关条款中隐含了环境权的相关内容。

1978 年颁布的《西班牙宪法》在指出自然保护义务的同时，对环境权做出了指导性规定。宪法第 45 条关于人类生活环境质量的规定，指出“所有人有权利享受适于人发展的环境，并有义务保护环境。政府当局为保护和改善生活质量，保持和恢复环境，通过依靠必要的团结，合理使用一切资源。”1980 年的《智利共和国政治宪法》第 19 条规定，“所有的人都有权生活在一个无污染的环境中”，“国家有义务监督、保护这一权利，保护自然”。1987 年的《韩国宪法》第 35 条规定，“所有公民有在健康、舒适的环境中生活的权利，国家以及公民应当努力保护环境”。1987 年的《菲律宾宪法》第 16 条规定，“国家保障和促进人民根据自然规律及和谐的要求，享有平衡的和健康的环境的权利。”1992 年的《马里宪法》第 15 条规定，“每个人都拥有一个健康的环境的权利。国家和全国人民有保护、保卫环境及提高生活质量的义务。”1993 年的《俄罗斯联邦宪法》第 42 条规定，“每个人都有享受良好的环境、被通报关于环境状况的信息的权利，都有因破坏环境损害其健康或财产而要求赔偿的权利”。1995 年修改的《挪威宪法》第 110b 条对环境权作了全面具体的规定，“每一个人有权获得一种有益于健康的和有益于自然条件的生产力和多样性得到保护的环境。自然资源的利用应建立在全面的长期的考虑的基础之上，由此未来世代人的这一权利也应该受到保护。为维护前款规定的公民的权利，公民享有被告知自然环境状况和任何已经计划或者着手的对自然的侵蚀所产生的后果的权利。国家将制定具体的规定来实施这些原则。”[①]1995 年的《芬兰宪法》第 14 条规定，“人人都负有对大自然及其生态多样性、环境和我们的文化遗产的责任。公众当局应当努力保障每一个人的良

① 周训芳：《环境权论》，法律出版社 2003 年版，第 268 页。

好环境权，以及每一个人影响与生活环境相关的决策的机会”。①

2005 年法国议会通过了宪章委员会起草的《环境宪章》，并使该宪章作为一个专门规定环境保护问题和可持续发展问题的法律规范纳入法国现行 1958 年宪法序言，并同 1789 年的《人权宣言》和 1946 年宪法序言具有同等的法律地位，拥有最高的司法意义和象征意义。《环境宪章》第 1 条规定了“人人都有在平等和健康的环境中生活的权利”，同时也必须承担“保护和改善环境”的义务，是世界上第一个通过宪法保护公民环境权利的国家。该宪章对于法国宪法的发展具有重大意义，并可能对其他国家的宪法构成积极影响。

为应对生态危机的严峻现实，外国许多国家的宪法都对建立在“人类中心主义”的价值观念基础之上传统宪法进行了相应的调整，更加关注经济社会发展和生态系统的可持续性。但是，现代宪法并没有建立起“生态利益中心主义”的价值理念，还未体现出“生态优先”、“环境优先”的立法目的。

（二）我国宪法对环境保护的规定及不足

在一些受传统法律文化和价值观念影响较深的国家，对在宪法中作环境权规定持慎重态度，我国即是如此。自 1973 年召开第一次全国环境保护工作会议以来，我国高度重视环境保护工作，提出了可持续发展战略，环境法治建设取得了空前的成就。我国宪法关于环境保护的规定既是建立环境法律体系的指导原则和法律基础，更是环境法律法规被赋予法的约束力的基本法律依据。鉴于时代的认识不同，我国 1954 年宪法并没有对环境问题做出专门的规定，而 1978 年宪法是新中国法律史上第一次以根本法的形式规定国家保护环境和自然资源的义务。1993 年的宪法修正案对环境保护作了进一步的补充规定，不仅把保护环境作为国家的一项基本国策确定

---

① 周训芳：《欧洲发达国家公民环境权的发展趋势（一）》，《金陵法律评论》2002 年第 6 期。

下来，还规定了除国家以外的公民环境权利和义务。

我国宪法对环境保护的规定主要体现在环境资源权属、国家环境职责、环境政策和原则等方面，并隐含着对公民环境权利关系的规定。如我国《宪法》第 9 条规定，“矿藏、水流、森林、山岭、草原、荒地、滩涂等自然资源，都属于国家所有，即全民所有；由法律规定属于集体所有的森林和山岭、草原、荒地、滩涂除外。国家保障自然资源的合理利用，保护珍贵的动物和植物。禁止任何组织或者个人用任何手段侵占或者破坏自然资源。”第 26 条规定，“国家保护和改善生活环境和生态环境，防治污染和其他公害。国家组织和鼓励植树造林，保护林木。” 第 51 条规定，“中华人民共和国公民在行使自由和权利的时候，不得损害国家的、社会的、集体的利益和其他公民的合法的自由和权利”等。总的来说，我国并没有对环境权做出明确具体的规定。也许，由于我国还处于社会主义初级阶段，基于基本国情的客观实际考虑，国家还难以保障公民“有权在一种能够过尊严的和福利的生活环境中，享有自由、平等和充足的生活条件的基本权利”。

环境权的提出和确立，是为了协调公民的生存权、发展权之间日益凸显的矛盾，是国家重视人类生存权和自然权利的有力措施。宪法作为效力最高的法律规范，具有最为广泛、最为有效的指引、协调和宣传作用，环境权“宪法性”地位的确立，有助于提高公民保护环境的思想意识，可以指引人们的行为向着有利于维护生态系统稳定，缓解生态危机的方向前进，促使人与自然形成良性和谐的关系。正如蔡守秋先生所说，“环境权是环境法的一个核心问题，是环境立法和执法、环境管理和诉讼的基础，也是环境法学和环境法制建设中的基本理论”。因此，我国宪法中环境权的缺位不仅不能够顺应时代潮流，也直接影响了环境法律体系的顺利构建，影响了生态保护的进程和实施力度。

现阶段，我国应当在宪法中增设环境权，使环境权与其他基本人权并列于宪法中，一方面表明现代宪法已经摒弃“环境为‘无主物’”的陈腐观点，确认了环境公共财产的地位；另一方面也能够为人类环境利益和自然生态利益受损时寻求保护提供基本权利依据。另外，作为母法，宪法中有关环境权的明确规定，也能够为民法、刑法等部门法中有关环境权的具体规定提供合法依据，为环境法律保障体系的构建和完善打下坚实的基础。

第二节 行政法视野中的自然权利

环境法的出现是为了保障公民的基本权利和自然权利不受环境污染和生态破坏的侵害，而这一保障作用的实现是在市场失灵的情况下通过国家的干预实现的。国家通过环境立法权、环境行政权、环境司法权等公权力的运行，来创制环境法律、执行环境法律以及为环境侵害提供救济。我国的环境保护一直强调以政府的行政权行使为主导，倚重于行政命令、政策协调及直接强制运行，因此现代行政法的价值更新和制度变迁也呈现出“绿色化”的趋势。行政法的绿色化主要表现为国家干预的力度加大，体现在环境机构的设置，环境行政命令的施行、环境规划的编制，环境标准的制定，环境行政指导的运用及环境行政合同、环境行政许可的推行上。

一、环境问题的主因：“政府失灵”

在行政干预色彩浓郁的环境保护领域，政府对于环境保护实践的主导性是显而易见的，从某种意义上讲，政府的意志决定了环境保护实践的效果。当我们哀叹环境保护的有效性不足，当代中国面对生态危机无能为力的时候，更多的原因集中于环境法律制度本身的不足，却忽视了政府的责任。环境问题的巨大和深远，严重地危害了社会。斯德哥尔摩会议的成功之处就在于指出，环境问题产生是因为环境公益的短缺。人性不可改变的弱点决定了必须利用政府强制人们“遵守法度，并在全社会中执行公道的命令”①。为避免

① ［英］休谟：《人性论》，关文运译，商务印书馆1980年版，第575页。

全球性生态危机的产生，不至于使人类走向自我灭绝的危险之路，就需要一个凌驾于私权之上的公共机构通过其拥有的公权力对环境污染和生态破坏行为进行干预，将一定的环境要求强加于环境受管人身上，从而维护社会公共环境利益，而这个公共机构就是政府。

外部性理论是资源与环境经济学中重要的基础理论。通俗地讲，外部性就是指在实际的生产或消费活动中，某个经济主体无意识地对第三方产生的超越活动主体范围的利害影响，即产生了对第三方强加成本或赋予利益的外部效应。按照影响效果的不同，外部性可以分为正外部性和负外部性，某一经济主体因自己的行为对他人造成的损害而没有对后者加以补偿就是负外部性，也叫外部不经济性；某一经济主体因自己的行为使他人共同受益而没有得到后者的补偿就是正外部性，也叫外部经济性。资源与环境经济学认为环境污染与生态破坏的一个重要原因就是环境领域存在严重的外部性"市场失灵"。

环境外部性的"市场失灵"并不是中国环境问题的主因，因为中国长期以来并不存在真正意义上的市场。计划经济时代的环境问题并非外部性的"市场失灵"造成的，而是国家环境政策和政府环境行政决策的不当引起的。十四届三中全会以来，我国建立社会主义市场经济体制的改革全面展开，但是生态环境整体恶化的趋势并未得到改变。如果说市场经济条件下的环境问题与环境外部性"市场失灵"脱不开干系，那么其也可以通过政府干预来解决。解决环境公共物品的外部性导致的市场失灵有两种方法，一是在外部性具有单向性的前提下，通过政府对负的外部性征收税负，对正的外部性给予补贴，从而实现私人收益（成本）与社会收益（成本）之间的平衡，通常称为庇古税路径；二是适当确定环境作为公共物品的所有权或使用权，在交易成本较低和产权明晰的情况下，可以通过市场交易和私下自愿谈判达到资源配置的帕累托最优并解决外部性问题，称为科斯产权路径。通过制度设计和制定不同产权安排，对各项环境管理制度所用成本以及所产生的效益进行综合比较分析，可以实现环境资源最优化的配置，提高资源的利用率。如果政府不能有效地纠正市场失灵，就会使环境资源的配置更加缺乏效率和公平，使生态恶化问题越来越严重，从而出现“政府失灵”现象。

中国的环境问题，主因不是市场失灵，而是政府失灵。目前，环境问题的“政府失灵”是政府行为失范造成的，主要表现为政府环境保护资金投入不足、政府环境决策不当对环境造成损害、政府环境监测不力等方面。“政府失灵”与政府在环境保护过程中环境责任意识的缺失、政府谋求自身的利益、环境保护的能力水平的低下以及缺乏科学的制度设计等方面的问题密切相关。

二、挑战传统——环境行政法的兴起

传统行政对待环境问题所采取的消极态度，导致环境领域的“政府失灵”愈演愈烈，生态环境状况每况愈下，难以得到根本的解决。环境领域的“政府失灵”在一定程度上成为了生态环境恶化问题泛滥的主要原因之一，而生态危机的凸显则反过来要求国家政府部门必须作出应有的反应，加强对环境保护的行政干预。面对环境问题的特殊性、复杂性，传统行政法的价值更新和制度变迁也呈现出“绿色化”的趋势，以有效地解决环境保护的“政府失灵”现象。

（一）环境行政的兴起与发展

生态环境问题一直伴随着人类的社会经济活动而存在和演化，而环境行政与环境问题也是相伴而生。与“行政”一样，“环境行政”也是一个琢磨不定的多义词。直观来讲，环境行政就是国家对环境的行政管理。早期的环境行政主要是一种秩序行政，且主要是消极干预行政。现代意义上的环境行政是指国家通过行政权的运用，积极主动地对社会个体的意思自治施加影响，通过促进、禁止、诱导、激励、扶助等各种方式对社会个体可能对环境产生影响的行为进行干预，以确保社会整体环境目标的实现。环境行政是国家行政管理职能的一个重要组成部分，这种公权力是一种积极的、主动的干预权，其形式灵活多样且富有弹性，在环境保护方面起着决定性的作用。

20 世纪 70 年代前的环境行政对环境问题的整体性认识和广泛性影响认识不够，主要是采用单方的命令性、控制性的方法对环境污染物的排放进行“末端控制”，尚未形成预防为主、防治结合及全过程控制等环保理念；环境侵害救济模式主要是民事救济，注重对污染的损害赔偿和对侵犯自然资源财产权利的赔偿，其他的救济方式较少，如经济刺激、行政制裁等；环境行政指导、环境行政合同等非权力性行政手段极少施用，而公众参与、环境信息公开、环境影响评价、公民诉讼等程序性制度也尚未成熟。早期的环境行政分散且地方性强，方式也比较僵硬和单一，必然难以适应新时代的环境保护任务及可持续发展的需要。

20 世纪 70 年代之后的环境行政，指导思想发生了转变，可持续发展思想成为环境行政的指导原则，政府开始积极履行环保职责，环境行政也发生了众多的转变，得以蓬勃发展。在可持续发展观念的指导下，各国环境行政的总体战略发生了一些变化①：一是在环境污染的控制战略上，由原来的“末端控制”向“源头控制”转移，本着“防患于未然”的思路推行清洁生产，防止或尽可能地减少污染物和工业废物的产生；二是在环境保护的内容上，纠正了重污染防治、轻自然保护的偏误，把合理开发利用自然资源、保护自然环境、维护生态平衡作为环境保护的重要内容和相互联系的组成部分；三是在环境保护和经济发展的相互关系上，抛弃了一味追求经济优先或过分强调环境优先的片面做法，而是将二者有机结合起来。在环境行政方式上，传统刚性的权力手段逐步被环境行政指导、环境行政合同等非权力性的行政手段所取代。这些非权力手段的运用，标志着政府角色从单纯的环境保护秩序维护者、仲裁者演变为环境保护领域中诸多利益关系的积极参与者、协调者、沟通者，可以有效地克服机械的环境行政官僚主义，减少因行政监管的不力或失当造成的政府环境管理的失灵。另外，行政服务理念和公众环境意识得到加强，环境行政程序、公众参与、公民诉讼等规制政府

① ［日］原田尚彦：《环境法》，于敏译，法律出版社 1999 年版，第 49 页。

行政部门的环境行政行为的制度或机制已经出现并逐步成熟，而环境侵害的行政救济制度、环境民事纠纷的行政处理制度等环境行政法特有的制度也得到了发展。

（二）环境行政法的产生和发展

从某种意义上讲，近代行政法的出现才标志着行政法开始成为一个独立的法律部门。面对日益严重的全球性生态危机，传统行政法的“生态化”主要表现为处于行政法和环境法交叉领域的环境行政法成为理论上独立的二级部门法①。环境行政法不仅是环境法的一个主要分支，而且也是最大的一个部门行政法。然而，环境行政法作为行政法的一个重要分支，其产生和发展并非与行政法相伴而行。在环境问题日益严重的今天，作为行政权的一部分的环境行政权，它的运行也要逐步实现法制化、科学化、制度化。由于传统行政未对环境问题的解决承担应有的责任，行政法在近代的萌芽未能孕育环境行政法的兴起；环境行政法的兴起和蓬勃发展，是在生态危机日益威胁到人类的生存和发展的大背景下，在可持续发展理念的指导之下，在政府积极承担起环境行政管理职责所引发的大量环境行政行为需要法律规制的迫切要求下，不断冲破传统行政法理念的藩篱而发生的。

近代宪政理论的发展造就了公法调整被充分重视的可能，行政法不仅局限于对公权力的赋予，而且还规定了私权利的公法保障。环境行政法带有很强的超越私法领域的公共性立法的性质。随着环境行政的不断完善，国家对环境管理的干预从范围到强度逐渐合理，从环境私益认识到环境公益认识，从个体救济到群体救济，从刚性强制到柔性指导，环境行政法跳出了环境法向私法回归的局限，定位为以公法方法调整环境公益与环境私益关系。环境公权力与环境私权利的关系就是环境行政法的核心。如何配置环境公益与

① 部门行政法又称专门行政法，是指行政法规则和原理在各具体行政管理领域的运用，是我国行政法律体系的重要组成部分。

环境私益、如何保证环境公益的正当、如何保障环境私益的实现，如何解决环境公益与环境私益之间以及环境公益之间的纠纷是环境行政实现法制化的必须要面对的问题。

目前，有关环境行政法的理论研究和立法实践，国内外呈现不同之势。国外环境行政法的研究已经达到相当的水准。大陆法系国家一般都将部门行政法纳入行政法学的研究视野的传统。如法国在 20 世纪 60 年代之后，部门行政法研究取得了长足进步，大量编纂环境行政法典，如矿业法典、森林法典等；而且在征用土地、能源保护等分支行政法研究方面，都取得了巨大的成果。①我国对部门行政法的研究，发端于 1983 年王眠灿主编的《行政法概要》一书对军事、公安、国民经济运行、教科文卫体等部门行政法的相关概述，从而开创了部门行政法研究之先河。90 年代中期以后，在我国行政法学界正式出现了部门行政法的概念。1995 年《法商研究》第 5 期刊载了关保英教授的《论部门行政法及其独立》一文，使部门行政法的概念和理论有了一定的系统化。高等学校部门行政法编委会出版了包括《环境行政法》、《海关行政法》、《工商行政法》、《民政行政法》、《审计行政法》等在内的 15 部“部门行政法系列教材”，对部门行政法研究起到了一定促进作用，但这套书侧重于对具体部门行政法律制度的介绍，尚未达到“部门行政法研究”的高度。②另外，蔡守秋先生的环境法专著《环境行政法与环境行政诉讼》，陈泉生、张梓太教授合著的《宪法与行政法的生态化》，张树义先生出版的《变革与重构改革背景下的中国行政法理念》等专著都对我国的环境行政法进行了理论探讨和陈述。

总的来说，时下我国环境行政法的研究力量较弱，研究水平参差不齐，经常忽视环境行政侵权责任、环境行政补偿等问题的特殊性，进而导出偏颇乃至错误的结论。另外，一般情况下，学者的研

① 罗豪才，姜明安等：《行政法学研究现状和发展趋势》，《中国法学》1996 年第 1 期。

② 宋华琳，邵蓉：《部门行政法研究初探》，《浙江省政法管理干部学院学报》2000 年第 2 期。

究成果常常难以得到传统行政法学界的重视和认可，有时还需面对相关政府行政部门的种种不解与冷遇。目前，我国在环境行政管理领域还没有一部严格意义上的“行政法规”、尚处“无法可依”的阶段。某些地方性法规中有着行政法规范的内容，如山东省人民代表大会常务委员会 1996 年制定的《山东省环境保护条例》、《山东省档案条例》等。实践中，环境行政往往求助于政府有关环境保护的规范性文件，甚至环保部门领导的讲话来指导具体环境行政管理的运作，进而导致了环境行政执法和司法的不当。

三、我国环境行政法创制和完善的关键领域

（一）环境行政法立法理念的革新

张梓太先生在《宪法与行政法的生态化》一书中指出，行政法的基本理念是对行政法基本功能和价值目标的概括和抽象，是人们有关行政法的根本看法和基本观念。行政法的基本理念要回答的是这样一个问题，即行政法的本质是什么，它是用来干什么的呢？在此意义上，它与行政法的“理论基础”、“基本观念”、“理论基石”是同义词。[①]与传统行政法相比，现代行政法的基本理念已经突破了传统行政强调政府权力对公民权利进行限制的“控权”思想，处于由“权力本位”到“义务本位”的转变进程中；现代行政法的基本理念已充分认识到政府权力与公民权利的一致性，更加注重政府权力在促进公民权利与自由的重要作用，通过颠覆传统行政法以权力为本位的法律逻辑，力图实现政府与公民关系向民主政治的根本回归。

环境行政法变革中，最重要和最根本的是环境行政法的立法理念变革，因为立法理念的变革是一切基本制度变革和指导实践的基础。环境行政法的立法理念是与特定历史时期的特定社会现实相对应，以环境行政及其背景形成并发展起来的。环境行政法是为应对

① 陈泉生、张梓太：《宪法与行政法的生态化》，法律出版社 2001 年版，第 195 页。

环境问题而产生和发展起来的一个新兴的部门行政法，其价值理念在一定程度上必然要受制于行政法的基本理念。但是，环境行政法的立法理念在遵循现代行政法的基本理念的同时，其本身尚有更深层次的价值目标，必定要有自己的独立性和特色。总之，环境行政法的立法理念的确定，必须建立在对行政法基本理念的回顾、批判、继承的基础上来构建和完善的。

受传统“人本主义”、“人类中心主义”法律思想的深刻影响和渗透，现代行政法的基本理念都是以人的利益和价值为取向的，要么强调私人权利和自由的维护，要么强调行政公权的高效行使，要么强调公民个人权利和政府行政权力的平衡，而未对环境公共利益、自然权利及人与自然关系的协调发展给予足够的重视和关怀。这种思想观念本身在处理环境问题时就存在不同程度的缺陷和不合目的性，难以走出环境问题“政府失灵”的困境。环境行政法的立法理念，不仅要秉承近现代行政法建立人与人之间的和谐秩序的传统，更应该把实现人与自然关系的和谐作为自己的价值理念，将在人与人、人与自然之间建立了一种以尊重为基础的和谐关系作为立法的价值取向和终极目标。

当然，环境行政法的立法理念仍旧保留着控制政府环境行政权力的工具理念，因为“控权”理念是贯穿整个行政法发展历程的最根本的理念，离开这一条即无所谓行政法。环境问题“政府失灵”是因政府环境决策不当、环境行政执法过程中责任意识淡薄，无法可依、有法不依，环境行政机关不作为等政府环境行政行为的失范造成的，其根源在于对政府环境行政缺乏必要的监督和制约。

（二）环境行政法调整对象的再认识

每个部门法都有其特定的调整对象，而调整对象的特殊性也是区分部门法的最主要依据。行政法的调整对象作为行政法基础理论的重要组成部分，是行政法学界一直争论不休的问题。平衡论的代表人物罗豪才先生指出，“行政法是国家重要的部门法之一，是调整行政关系以及在此基础上产生的监督行政关系的法律规范和原则的总称，或者说是调整因行政主体行使其职权而发生的各种社会关系的法律规范和原则的总称……这一系列法律规范和原则调整的对象是行政关系和监督行政关系，所谓调整行政关系和监督行政关系，就是规定行政关系和监督行政关系各方当事人之间的权利义务关系。”[①]中国社会科学院法学研究所《法律辞典》编委会在其所编的《法律辞典》中将行政法的调整对象概括为“行政关系”，而所谓的“行政关系”是指行政主体（一般是行政机关）在实施国家行政权过程中所发生的各种社会关系。按照主流观点，行政法的特定调整对象是行政主体行使行政职能和接受行政法制监督而与行政相对人、行政法制监督主体所发生的各种关系以及行政主体内部发生的各种关系，具体包括行政管理关系、行政法制监督关系、行政救济关系、内部行政关系四类。由此可见，行政法的调整对象是针对人与人之间来说的，不调整人与自然的关系。

受传统行政法价值理念的影响和渗透，我国的行政法学者对环境行政法调整对象的认识也局限在人类社会内部，将人与自然的关系排除在外。如周玉华教授主编的《环境行政法学》中就认为“环境行政法是调整环境行政主体在行使其相应职权过程中所发生的各种社会关系（即环境行政关系）的法律规范的总称……其调整对象是环境行政关系而不是别的社会关系。所谓环境行政关系，包括环境行政主体与相对人之间的外部行政关系以及与行政监督机关之间的内部行政关系。”[②]刘国涛教授在其主编的《环境与资源保护法学》一书中指出“环境行政法是调整国家环境行政主体在行使其保护环境的职权的过程中所发生的社会关系的法律规范的总称。”[③]这些学者对环境行政法调整对象的认识，是以人类评判的工具价值为标准去理解自然，掩盖了自然界所有要素客观存在的固有价值，没有把人与自然置于一种生态和谐互动、对等互利的关系中考虑，而

① ［美］E. 博登海默：《法律学——法哲学及其方法》，华夏出版社 1987 年版，第 163 页。

② 周玉华：《环境行政法学》，东北林业大学出版社 2002 年版，第 13 页。

③ 刘国涛：《环境与资源保护法学》，中国法制出版社 2004 年版，第 382 页。

环境行政法也成为人类自创的反作用于人类内部事务的规则，丧失了环境行政的特色。

通过对环境行政法立法理念的探讨，我们有必要对环境行政法的调整对象进行重新的认识和界定。环境行政法所调整的人与人的关系，不仅仅局限于环境行政主体与环境行政相对人之间，还包括环境行政主体与许多环境权益间接受到其环境行政行为影响的非行政相对人（又称间接相对人或第三人）之间形成的所谓“人与人之间的关系”，这体现了环境行政法的工具价值理念。除此之外，环境行政法还应调整人与自然的关系，因为“如果我们自己关心的只是人与人之间的关系，那么我们就不会真正变得文明起来。真正重要的是人与所有生命的关系。”环境法律的目的、任务、作用和功能之一，就是保护环境、合理开发利用资源，就是调整人与自然的关系。鉴于当今所有的环境资源法律或者行政法规，几乎都毫无例外地包含、反映、调整人与自然的关系，环境行政法也应顺应环境法学发展的潮流，将人与自然的关系加入到法的调整对象当中。环境行政法所调整的人与自然的关系，是具有明确规定且通过行政法律实施而形成的人与自然的地域关系、因果关系、利益关系以及主客体关系等多种关系，既包括有关合理开发、利益和保护自然环境资源方面的主客体关系，也包括由于赋予动物、植物等自然体权利或法律资格而形成的人与自然之间的主体与主体之间的关系。环境行政法对人与自然关系的调整，是通过调整人与人之间的关系而实现的，其蕴涵和所要实现的人与自然和谐共生的价值理念，体现了环境行政法的终极价值追求。

（三）政府环境行政责任的加强

众所周知，环境问题关系到自然生态系统所有生命体的生存与发展，而环境污染和生态破坏所具有的广泛性、流动性、复杂性、潜在性、累积性等公害特性使公民个人的环境保护和环境维权在实践中显得力不从心。环境问题的公共性决定了政府在环境保护中担当着不可替代的角色，若环境问题的“政府失灵”得不到有效解决，不仅政府的环境保护职责难以实现，“市场失灵”也会持续存在且愈发严重。要克服中国环境问题久治不愈的主因，即“政府失灵”，必须加强和完善政府的环境行政责任。强化政府环境保护责任是落实科学发展观的客观需要，是根除环境顽疾的关键点和突破口，是建立规范和约束政府行为长效机制的经验总结。

对于政府环境行政责任的完善，许多学者提出了自己的观点，如张梓太教授认为，为适应发展社会主义市场经济的需要，必须对我国的环境立法加以改善。为此，要完成以下几个方面的转变：将政府部门在环境法律关系中的地位，由“权力主体”转变为“义务主体”；把政府对环境监督管理职责由过去的权力型规范修改为义务型规范；将政府部门列为环境法律责任的主体，如违反环境法律的规定应当承担相应的法律责任；政府部门实施环境监督管理，必须由单纯的管理型向管理服务型转变。①汪劲教授则强调，在修改《环境保护法》时将应修法的重点定位于确立各级政府的环境与资源保护责任上，以为单项的环境与资源保护法律的施行奠定基础，应当针对政府的责任确立如下内容：确立政府从宏观决策、编制计划、规划到项目实施相关的环境保护决策机制，将各类发展计划、规划与环境保护计划协调一致；以环境保护计划统合现行环境污染行政计划和自然保护计划；建立环境信息交流网络和信息公开制度；设立相关委员会以处理环境质量鉴定、重大经济活动的环境决策以及纠纷调查处理等事项；明确中央政府与地方政府的环境保护责任。②环境行政只有在区域或地方政府主导下进行，才能发挥灵活、适度的管理，确保环境行政立法和环境行政决策切实反映当地利益相关方的利益诉求。环境行政以地方政府环境行政为主，决定了完善地方政府的环境责任尤为重要。

政府环境行政责任的健全是加强环境管理、保护和改善生态环境的基本保障。目前，政府环境行政责任的内在矛盾主要表现在③：

---

① 张梓太：《我国环境立法的误区及对策研究》，《环境导报》1995 年第 1 期。

② 汪劲：《论我国环境保护法的现状和修改定位》，《环境保护》2003 年第 6 期。

③ 蔡守秋：《论政府环境责任的缺陷与健全》，《河北法学》2008 年第 3 期。

①地方政府对本级人大承担的环境政治责任和对上级政府承担的环境行政责任会发生冲突，地方政府面临环境政治责任和环境行政责任的两难选择；②地方政府环境管理部门就同一事项所接受的同级政府的环境任务与上级政府主管部门的环境业务指导或者领导可能存在分歧；③重地方政府的环境责任，轻中央政府的环境责任；[①] ④强调或重视的政府环境责任主要是第一性的政府环境责任，而不是第二性政府环境责任，特别是轻视对政府环境法律责任的追究，即重政府权力制度、轻政府问责制度；⑤重政府机关的环境责任，轻其他国家机关的环境责任；⑥重政府环境保护行政主管部门的环境责任，轻政府负责人的环境责任；⑦重政府环境责任中的行政调整机制，轻政府环境责任中的其他调整机制，如市场机制、社会调整机制；⑧重政府环境权力，轻政府环境义务；⑨重政府经济责任，轻政府环境责任；⑩重企业环境义务和追究企业环境责任，轻政府环境义务和追究政府环境责任。

政府环境责任意识的淡漠或缺失是导致政府失灵的根本原因。针对政府环境行政责任的上述矛盾和缺陷，有必要强化政府在环境保护方面的责任意识，引导政府官员树立科学的经济增长观和科学的政绩观，切实转变政府职能，发挥政府在环境保护上的权威性和主导性作用。

首先，实行政府环境目标责任制度，确立行政首长“环保一票否决制”，落实 “环境保护行政问责制”，改革政府官员政绩考核制度，推进公民的绿色参与制度建设、绿色评估考核制度，从而强化对政府环境行政行为的监督，对那些以牺牲环境为代价片面追求经济利益、在环境保护职责方面不作为或乱作为的行政官员要依法追究相应的法律责任。

其次，政府环境行政责任不是一项责任，而是由一系列相互依靠、相互补充、相互制约的责任所组成的责任体系。有效的、良好的政府行政责任应该科学、合理地确定政府环境责任的范围、组成

① 胡静：《地方政府环境责任冲突及其化解》，《河北法学》2008 年第 3 期。

和内容，逐渐建立健全目标一致、功能齐全的、有机整合的、协调互动的政府生态责任体系。环境立法必须根据社会需要、公众环境需求和政府的能力，按照完整性、合理性和有效性的原则，科学地筛选、配置政府的环境责任，将那些需要政府管、政府能够管、政府能管出成效的环境保护工作规定为政府环境责任；同时要抓住关键，优化政府环境责任的结构。健全政府环境责任的重点和方向，是不断提高政府环境责任的可操作性，实现政府环境责任的制度化、规范化和程序化。①

最后，要建立和完善地方政府环境保护的激励机制。从目前中央和地方财政税收分配政策和环境保护的相关利益与责任的分工来看，地方政府的财力与其承担的环境保护责任严重不对等。中央政府将自然资源开发的经济利益向国家倾斜，而将环境治理和恢复的责任无条件压给地方政府的做法，其结果是中央政府的环境保护意愿在地方政府都没有得到认真贯彻，执行效果不尽如人意。但是，如果将政府环境责任手段与一定的诱导激励手段相结合，运用“大棒加胡萝卜”策略，必将最大限度地调动政府保护环境和进行生态建设的积极性，为环境保护和生态建设尽最大责任，从而也保证了环境保护工作的顺利开展和落实。对于生态环境保护成果显著的地区，建议上级政府运用财政支付、资金补助、项目补贴、荣誉奖章等手段要对下级政府和相关工作人员予以物质或精神奖励。只有对政府环境行政责任进行科学的制度设计，才能使政府在环境保护上真正大有作为。

第三节　民法对自然权利的呼应

公法与私法的区分，至少自罗马法以来一直得到承认。从调整方式和价值取向上看，公法侧重于实施时国家权力的保障以及社会

---

① 蔡守秋：《论政府环境责任的缺陷与健全》，《河北法学》2008 年第 3 期。

秩序和公平的实现，而私法侧重于实施时主体的自觉保障以及契约自由和交易效率的实现。民法是最典型的私法之一，其存在的基础是法律主体间力量的平等性。对此，张文显先生曾指出，“民法是以商品经济关系为内容的法律部门，其核心是人权、所有权、平等权；而人权、所有权和平等权是法律权利体系的基础、主干，是现代公民权利的原型”。①但是，“当法律或者‘非法律’得到公认的价值标准确认两方是平等的，但事实上一方的影响要大于另一方，那么法律就存在脱节”。②面对当前强弱团体普遍存在的社会现实，失去理论前提的传统民法往往并不能有效地扭转强弱利益群体的力量差别，矫正他们之间不公平的利益分配。

法律只有关注弱势群体的利益保护才能凸显公平正义。为此，传统民法通过借助司法限制契约自由、以个别正义取代一般正义、事前调整取代事后调整等私法公法化手段作了改良，但私法自治的自身局限性决定了其在社会公共利益维护上的两难，是心有余而力不足。

一、传统民法权利理论的变革与完善

作为现代法律体系的重要组成部分的民法，无疑对于环境保护承担着重要的使命。由于民法的保护对象主要是传统的、依附于“人”而存在的物权和人身权，所以就环境保护而言，民法对环境的保护是间接的。③面对日益严峻的环境危机，传统的民法进行了一些改进和革新。

（一）传统民法权利理论的改进

自然生态系统包括阳光、空气、水等人类赖以生存的基本环境要求，但是传统民法和古典经济学却认为，它们是一种取之不尽、

---

① 张文显：《法哲学范围研究》，中国政法大学出版社 2001 年版，第 277 页。
② ［法］莫里斯·迪韦尔热：《政治社会学》，华夏出版社 1997 年版，第 112-114 页。
③ 汪劲：《环境法律的理念与价值追求——环境法目的论》，法律出版社 2000 年版，第 106 页。

用之不竭的自然物，是一种“自由财产”，不能成为所有权的客体，任何人无须支付对价即可对其占有和处分。依据以权利私有化为最高原则的传统民法权利理论，权利或利益仅以个人所能支配的利益为限。环境既然被认为属人力所不能控制和支配的无主物，自然就不能成为所有权的客体。“私有权绝对原则、契约自由原则、过错责任原则”是 18～19 世纪西方国家民法的三大原则。为应对工业化带来的日益严峻的环境问题，民法对传统的基本原则和民事权利体系进行了调整，融入了环境保护的内容。

1. 禁止权利滥用原则在环境保护中的适用

所有权的行使要强化禁止权利滥用原则是传统民法应对生态危机作出努力的重要一步。禁止权利滥用原则起因于私人权利与社会公共利益的激化，外在表现为对私权的使用加以一定的限制，最终目标是保护和实现公共利益。法律禁止权利滥用是一种积极捍卫权利的手段，它是为权利而限制权利，与法律保护权利可谓一体两面。美国法学家埃尔曼教授指出，“今天，大多数法律制度都在试图对不受约束的个人主义表现加以控制，控制的方式是通过法院判决或立法发展出一种广泛而略失雅致地称作‘滥用权利’概念。”[①]如 1896 年《德国民法典》第 226 条规定，“权利之行使不得专以损害他人为目的”；1907 年《瑞士民法典》第 2 条规定，“明显的滥用权利，不受法律保护”；1919 年《魏玛宪法》第 153 条规定，“所有权负有义务，其行使应同时有益于社会公共利益”，等等。环境资源不同于人类的其他财产，它不仅仅是物权的客体，也是整个自然生态系统的重要组成部分。因此，对环境资源的开发和利用不仅仅是权利主体或义务主体单方或双方的事，而是关系到人类生存和发展利益和整个自然生态系统的大事。为达到环境资源的可持续利用，必须改进传统的物权法理论。吕忠梅教授认为，所有权对物的支配属性与环境资源的公共性和所有权对物的代内分配与环境资源代际分配

① ［美］E. 博登海默：《法理学——法律哲学与法律方法》，邓正来译. 中国政法大学出版社 1999 年版，第 279 页。

这两大矛盾能否得到解决，是环境保护能否通过物权制度发挥作用所引起的首要问题。民法对传统物权制度的变革主要体现于环境保护相邻权和环境使用权的规定。

由于相邻权在限制所有权的绝对化上，要求人们在行使自己的权利的同时不得损害他人的合法权益，从这个角度来讲，将相邻权适用于环境侵权行为，是可以取得一定成效的。现代各国民法中出现的环境相邻权，是指基于环境保护的客观需要而发生的一定范围和限度内的相邻关系，是环境法律关系主体依法享有的权利和承担相应的义务。与一般相邻权相比，环境相邻权的相邻范围不局限于传统的“相互毗邻”，基于环境的生物性、地理上的整体性、生态的连锁性和环境影响的广泛性，凡是在不动产所有权人周围或附近，足以影响到其对房屋所有权或使用权的行使都应当纳入相邻关系调整的范畴内。环境相邻权的利益也是多元的，不仅考虑环境因素的经济利益，还要考虑怎样满足人们生活的舒适、身体的健康等人身利益，因此环境相邻关系包含人身利益。环境相邻权是一项财产权利和人格权利相结合的复合性权利，弥补了一般相邻权在调整范围和权利保护范围上存在的不足，更好地保护公民的人身、财产和环境权益。环境保护相邻权制度的建立符合社会公共道德的要求，有利于环境资源的保护和人类的可持续发展。

环境资源的自我调节性或环境容量本身就是一种资源，并且是一种可以通过经济价值化而为人所控制的特定物，所以它能够为物权法所承认，转换为一种法律规定的现实权利。环境使用权，又称环境容量使用权，是环境使用权人依法对环境资源占有、使用和收益的权利，属于物权法体系中的用益物权。环境使用权人在开发利用环境资源的过程中，必须遵循一定的义务[①]：一是无害使用的义务，即环境使用权人在行使权利时，必须遵守国家的环境标准；不得违背社会公共利益；应当选择对环境损害最小甚至无害的方式行使权利；对所可能造成的污染和破坏，应当采取适当措施予以减轻、

① 蔡守秋：《环境资源法论》，武汉大学出版社1996年版，第280-282页。

减少或消除。二是使用者负担义务，即环境使用权人应承担一定的费用，对已耗用的环境容量进行补偿。这些负担包括环境使用权的有偿取得、超标排污费、污染治理费用、损害赔偿费用等。三是服从管理的义务，即环境使用权是一项社会性私权，其行使不得违背社会公共利益和可持续发展的目标，为此，权利人必须服从代表社会公共利益的国家所进行的环境资源监督管理。通过在民法上设立环境使用权，可以有效保护环境资源的生态属性，建立传统民法和环境法的有机协调机制。

2．环境人格权的产生

人们在试图将环境权写入宪法的同时，也肯定其私权性质，使其得到民法和民事诉讼法的确认，从而达到保护环境的目的。传统人格权理论及制度关于生命权、健康权及人身权的保护对于环境权的保护是不足的。基于环境问题所导致的人与自然之间、人与人之间关系的紧张，以及制度化解决环境利益冲突的需要，环境人格权被提出和确立，以作为对人在环境资源方面所享有的自由和利益的肯定和限制。所谓的环境人格权，其实就是民法上的环境权。

环境人格权是公民所享有的在健康、舒适的环境中生存的权利。环境人格权以环境人格利益为权利的客体，环境人格利益是以环境资源的欣赏价值和生态价值为基础的精神性利益，是公民生活在自然环境中享有的固有的权利，是人生存和发展对环境人格必须享有的一种利益。纵观各国有关环境人格权的立法，环境人格权主要包括生命健康权、日照权、通风权、安宁权、清洁空气权、清洁水权、观赏权等。①目前，我国的现有法律并没有对环境权作出直接表述，司法实务中对公民环境人格权的保护往往通过民法中相关隐性规定进行。

（二）传统民法的革新：动物权利立法

事实上，世界各国近年来的民法典修订以及制定中，已大量将

① 陈泉生：《环境法原理》，法律出版社 1997 年版，第 112-113 页。

环境保护的相关内容纳入其调整范围，如《德国民法典》第 90 条的修改，明确规定"动物不是物"，显然是受到了生态伦理的巨大影响。德国于 1990 年 8 月 20 日以名为《关于在民事法律中改善动物的法律地位的法律修正案》，在民法典中增加了三个条文，尤其是新增的第 90a 条"动物"规定："动物不是物。它们由特别法加以保护。除另有其他规定外，对动物准用有关物的规定。"这一修改，被认为是动物由权利客体上升为权利主体的立法实例，并认为这代表着最新的立法动态，代表着人类对动物态度的转变在法律上的体现。

事实上，最先展开这场变革的却是《奥地利民法典》。1988 年 3 月 10 日，奥地利国民会议通过一部关于动物法律地位的联邦法律，专门对《奥地利民法典》作出修正，涉及该民法典的第 285 条和第 1332 条。原第 285 条"物的定义"规定："一切与人相区别且供人使用者，在法律意义上称为物。"该条修正新增的第 285a 条规定："动物不是物。它们受到特别法的保护。关于物的规定仅于无特别规定的情形适用于动物。"此外，该法第 1332 条原为："由于轻微程度的失误或疏忽造成的损害，依损坏事物所具有的一般价值赔偿。"其下新增的第 1332a 条规定："动物受伤害的，救治或者试图救治该动物所实际发生的费用超过其价值也是应该的，只要在这种损害情形下一个明智的动物饲养人也会支出如此费用。"该修正早在 1988 年 7 月 1 日即已生效，比德国法的修正早两年多。可见，《奥地利民法典》的修正才是动物在民法典中发生变局的肇始，实际上可以说其第 285a 条是《德国民法典》第 90a 条的蓝本，第 1332a 条款是《德国民法典》第 251 条第 2 款新增后段的蓝本。

《德国民法典》步《奥地利民法典》修正的后尘，1990 年新增了第 90a 条、第 251 条"不规定期限以金钱损害赔偿"第 2 款新增后段及第 903 条"所有权人的权限"新增后段。第 90a 条内容如前述，第 251 条第 2 款新增后段规定："因救治动物而产生的费用，并不因其大大超过动物本身的价值视为是不相当的。"第 903 条"所有权人的权限"新增后段是《奥地利民法典》修正时所没有的，是

《德国民法典》的首创，本段规定："动物的所有权人在行使其权利时，应注意有关保护动物的特别规定"，点明了"保护动物的特别规定"可以对传统的所有权构成新的限制。

二、传统民法权利理论和救济模式的内在缺陷

按照传统民法理论，无主物实行先占原则，先占者可以无偿利用，因此向空中排放污染物是合法的。而根据"有损害，始有救济"的民事责任原则，环境侵权因不属于权利保护之列，也就不存在救济问题了。若以传统民法的财产权、人格权、相邻权等作为救济的根据，又因其各自的局限性而难以适用。[①]首先，许多重要的环境要素，如空气、阳光、水等在形态上与传统的财产权不同，根本不是传统意义上的个人财产，分割而确定其所有权的个别归属已不可能，因而不能成为财产权的客体；而且，环境侵权不仅损害公私财产，也损害人的身心健康，还损害无主物，因而无法以财产权作为对其救济的根据。其次，相邻权的范围毕竟过于狭小，只限于以不动产的相邻关系为前提的环境侵权行为，而环境权主体和权利的产生都比其要广泛得多。环境侵权大多表现为污染物进入大气、海洋之中，从而给不相邻的远距离的地方带来损害，比如，酸雨、海洋污染等。倘若以相邻权作为救济的根据，则十分牵强。最后，作为人格权的环境人格权的保护是以对人身的直接侵害为构成要件的，而环境侵权大多是通过环境这一载体间接对他人造成侵害，从而不具备这一要件。而且，其与传统的人格权在性质上有所不同，环境侵权不仅损害人的身心健康，同时还损害了人们享受具有特殊美学价值和卫生价值的优美环境等权利，损害了公私财产及无主物，损害了其他自然生命体的自然权利。其侵害范围已远远超出人格权的保护范畴，为此，亦无法将人格权作为对其救济的根据。

由此，有学者指出，在环境污染损害的民事救济方面，民法对环境保护的最大缺陷在于，民法只能保护人类传统的、既定的人身

---

① 陈泉生：《论环境权民事权利的建立》，《法学杂志》1998 年第 4 期。

权和财产权，而一切生命的权利、环境品质的优良却不是民法所直接保护的对象。在有关保护环境的民法方法看来，环境污染或者自然破坏与否并不是重要的，重要的是要评价它是否导致人体健康损害或者财产损失。甚至进而认为，民法对环境保护立法的贡献不是因为民事救济的填补损害作用，而是由于事后救济远远不能填补损害的事实。当人们发现“防患于未然”在环境保护问题上的意义时，才开始重视环境管理立法，才将“预防”的概念纳入为环境立法的基本原则之一。这不能不引起民法学界的反思，环境问题产生与发展的沉痛教训和世界范围内环境保护的实践经验无一不在宣示：市场经济的健康发展离不开环境保护，可持续发展如果不能在民法典中得到贯彻，无异于空中楼阁。

事实上，20 世纪以来的民法思想、民法原则和民法制度发生了重大变化，如“私法公法化”的趋势等。这是民法顺应可持续发展需要的结果。但不容否认的是，仅有这些是不够的，从人类中心主义立场出发的对民法制度的修修补补日益表现出了其伦理基础导致的局限性，即囿于民法的传统架构与思维，将民法看做封闭的、没有发展的权利体系，将概念看做守恒的、万古不变的法律现象。当现实中新的权利现象出现时，大陆法系学者本能地套用传统的权利概念（物权、债权、人身权）去进行分析并为之定性。固然，由于大陆法系民法的高度抽象性，许多具体的权利现象可以逻辑地归入固有的权利体系之中，但也必须承认，现实生活并非按照法学家的逻辑思维发生，还有许多权利现象是固有的权利体系所不能包容的。法律并非为逻辑而生，它的真实生命存在于对社会现实的调整之中。纷繁复杂、瞬息万变的社会现实经常会对固有的法律传统提出挑战，要求在既有的权利框架中承认新的权利现象，由于环境问题的严重而产生的公民环境权以及环境资源保护的各种权利诉求无疑就是这样的新的权利现象。“如果硬要套用既有的概念来解释它，其结果只能是要么扼杀它，要么歪曲它。”①

① 吕忠梅：《自然环境理念与民法典制定》，《法学》2003 年第 9 期。

就我国而言，仅在《民法通则》第 124 规定："违反国家保护环境防止污染的规定，污染环境造成他人损害的，应当依法承担民事责任。"此处的"造成他人损害"，是指对于公民的人身、财产等权利造成了实际的伤害，其保护范围相当狭窄，显然无法有效保护环境，当然这是由环境侵权行为的特点决定的。

有学者将环境侵权行为的特点归纳为合法性、连续性和不确定性。从法律的价值判断，传统侵权行为，一般具有违法性或违反社会道德，如欠债不还、窃人财物、伤人身体等，均属"无价值行为"；环境侵权如各种排污行为多属工商企业经营活动之产物，除少数事故性污染，均属合法行为，就其社会生产经营活动所生不可避免副产品而言，有其社会必要性、合理性。此外，传统侵权，多数情况下为一次性侵害；环境侵权常常具有连续性、反复性的特点。传统侵权因加害行为直接作用于侵害客体，侵权行为实施，损害随之造成，受害人较容易发现并认定加害人行为违法性是否具有故意过失；环境侵权，其行为与损害结果之间要通过广阔空间和时间延续，因而具有积累性、潜在性、滞后性与复合效应不能立即显现出来并具有不确定性。这样，加害人为何人，加害行为为何时发生，加害人有无故意过失，行为与损害之间有无因果关系等都较传统侵权难以判断。①

环境侵权行为的这些特点使之较传统侵权行为在民事救济的实施更为困难，由于其具有合法性，而且往往是各种创造社会财富，提高和改善居民生活质量的衍生行为，甚至是政府大力鼓励和推动的行为，在价值判断上，往往令人取舍两难。由于其具有连续性和不确定性，行为往往是由许多的污染行为共同构成的，而且其中各种污染行为的运作机制很复杂，涉及物理、化学、气象、生物、生态等诸多学科，即使是当代最先进的科学技术也难以给出一个全面、真实的解释，侵害行为与结果之间的关系很难被充分认识。而且，其危害后果潜伏期很长，往往是各种因素的积累并经过相当长

---

① 王曦：《国际环境法与比较环境法评论》（第 1 卷），法律出版社 2002 年版，第 374 页。

的时间的作用后才逐渐显示其危害性，并且其所造成的损害是持续不断的，不会因侵害行为的停止而立即停止，往往要在环境持续作用一定的时间。这就给环境侵害因果关系判定、主体认定等一系列问题带来困难，进而影响到环境侵权救济的及时施行。在这种情况下，若仍适用传统侵权法——以单纯的加害人与被害人个别责任人为主体，以违法行为与过失责任为规责要件、要求行为与损害之间具有直接因果关系、原告承担举证责任，以及以损害赔偿为主要救济形式等，将会遇到极大困难并难以发挥妥善的救济功能。

由此看来，在环境污染损害的民事救济方面，民法对环境保护的最大缺陷在于，民法只能保护人类传统的、既定的人身权和财产权，而一切生命的权利、环境品质的优良却不是民法所直接保护的对象。在有关保护环境的民法方法看来，环境污染或者自然破坏与否并不是重要的，重要的是要评价它是否导致人体健康损害或者财产损失。

因此，民法制度对当今环境问题的回应，必须首先突破传统民法理论的思维定式，以非人类中心主义环境伦理为基础，加以变革和完善。

三、我国民法典的绿色化

（一）将自然权利纳入民法的权利体系之中

民法的权利体系本就是一个开放的体系，民法的发展进程同时也是一个不断承认、接纳新的权利形态的过程，这也是民法适应社会进步，适应权利意识和权利运动自近代以来蓬勃发展的必然结果。在此之前是人权内容和条目的不断丰实，由此则是权利主体向自然的进一步发展。

具体的立法设计，可在民法典总则中明确为民事行为附加环境保护义务，将环境伦理的理念纳入到“诚实信用”和“公序良俗”的内涵之中。20 世纪以来的民法思想、民法原则和民法制度发生了重大变化，如“私法公法化”的趋势；现代民法对近代民法的一些基本原则进行的限制和修正（对私权绝对原则、对意思自治原则、对归责原则的补充和修正等）。此外，民法观念也呈现了一些新的特点，体现了由个人本位向社会本位的转变，由于保护社会利益的需要，各国民法都通过修订增加了社会本位的色彩，强调权利的公共性和赋予一定社会组织以独立的人格。如承认所有权的社会性，因而对于绝对所有权加以限制。增强了对弱者的保护意识，提倡权利保护向弱者倾斜，等等。这些变化中的相当内容都是民法对环境问题的回应，反映了民法的“绿化”过程，是民法顺应可持续发展需要的结果。

（二）明确承认自然物的独立价值

传统观念认为，自然资源是一种公共物品，是没有价值的，因而是免费的午餐。在衡量财富标准时，主要看人均国民生产总值（GNP），而没有将环境与自然资源本身对地球生态系统的贡献纳入社会经济发展的成本效益分析之中。在衡量国民生产总值（GNP）指标的计算中，也没有扣除环境损害的成本和社会费用，由此产生了经济学家称之为外部性问题。1997 年 5 月由美国环境保护主义者和经济学家在英国《自然》杂志上发表了一份研究报告，将生态系统服务功能分为：稳定大气、调节气候、对干扰的缓冲、水文调节、水资源供应、防止土壤浸蚀、土壤熟化、营养元素循环、废弃物处理、传授花粉、生物控制、提供环境、食物生产、原材料供应、遗传资源库、休闲娱乐场所、以及科研、教育、美学、艺术用途等 17 种。并按全球 16 类生态系统估算地球生物圈每年至少给我们人类无偿提供价值 33 万亿美元的空气、水和食物等有形或无形的资源，而世界各国全部国民生产总值（GNP）每年只有约 18 万亿美元，地球所提供的资源价值则是它的 1.8 倍。[①]因此，国民生产总值（GNP）或国内生产总值（GDP）已经不能准确反映一个国家的真实财富，更不能反映一个国家的发展潜力。人类关于财富的传统观

---

① 金瑞林：《环境与资源保护法学》，北京大学出版社 1999 年版，第 88 页。

念必须改变。1995年世界银行提出一种评价各国财富的新方法，把自然资源和其他各种资源综合起来评价，把财富分为三类资本：一是自然资本，即土地、水源、森林和矿产资源等；二是创造所得资本，即人造的技术系统；三是人力资本，即公众受教育的水平和健康状况，就是公众素质的高低。①

（三）完善共同危险责任

环境侵权行为的共同危险责任具有如下特征：首先，两个和两个以上加害人实施的行为具有共同危险性，即两个以上加害人实施的行为在客观上都是有危及他人财产和人身的可能性；其次，两个或两个以上加害人实施的行为是造成同一损害的原因，尽管各加害人在主观上既无共同侵害的故意，也无单独侵害的故意，但在客观上该共同行为与损害结果之间有因果关系；最后，即使各加害人单一的行为是合法的，都不足于造成损害，但多数污染源的组合却可能造成损害。因此，各加害人应共同地或分别地对该损害承担赔偿责任。②

多数污染源的组合形式有：

（1）相抵效应，即个别的污染源所排放的污染物相互结合后，在效力上产生相互抵消的效果，其结合后所产生的污染小于未结合前各个污染源所排放的污染物原始效力之和。

（2）相加效应，即个别的污染源所排放的污染物相互结合后所产生的效果，等于结合前各个污染物所排放的污染物原始效力之和。

（3）累进效应，即个别的污染源所排放的污染物相互结合后，所产生的效果超出未结合前各个污染源所排放的污染物原始效力之和。

（4）互补效应，即各个物质相互结合后造成某一现实损害，但

---

① 曹明德：《生态法原理》，人民出版社2002年版，第117页。

② 陈泉生：《可持续发展与法律变革》，法律出版社2000年版，第319-320页。

此等个别的物质在其结合前，无法分别单独造成现实损害的全部和一部。

（5）竞合效应，即各个污染源所排放的污染物相互结合后造成某一现实损害，但此等个别污染源排放的物质即使没有相互结合，其原始的效力分别都不足以单独造成此一现实损害，即各个污染物所排放的污染物对其所造成的损害在因果关系上是竞合的。

（6）持分不明的效应，即各个污染源分别仅单独造成某一部分的损害，但是每个污染源究竟造成哪一部分的损害，实际上无法厘清。

（7）多者择一的因果关系，即有多数污染源均为可疑的加害人，但是真正的加害人是哪一个却无法厘清。①

在这种情况下，如果按照民法的一般归责原则追究侵权责任，即一个人仅就其过错的范围之内承担侵权责任的话，或者因证明其过错与损害结果之间的因果关系过于复杂而举证不能，或者即便证实了具有某种联系，但因其与其他侵权人的过错难以廓清而无法明晰各自的责任。而引入共同危险责任便可解决这一矛盾，据此原则，在共同危险行为中，原则上每一加害人只负担与其加害行为有因果关系之部分损害，并不负担被害人全部损害的责任，此为一般原则。但是，当有特殊理由存在时，每一加害人对同一全部损害，负担全部的责任，从而成立连带债务。②

由此，便加大了对自然环境保护的力度，严格了人类对自然环境的侵权责任。因此有学者认为，共同危险责任对于填补多数污染源的组合产生的受害人损失方面具有重要的作用，亦有得到各国普遍认同的趋势，它以“客观说”代替“主观说”，在因果关系的认定和责任归属上，既注意厘清每一侵害行为对于损害结果的原因力，又主张在特殊情况下得成立连带债务，这些都是对传统侵权行

① 王千维：《环境损害中多数污染源之组合形式及其在侵权行为法上责任归属之基本原则》，《政大法学评论》2000年6月第63期。

② 曹明德：《生态法原理》，人民出版社2002年版，第125页。

为法的新发展。[①]这一发展代表了民事侵权法的一个未来趋势，即由原来纯粹的以保障人类的权利为本位的制度定位，逐渐转向更加侧重于对人类的权利与自然环境的权利兼顾的制度定位，追求人与自然环境的和谐发展，从而使民法体系日益“绿色化”。

第四节　独立的自然权利的刑法保护

环境问题真正引起社会公众的注意始于工业革命之后，特别是20世纪60年代之后，环境问题不再仅仅是技术问题或是经济问题，而同时又是政治问题、社会问题，并已经成为威胁全人类生存和发展的全球性问题。面对全球性生态危机的威胁，人类开始针对自然环境资源进行系统的管理，并试图建立完善的法律调控机制来协调人类经济发展与环境保护的紧张关系。正因为如此，80年代，西方发达国家有关环境保护的法律法规的已基本完成了整合，环境立法已经达到了较大的数量和规模，并形成了一个比较完整的环境法律体系。

既然环境法律体系已基本形成，那么生态环境为什么还是持续恶化、生态危机频发呢？究其原因在于现有环境立法的有效性不足：一方面，传统法律的民事和行政制裁的威慑力软弱且处罚乏力，不足以预防并制止环境违法行为的发生和蔓延，更难以实现对严重的环境侵害行为的预防和打击之功效；另一方面，鉴于大规模的环境污染和生态破坏往往给自然生态系统和社会公共安全造成无可挽回的重大危害，现代国家大多倾向于运用具有最高强制性和威慑力的刑法来制裁破坏自然环境资源的犯罪行为。环境刑法就是在环境问题日趋严峻的背景下为弥补其他法律的制裁不力而出现的。但是，由于现有的环境刑法对生态环境保护的介入不足，对环境犯罪的规定还存在立法缺位和立法空白，其在遏制环境犯罪、保护生态

① 曹明德：《生态法原理》，人民出版社2002年版，第125页。

环境方面并未发挥应有的“保障法”作用，生态环境状况继续恶化。

一、国外环境刑法的产生和发展

环境的刑法保护是一种重要的环境保护方法，由于其规范性和强制性而在众多的环境保护措施中独树一帜，是当今世界许多国家刑事立法和刑事司法面临的现实问题。通过中西方环境刑事立法比较及环境刑事立法的发展趋势，我们可以看出随着环境问题的不断升级，刑法在环境保护中的重要作用也日益凸显。

环境刑法的创设起步于20世纪70年代，至今世界各国的环境刑法已经具有相当的规模，且各具特色。环境刑法不仅较其他制裁模式更具威慑、阻吓功能，而且在环境保护中具有其他法律无法替代的作用，这一点在西方环境法律发展过程中也经历过一个由质疑到在事实面前接受的过程。国际社会即各国的环境刑事立法，突出了以刑法手段惩治危害环境行为的立法趋向，这也已经成为国际社会的共识。鉴于法律传统和立法模式的不同，各国有关环境刑法的立法模式也呈现一定的差异性，主要有三种：附属环境刑法模式、环境刑法法典化模式和单行环境刑法模式。

在早期的美国环境立法中，环境法的实施几乎完全是偏重于行政、民事法律方面，虽然环境法中规定有零星的刑事法律条款，但刑事法律的执行基本上处于空白状态。这种立法和执法上的缺陷显然不能有效地控制污染和破坏环境的犯罪行为。颇具讽刺意味的是，在这种情况下，一些违法者甚至干脆把政府行政罚款和对公众的民事惩罚看做是生产经营活动的一项必要开支列入整个财务计划。由于缺乏对污染和破坏生态环境犯罪行为的刑事法律制裁和公德舆论谴责，无法遏制少数人自私地利用共有环境，侵犯他人和自然的权利。美国学者盖西曾指出：“从工厂和焚化炉排出的各种污染物，对大多数美国人民来说等于暴力强制毁灭；这种日益增多的损害行为严重危害人民的健康和公共安全，……对城市的污染已成为大规模的犯罪浪潮的组成部分。”①

美国国会、政府和司法部门鉴于这一现实开始重视采用刑事法律手段遏制和惩治生态环境犯罪行为。美国的环境刑法采用的是附属刑法的模式，由于其环境法体系是以单个的环境行政法规为主，因此环境刑法主要以环境行政法中的附属刑法条文为主，环境刑法的适用相对于行政法处于辅助的地位，具有“行政从属性”。美国国会在通过和修改的《清洁空气法》、《清洁水法》、《资源保护和回收法》、《环境反应、赔偿和责任综合法》、《有毒控制法》等主要环境立法中，全面地规定了环境刑事法律条款，并在实践中得以逐步完善，取得了良好的实际效果。

日本是环境刑法较为发达的国家，其主要采用的是单行环境刑法的立法模式。早在 19 世纪，日本就已经出现较为严重的环境污染事件，但由于当时只偏重工业发展，不仅环境刑法未能介入，环境行政性法规亦尚属空白。1970 年，日本国会针对环境污染的犯罪行为，制定了《关于危害人体健康的公害犯罪制裁法》（简称《公害罪法》），率先以单行法的形式规定有关环境犯罪的内容。《公害罪法》是世界上第一部单行环境刑法（或称特别环境刑法），创立了一种运用刑法保护环境的新模式，该法虽然仅 7 个条文，但内容全面，规定了立法目的、故意、过失、因果关系推定原则、法人刑事责任、诉讼时效、管辖等，“是一部集实体和程序为一体的综合性法律②”。美中不足的是，日本的《公害罪法》仅限于惩治危害人体健康的公害行为，而未规定自然环境保育之危害犯罪。除《公害罪法》之外，日本的环境刑法还包括在刑法典中规定的部分环境犯罪，特别是关于饮用水安全的犯罪，以及一些散见于环境行政法中的环境刑法附属条款。对于日本战后经济的迅速发展，环境法、环境刑法的制定和完善发挥了重大作用。

如果说日本采用的是混合式的环境刑法立法模式，那么巴西就

① 肖剑鸣：《比较环境法》，中国检察出版社 2001 年版，第 434 页。

② 杨春洗、向泽选等：《危容环境罪的理论与实务》，高等教育出版社 1999 年版，第 73 页。

是唯一的一个以专门的单行环境刑法规制环境犯罪的国家。巴西于1998年12月通过的《环境犯罪法》，内容非常丰富和全面，共有8章82条（包括被否决的条款），内容依次是总则、刑罚、对环境行政违法或犯罪中的产品和工具的扣押、刑事诉讼程序、具体的环境犯罪、环境行政违法行为、环境保护中的国际合作。①巴西的《环境犯罪法》除对严重环境犯罪处于监禁之外，罚款几乎针对所有的环境犯罪行为，最高罚款数额可达5万雷亚尔（1美元约合1.88雷亚尔）。对于未经有关部门批准的污染大的工程建设、油井开采、矿山开采，以及未经批准运输有毒和放射性物品者，均从重处罚。《环境犯罪法》涉及环境保护的方方面面，如无照狩猎者罚款500～5 000雷亚尔；在禁止的地方和时间垂钓者罚款700～1万雷亚尔；毁坏城市街道树木者罚款500雷亚尔；毁坏博物馆、图书馆、国家文物以及公共设施者罚款1万～5万雷亚尔；制造、贩卖、释放高空气球者罚款1 000～10 000雷亚尔等。②

大陆法系国家的环境刑法在形式上均属制定法，一般是在刑法典中规定环境犯罪为主，只有在刑法典没有规定的情况下才以相关行政法中的规定作为补充。最早且最具代表性的在刑法典中规定环境犯罪的国家是德国，其在1975年《德国刑法》第28章规定了污染环境的犯罪，在1980年修改刑法时又将“危害环境罪”列为刑法第29章，后又在1994年修订时再一次将环境犯罪范围扩大，并加重了处罚力度。③1989年奥地利新修订的《奥地利刑法》，从第180条至第183b条详细规定环境犯罪的内容。另外，俄罗斯在2003年12月修订的《俄罗斯联邦刑法典》中，以“生态犯罪”的名称将有关环境的犯罪列在第九编“危害公共安全和社会秩序犯罪”中的第

① 参见Environmental Crimes Law，文档来源：巴西驻华盛顿大使馆官方网站：www.brasilemb.org/environment，中文翻译参考郭建安，张桂荣：《环境犯罪与环境刑法》，群众出版社2006年版，第78-186页。

②《巴西正式实施〈环境犯罪法〉》，《科技日报》1999年9月27日，来源：http：//www.sina.com.cn。

③［德］汉斯·海因里希·耶赛克：《为德意志联邦共和国刑法典序》，第27页，载徐久生等译：《德国刑法典》（2002年修订），中国方正出版社2004年版，第45页。

二十六章的第 246～262 条，共 17 条，此外还在第十二编的第三十四章“破坏人类和平安全的犯罪”中规定了生态灭绝罪。①

随着环境刑法的发展，现代社会的多元价值观念不断冲击传统刑法的构造原理，从而使环境刑法的架构极富争议性。尽管环境刑法在犯罪构成和刑罚适用方面与传统刑法的旧有模式相似，但环境刑法所体现的价值理念却有别于传统刑法理论，尤其非人类中心主义环境伦理的发展，对各国环境刑事立法产生了深刻的影响。这一点集中体现在环境犯罪客体理论和实践的变革上，从而也对我国环境刑法的完善提供了有益的借鉴。

二、传统刑法保护客体理论的不足与修正

在刑法的犯罪构成理论中，是否承认自然是享有权利的主体，意味着是否承认自然成为刑法直接予以保护的客体，在传统的环境刑法客体理论中，是没有自然权利的地位的，这是因为传统的环境伦理是把自然作为权利的客体而不是主体，对自然的保护必须借重于对人类权利的保护，自然的价值必须折射到人类的利益中才能得以体现，因此自然的权利不能够成为刑法直接保护的客体。随着现代环境伦理的发展、自然的价值的被“发现”、自然的权利主体地位的“获得”，在环境刑法上的直接体现就是其进入了刑法直接保护的客体的范畴，它不必再因为别的什么原因才能得到对它的救济，即刑法开始承认自然仅仅因为它本身就是值得的。

（一）传统刑法保护客体理论的不足

传统的刑法保护客体理论中是没有自然权利的位置的，其犯罪观定位在传统的对人类生命和财产的侵犯上，并无直接针对危害环境行为的刑罚措施，所以环境犯罪的惩治常常运用有关危害公共安全或破坏自然资源犯罪的规定。而这些规定本身于环境刑法保护的利益并不存在直接的关联性。比如，我国在刑法典修订以前，水污

① 《俄罗斯联邦刑法典》，黄道秀译，中国法制出版社 1996 年版。

染罪[①]被归入危害公共安全罪章，比照《刑法》第 115 条违反危险物品管理规定肇事罪处罚，有关破坏动植物资源的犯罪被列入破坏社会主义经济秩序罪章节之中，如《刑法》第 128 条盗伐、滥伐林木罪、《刑法》第 129 条非法捕捞水产品罪和《刑法》第 130 条非法狩猎罪。这些规定显示传统刑法直接保护的利益（社会关系）是环境犯罪危及人生命、健康及财产或社会经济秩序，而与这些利益相关的环境利益被视为一种间接保护利益，仅能透过“人本位”的利益反映出来。

国外早期的环境刑事立法在保护客体上同样具有这种特征，日本 1970 年制定的《关于危害人体健康的公害犯罪制裁法》开宗明义指出，该法是“通过对在各种业务活动中所引起的对人体健康产生危害的行为的惩罚，以保护人体健康，防止公害。”[②]这表明传统刑法保护的是基于其对人类的经济价值，环境利益也只是刑法所保护利益的间接反射，并非实质上的直接保护利益。

在传统刑法的犯罪概念里，自然环境在实质上并没有成为刑法所要保护的一个自在的和独立的对象。在这种条件下，自然环境受到刑法的保护，其实是以人的生命、健康和财产不受到损害为条件和限度的。在司法实践中，如果人的生命、健康和财产没有受到直接的侵害，或者该种侵害是在人类社会可以忍受的程度之内，对自然环境的破坏行为是不会受到刑法处罚的。因此，在以人类中心主义为基础的传统刑法中，污染必须达到给人的生命、健康或者财产造成损害的地步，才能在刑法上被承认。传统的观念并未将环境破坏行为视为超人类利益的行为，而仅将环境破坏行为当做违反一般生活规则或不道德的行为。

环境刑法，在刑法属概念之前添加的“环境”修饰，已经表明

---

① 或称为重大水污染事故罪，参见刘家琛主编《新罪通论》，群众出版社 1993 年版，第 10 页。《水污染防治法》（1984 年制定，1996 年修订）第 43 条规定：“违反本法规定，造成重大水污染事故，导致公私财产重大损失或者人身伤亡的严重后果的，对有关责任人员可以比照刑法第 115 条或者第 187 条的规定，追究刑事责任。”

② 杜澎：《环境刑法对传统刑法理念的冲击》，《云南法学》2001 年第 1 期。

将环境刑法的种概念从整体刑法的属概念中剥离出来，尽管其具备刑法的基本特征，但其规范人与自然协调关系的法益则形成了“不纯正刑法”的独具特色。[①]人们在自然环境的刑法保护实践中逐渐认识到，以人类为中心的传统刑法模式已不能保护人类社会免除环境犯罪的侵害，一方面，出于功利的刑法保护客体观念，人们在没有直接侵害他人生命、健康和财产的范围内，仍然可以不受刑事处罚地损害环境。这时刑法在保护社会功能中所必须发挥的“禁止性”作用，在人类中心主义理念下所制定的环境刑法中，是相当不明确的。人们经常不容易知道自己的行为是法律所允许的还是法律所禁止的。另一方面，现代生态科学的发展也揭示了，由于生态系统能量流动和物质循环的作用，特别是食物链中的“生物放大”现象，[②]使得人类对环境的损害行为实际上可以表现为一个过程。这就是，对环境的损害行为，虽然单个地看可能难以确定对人损害的性质，但是，这些行为不仅可以通过不断地持续地发生而使危害社会的结果得以积累，从而显示其危害社会的性质，更可能通过自然界中低营养级的生物向高营养级的生物提供物质和能量的过程，而使损害环境的结果得以浓集并最终在人类身上显示出来。由于这个过程可能是在不知不觉中发生的，更由于自然环境被破坏之后恢复的困难性，使得传统刑法对自然环境保护的局限性日益显露出来。[③]近年来，一些新的严重疾病的爆发和流行，就被认为很大程度上是环境污染的长期积累的结果。

总之，传统刑法的宗旨是对人身或财产权的保护。即使有时也对危害环境的犯罪作出规定，但是刑法对自然资源以及动植物的保护也是针对对人类有经济价值的资源而言。如我国的刑法对于盗伐珍稀濒危树种的处罚，可能会因为经济价值不高不够定罪量刑条

---

① 王秀梅：《西部开发的环境刑法思想重构》，《中南民族学院学报（人文社会科学版）》2001 年第 4 期。

② 即在同一事物链上，某些元素，尤其是那些难以自然分解的元素在生物体内的浓度随着营养级的提高而逐渐增大的现象。

③ 王世洲：《德国环境刑法中污染概念的研究》，《比较法研究》2001 年第 2 期。

件，而失去环境保护的意义。传统刑法认为犯罪是行为人对他人权利的一种严重侵害的现象，当这种侵害具有明显的社会危害性时，即可以刑罚制裁。而在环境犯罪中，受到侵害的环境利益因为被认为只依附于一定财产权基础上，不存在环境这种公有物为个人所享有的物质基础，所以还没有针对环境犯罪而制定有力的刑罚措施。

鉴于传统的法律对环境的态度比较消极、被动，始终以保护环境所带给人类的利益为目的。对出现的环境问题，或视而不见，或以“先污染、后治理”等方式进行反映，所以也就有了传统法律对环境保护不力，导致环境质量下降的实例存在。究其原因，除了传统法律理论对环境的轻视以外，再者就是在实际的立法行为中，秉承传统法律宗旨，继续以实际行动忽视自然的权利。

（二）德国刑事立法对传统刑法保护客体理论的修正

自然权利思想对犯罪客体理论以至国家的刑事立法的影响，在德国表现得最为典型。德国的环境刑事立法起步较早，在 1871 年普鲁士帝国刑法中就规定有与环境利益相关的犯罪，如第 324 条第 3 款的公共危险投毒罪，第 360 条第 11 款的破坏安宁噪声罪等。但大规模的环境立法是 20 世纪 60 年代末、70 年代初的事，工业化过程中出现的环境污染和自然资源破坏导致一系列环境保护法规的颁布。在这些法规中，规定了一些刑事责任条款，如 1972 年《垃圾处理法》、《联邦污染控制法》（1974 年）、《废水排放法》（1976 年）、《植物保护法》（1968 年）、《联邦狩猎法》（1957 年）等都有刑事责任方面的规定。这些刑事罚则虽然在一定程度上起到了保护环境的作用，但没有控制住因工业化和科技发展带来的环境质量恶化的势头。①

20 世纪 70 年代以后，不合理地开发利用自然资源而引起全球化的水土流失、土地荒漠化和盐碱化、资源枯竭、气候变异、物种

① 杨春洗、向泽选，刘生荣：《危害环境罪的理论与实务》，高等教育出版社 1999 年版，第 67 页。

灭绝等生态破坏问题，环境受到污染而导致的酸雨、“温室效应”和臭氧层空洞等一起对人类基本生存环境构成严重威胁，引发了德国刑法学界对环境意义的新的认识。这一时期，德国开始重视用刑法手段来惩治危害环境的行为。根据德国各方面专家在 1971 年提出的刑法修正建议稿，德国立法机关在 1980 年 3 月 28 日通过了德国第 18 部刑法修正法，该法也被称为反环境犯罪法。这部法律修改后，环境犯罪的构成得到了补充，适用范围也得到了扩大，并被并入了德国刑法典，成为《德国刑法典》第 28 章危害环境犯罪的内容。但 20 世纪 80 年代初的环境刑法改革仍然在追诉严重的环境犯罪方面存在着一些缺陷。于是，20 世纪 90 年代初，德国又开始了“环境刑法的基本改革”。1994 年 11 月 1 日生效的第 2 部反环境犯罪法，即第 31 部刑法修正法，进一步加强了刑法对环境的有效保护。①

德国政府在提请德国联邦议会讨论反环境犯罪法的草案说明中明确指出：“人类的生存空间和自然生存基础是需要刑法保护与重视的，他们一直处在为保护传统的尤其个人权利的法益的核心部分，这是不言而喻的。环境的刑事保护不能单纯地局限于对人类生命健康的保护，必须同时保护像水、空气和土地这样的基本生活基础，应当将它们作为人类生活空间的组成部分加以保护，并且将这种生态学的保护利益也作为法益来加以认识。”德国环境刑法将水、土地和特定地区作为保护对象，体现了对环境的直接保护，如德国刑法典第 324 条水域污染罪和土壤污染罪、第 325 条空气污染罪及第 329 条危害需要保护的区域罪。②在保护程度上，对有些罪在犯罪构成上不要求产生任何实际的损害。虽然德国环境刑法的规定是以保护人类为最终目的，但就其刑法规范来分析，其绝大部分条文均将环境法益作为保护目标，将对环境造成的损害作为基本犯罪构成并单独予以刑事处罚。虽然德国刑法典第 330 条规定了环境犯罪

---

① 王世洲：《德国经济犯罪与经济刑法研究》，北京大学出版社 1999 年版，第 341-342 页。

② 《德国刑法典》，冯军译，中国政法大学出版社 2000 年版，第 197-201 页。

行为的特别严重情形，将对土地、空气、水域、动植物和人身、财产的严重损害给予加重处罚，但这仅仅只有一个条文，且仍然包括对环境的严重损害。因此，德国现行环境刑法的保护法益总的来说是环境法益，环境自身的良好状态是保护目标，尽管其保护范围有限。①这是由德国环境刑事法律的立法思想决定的，即以环境本身作为刑法保护的对象。环境犯罪以环境受到不利损害为必要条件。②在这种思想的支配下，任何改变环境并且可能最终危及人类的行为都有可能被认为是犯罪。

三、我国环境刑法保护客体的现状和完善构想

（一）我国现行环境刑法的渊源

不同的国家，由于其政治、经济、文化传统等方面的差异以及受立法习惯、立法技术的影响，环境刑法的渊源不同。如在美国，环境刑法依附于环境行政法律之中；在德国，关于环境犯罪及其刑事责任的条款以专章的形式彰显于刑法典当中；而日本的环境刑法法则规定于刑法典、特殊环境刑法以及环境行政法之中。

就目前我国的环境刑法的渊源而言，有以下几种：

第一，我国刑法典中关于环境保护的条款。这是环境刑法的重要的组成部分。这部分环境刑法散见于各章节之中，如我国《刑法》第二章“危害公共安全罪”中的“非法买卖、运输核材料罪”，第二章第二节“走私罪”中的“走私核材料罪”、“走私珍贵动物、珍贵动物制品罪”、“走私珍稀植物、珍稀植物制品罪”、“走私固体废物罪”，第八节中的“非法转让、倒卖土地使用权罪”，第六章“妨害社会管理秩序罪”中的第六节“破坏环境资源保护罪”整节的规定，第九章“渎职罪”中的“违法发放林木采伐许可证罪”、“环境监管失职罪”、“非法批准征用、占用土地罪”、“动植物检疫徇私舞

① 罗吉、杜万平：《环境刑法法益比较研究》，《江西公安专科学校学报》2004 年第 1 期。

② 王世洲：《德国环境刑法中污染概念的研究》，《比较法研究》2001 年第 2 期。

弊罪”、“动植物检疫失职罪”等。

我国环境刑法的主体部分是 1997 年刑法典第六章“妨害社会管理秩序罪”的第六节规定的“破坏环境资源保护罪”。我国刑法关于破坏环境资源保护罪，涉及九个条文十四种罪名。按照对环境危害方式的不同，环境犯罪可以分为两类：一类是环境污染犯罪，包括重大环境污染事故罪、非法处置进口的固体废物罪、擅自进口固体废物罪；另一类是破坏自然资源犯罪，具体包括非法捕捞水产品罪、非法捕杀珍稀、濒危野生动物罪、非法收购、运输、出售珍贵、濒危野生动物及其制品罪、非法狩猎罪、非法占用耕地罪、非法采矿罪、破坏性采矿罪、非法采伐、毁坏珍贵树木罪、盗伐林木罪、非法收购盗伐、滥伐林木罪。

第二，附属环境刑法。附属环境刑法即规定于环境行政法当中的刑事法律条款，如《中华人民共和国环境保护法》第四十三条有关追究造成重大环境污染事故犯罪刑事责任的规定、《中华人民共和国大气污染防治法》第四十七条对造成重大大气污染事故犯罪追究刑事责任的规定，等等。

目前我国环境刑法的渊源主要有这两种，此为狭义的环境刑法，广义的环境刑法还应包括我国宪法中关于环境保护的规定、我国刑法总则的规定。但从学理上来分析，我国的环境刑法还应包括一些新的罪名如拒不执行环保命令罪，以及经过改造的相应的刑事诉讼法律条款。

（二）我国现行环境刑法保护客体分析

由于新《刑法》生效后，一些单行环境法律中的附属刑事条款与《刑法》中的规定相脱节，再加上这些附属条款大多规定比照刑法典适用，因此，分析我国环境刑法的保护客体，笔者将以刑法典为依据展开。对破坏环境资源保护罪，规定了的两种类型分别加以论述。

在“破坏环境资源保护罪”这一节中共有两个有关环境污染犯罪的条文，即第 338 条重大环境污染事故罪、第 339 条非法处置进口固体废物罪和擅自进口固体废物罪。另外，第三章破坏社会主义经济秩序罪中第 155 条走私固体废物罪、第九章渎职罪中第 408 条环境监管失职罪也是与环境污染有关的犯罪。分析《刑法》规定的四个有关污染环境犯罪的条文，可以认为现行立法保护的是健康、生命和财产，环境只是受到间接地保护——现行的污染环境犯罪立法保护的是人身和财产法益，而不是环境法益。

《刑法》第 338 条重大环境污染事故罪规定："违反国家规定，向土地、水体、大气排放、倾倒或者处置有放射性的废物、含传染病原体的废物、有毒物质或者其他危险废物，造成重大环境污染事故，致使公私财产遭受重大损失或者人身伤亡的严重后果的，处三年以下有期徒刑或者拘役，并处或者单处罚金；后果特别严重的，处三年以上七年以下有期徒刑，并处罚金。"该条列举的罪状并未将只造成环境严重损害的情况包括在内，衡量事故的标准是公私财产的重大损失或人身伤亡的严重后果，跟环境是否遭到损害没有联系。由此可见，该罪的法益是人身和财产，而不是生态环境。"擅自进口固体废物罪"的规定也只关注了对人身和财产的损害，没有包括环境损害，保护法益是人身和财产法益，而不是环境法益。不过，污染犯罪中"非法处置进口的固体废物罪"将进境倾倒、堆放、处置境外固体废物的行为直接规定为犯罪，而不问是否存在环境损害的实际后果，本质上就是对环境的直接保护，体现了环境法益的保护要求。另外两个罪名规定在其他罪章中，谈不上对环境法益的保护，它们是在保护其他法益的同时间接地保护了环境法益。因此，总体来看，污染环境的罪名设置更多的是注重人身和财产法益，环境法益不是其保护的主要目的。

《刑法》中有关自然资源的犯罪的规定有两个特点：一是扩大了对自然资源的保护范围，如对珍稀植物及其制品、土地资源、矿产资源的保护，并且对与自然资源利用有关的行政管理行为也予以刑法规制，以达到切实保护自然资源的目的；二是加大了对破坏自然资源行为的惩罚力度，如将非法捕捞水产品罪的法定最高刑由 2 年提高为 3 年。与《刑法》修改前的规定相比，可以说自然资源的刑事立法和保护上升到了一个新的高度。但仔细研究有关破坏生态环境犯罪的刑事规定，发现缺乏有关特殊生态系统和区域的保护规定，仅仅注重了单一自然资源要素的保护，这对一些具有重要科学和生态价值的生态系统的保护而言是很不利的。

自然资源具有双重性，既体现经济利益又体现环境利益，两者不能分割。但是，两者在保护上却存在孰轻孰重、何者优先的问题。刑法有关破坏自然资源的犯罪中一些罪名把环境法益作为保护目标，置于优先地位；另一些罪名却采用财产立法的方式和标准，保护的是财产法益。前者如《刑法》第341条第1款规定的非法猎捕、杀害珍稀、濒危野生动物罪和非法收购、运输、出售珍稀、濒危野生动物及其制品罪，该条对珍稀、濒危野生动物这种环境要素予以直接保护，保护法益是环境法益；为了弥补刑法在保护珍稀植物方面存在的漏洞，2002年12月28日通过的刑法修正案将第344条非法采伐、毁坏珍贵树木罪修改为破坏珍稀植物罪，将非法采伐、毁坏、收购、运输、加工、出售珍稀植物及其制品的行为均规定为犯罪，珍稀植物是环境的重要组成因素，对其严格保护是对环境法益的保护。此外，其他罪名如非法捕捞水产品罪、非法狩猎罪都体现了对环境法益的保护，因为其对一定期限、一定地域的水生、陆生动物给予保护，保证了这些动物的繁殖和生长，维持了生态系统平衡所必需的动物数量。后者如非法占用耕地罪，该罪的犯罪对象是耕地。对耕地而言，它体现的主要是农业生产带来的经济利益和保障社会稳定的秩序利益，环境利益不是其主要方面，因此该罪的保护法益是财产法益。另外，该罪的客观方面仅指非法占用耕地改作他用的行为，既不包括其他类型的土地，又不包括污染和其他破坏土地资源的行为，明显地不是保护环境法益的方式。再如盗伐林木罪、滥伐林木罪必须达到“数量较大”的标准才构成犯罪，而不同种类的林木、不同地点的林木，生态价值和环境意义相去甚远，仅用数量进行衡量是不合理的，如砍伐水源涵养区、风沙防护区、水土流失区的树木和其他地区的树木对生态环境的影响差别很大。因此，上述两罪对环境法益的保护来说是不够的。对于规定在其他章节中的有关破坏生态环境的犯罪来说，它们各有其保护法益，环境法益只是因其他法益的保护而间接地得到了保护。[①]

由此可见，新刑法带有浓重的人类中心主义色彩，缺乏生态伦理道德和对自然的终极关怀的意蕴，人类中心主义认为，人只对人自身（包括其后代）负有道德义务，人对人之外的其他存在物的义务只是对人的一种间接义务，以人类中心论来指导环境刑事立法是不科学的。随着人类对地球和宇宙关系认识的深入以及科技发展，特别是生态学对整个自然科学、社会科学的影响，人类传统伦理观也发生了巨大变化。然而，在这种时代背景下，法学的主要取向仍然趋向于维护建立在传统伦理道德基础上的“正义”，由于部门法的调整对象是在人与人之间形成的社会关系，因此在各种传统法律类型的权利义务中所表现的价值取向都是以人类为中心。所以，当环境问题逐渐扩大时，无论公法还是私法，法律所作出首要的反应仍然是保护人的基本权利。只不过在当代，随着环境伦理思想对人类世界观的影响，才使得以保护环境为目的的法律应运而生。但是，只要我们对环境刑事立法作进一步分析不难发现，现行立法保护的依然只是人的权益，而未涉及植物、动物乃至生态系统本身的价值。立法的指导思想和保护目的不够明确，保护重点不符合立法宗旨，没有从保护生命、健康和财产安全转向生态安全，生态利益、自然权利并没有成为我国环境刑法的保护目标。现行环境刑法与环境保护的关系是以人的短期利益为中心反射至自然物的，与当代环境伦理的要求还相去甚远。

（三）我国目前学界对环境犯罪客体的争议及分析

我国法学界关于环境犯罪的客体的认识，目前争议较大。重要观点包括：①复杂客体说，即危害环境罪侵害的是公民的所有权、人身权和环境权；[②]②公共安全说，即危害环境罪侵害的是不特定

① 罗吉、杜万平：《环境刑法法益比较研究》，《江西公安专科学校学报》2004 年第 1 期。

② 邹清平：《论危害环境罪》，《法学评论》1986 年第 3 期。

多数人的生命、健康和重大公私财产的安全；[①]③环境保护制度说，即危害环境罪侵害的是国家环境保护管理制度；[②]④双重客体说，即危害环境罪侵害的是人与自然之间的生态关系和为环境犯罪所直接侵害的人与人之间的社会关系；[③]⑤环境权说，即危害环境的罪侵害的是国家、法人、公民的环境权。[④]

笔者认为，上述观点都有不足之处。“复杂客体说”难以涵盖环境犯罪中的各种具体罪名，例如，新刑法第341条中的非法猎捕、杀害珍稀、濒危野生动物罪就并没侵犯公民的所有权或人身权。对于“公共安全说”，正如有论者指出：“环境犯罪是近现代工业文明的副效应，是人类开发利用自然资源、创造社会财富、增进公共福利活动中伴随产生的消极现象，大多数是一种有价值的‘侵害’，……其伦理道德及社会危害性的评价与传统的危害公共安全不同”。[⑤]再者，有些具体的环境犯罪如滥杀野生动物罪也没有危害到公共安全。因此，认为环境犯罪的客体是公共安全，也是不妥的。环境保护管理制度说，将犯罪客体仅限于国家环境保护管理制度，未免范围过窄，遗漏了环境权、人身权和财产权等重要方面的内容。双重客体说，虽然范围较广，但定义不够明确，因为其他刑事犯罪所保护的客体也包括人与人之间的社会关系，从而无法突出危害环境罪客体的特征。“环境权说”实际上仍未脱离“人类中心主义论”的影响，仍然是对自然权利事实上采取了否定的态度，最终并不利于对自然环境的保护。所以，关于环境价值的时代特征，当前应当突破环境经济价值和环境工具主义的局限性，确立独立的环境价值观。[⑥]

第一，这是由传统的“以人类利益为本位”的伦理道德观向新

---

① 王历生：《环境犯罪及其立法的完善》，《当代法学》1991年第3期。

② 刘宪权：《污染环境的刑事责任》，《环境保护》1993年第10期。

③ 付立忠：《环境犯罪的新论》，《法律科学》1995年第2期。

④ 陈明义等：《环境保护法规与论文选编》，武汉大学出版社1989年版，第692页。

⑤ 李卫红：《经济犯罪热点问题研究》，北京大学出版社1996年版，第159页。

⑥ 周建军：《独立的环境法益的刑法保护》，《华北工学院学报（社科版）》2003年第1期。

的确立环境和自然固有的价值和权利的环境伦理的转变。这种伦理为“刑法”赋予了“人道”的新内容。刑法的人道性，立足于人性，而人性的基本要求乃是指人类出于善良与仁爱把人和自然环境作为人看待。这应是一种广义的人道。与传统的仅以人为对象和以人为中心的人道而言，现代文明已要求赋予自然环境以人格的权利，这更符合现代人道观。

第二，环境的经济利益评价不足以保护环境法益。在构成要件符合性、违法性、有责性的犯罪理论中，对故意和过失有的主张是责任的要素（违法性的形式化），也有主张故意和过失也应有一部分内容成为构成要件的要素（行为类型化）。而无论是哪一种理论，在危害环境行为，一般以追求社会或经济利益为目的。另外在其具有管理机关的许可（认可）时又该如何认定故意和过失呢？所以，排除环境的独立价值难以完整地解释环境犯罪的罪过内容，也难以充分保护环境法益。至于严格责任论，笔者认为牺牲个人权利而追求效率或公众利益，这在权利意识本不发达的时候，应更多地考虑理论对个人权利的保护（很多学者也主张权利法本位，也是一种以基本价值取向为先导的），防止出现对权利的侵害。

第三，在违法性方面，对违法性的判断，意味着行为在法律上的无价值，德、日刑法理论只论及是否存在违法性阻却事由的问题。所以，仅以传统的“以人类为本位”的伦理道德，而不承认独立的环境法益，在我国也不足以充分论证许多环境犯罪行为的无价值性及行为违法性分析，也就不存在“违法性”了，显然，不足以充分保护环境了。

（四）我国环境犯罪保护客体的完善构想

在环境问题日益严重的今天，世界各国都将保护环境、治理污染作为国家的责任。我国《宪法》第 26 条第 1 款也明确规定：“国家保护和改善生活环境和生态环境，防治污染和其他公害。”从宪法的角度来看，“生活环境”和“生态环境”显然都是我国法律保护的对象。然而，如前所述，目前我国刑法在惩治污染犯罪方面，还没有将“生态环境”意义上的法律利益作为自己的保护内容。

以“生活环境”的观念来考虑环境犯罪问题，只能根据人的生命健康或者财产来确定刑法意义上的环境犯罪，如果行为没有直接侵害人的生命健康和财产，就不能受到刑法的追究。以“生态环境”的观念即从自然权利的角度来考虑环境犯罪问题，就可能在人的生命健康和财产还没有直接受到侵害的时候，对危害自然环境的污染采取刑法措施。很明显，把“生态环境”、自然的权利作为刑法保护的客体，一方面提高了生态环境的法律价值，另一方面可以避免环境污染发展到给人的生命健康和财产安全造成损失的程度上才加以惩治的无奈，从而提高环境保护的水平。刑法客体范围的扩大将导致污染构成标准的降低和社会整体福利水平的提高。

笔者认为，我国刑法的客体应为公民环境权与自然权利的综合体，环境犯罪的具体表述应为：“自然人和非自然人主体，故意、过失或无过失实施的侵害国家、法人、公民的环境权及对环境要素造成严重损害的行为。”这就兼顾了对人类环境权和自然本身的权利的保护，突出了自然价值的独立性，以充分全面保护自然环境不受人类环境犯罪行为的侵害。认识到这一点，给予独立的环境法益的刑法保护，就可以比较有效地解决目前普遍存在的环境刑法的行政从属性的问题。环境刑法的作用不仅只是保障环境行政法，或者环境行政法的管理、分配和秩序，而是将人类自然生活空间里的各种生态环境视为应予保护的法益，诸如水、空气、风景区以及动物和植物等。

目前，我国的环境刑法与环境行政法之间存有一种从属关系，因为环境刑法并未规定环境犯罪客观特征的具体内容，这些认定环境犯罪的决定因素大都规定在环境行政法中。行为人构成环境犯罪以违反行政法为前提，行政违法性的程度往往是界定罪与非罪的标志。这一点从现有的环境行政法规定可以得到印证，如修订后的《大气污染防治法》第 61 条规定：“对违反本法规定，……造成重大大气污染事故，导致公私财产重大损失或者人身伤亡的严重后果，构成犯罪的，依法追究刑事责任。”这种规定表明超出行政处罚范围的污染大气行为应由环境刑法调整。换言之，环境刑法条款中的“违反……法律或法规”与环境行政法的规定体现出一种关联性的层次衔接，并非一种完全的依赖性从属。目前，我国环境刑法的行政从属性表现为两个方面：[①]一是概念上的行政从属性。环境刑法条款涉及的专业性概念应以环境行政法的规定为依据，如固体废物、珍稀、濒危野生动物等有关术语的解释。二是违法性要件的行政从属性。环境犯罪的客观行为方式及程度应依照行政法的标准界定，比如，“向土地、水体、大气排放、倾倒或者处置……废物”（第 338 条）所指的具体方式，“未经国务院有关主管部门许可，擅自进口固体废物用作原料”（第 339 条第 2 款）等。故环境刑法的行政从属性属于一种相对的行政依赖性，而不是绝对行政依赖性的环境刑法，我国环境刑法条款的行政从属性多属于这种情形。

这种“附属于行政法”的刑事犯罪行为，一般认为必须以该实行行为是否违反行政法规规定为前提，如果构成犯罪则称之为“行政犯”。我国 1997 年制定的《刑法》从第 245 条到第 338 条均以违反相应的环境资源行政法规为前提条件（无一例外）。而行政法的变动或行政立法的疏漏将使伦理上的认可对环境法益侵害的行为难以纳入犯罪行为。实际上，《刑法》第 114 条中“放火烧毁森林的行为”在实质上应属于危害环境和资源的犯罪，显然不再以行政不法为前提，已走向了刑法独立处罚环境犯罪行为的道路。基于以上的分析，这种情况的出现在行政法与刑法不可能完全一致的前提下，是必然会出现的结果，也是有益的，是构建严密的环境刑法保护，完善刑事立法的需要，对于独立的环境法益的保护尤其是重要的。

所以，对于独立的环境法益的保护是我国环境刑法完善的重点所在。首先，在合法性上，刑法与行政法原则上保持一致，但对相当的危害环境的行为，即使行政法不能认定为不法时，刑法也可以认定为犯罪。这是独立的环境法益与其他法益平等保护的必然要

---

① 杜澎：《环境刑法对传统刑法理念的冲击》，《云南法学》2001 年第 1 期。

求。对于传统的“刑法与行政法应保持一致——行政法认为合法，刑法也应认为合法”的说法，至少在以下几个方而难以解释①：第一，既认定环境法益的独立性极其重要性，却又下意识地将其归位于“绝对从属地保护”；第二，在法益衡量上，认为环境法益仍是第二位的法益，要为行政法秩序让步，似乎只有这样才不会破坏以“人类为中心”的功利地位，其实仍是传统的环境观的产物；第三，在我国，行政法的“部门特征”决定了其部门权益的膨胀，而且环境立法的落后地位，使绝对的行政从属性难以适应“行政法”而禁止危害环境的行为；第四，对危害环境的国家责任的追究，要求绝对从属于行政法，也是不可能的。

其次，在犯罪理论上，行政许可和行政义务的遵守对危害环境罪的成立也不能绝对阻却。传统的犯罪理论认为，若犯罪构成要件的成立以欠缺特定的行政许可或以违背特定的行政规定为前提，行政许可的获得或行政义务的履行，则成为阻却构成要件的要素。若犯罪构成要件以“无权”的行为为前提，则“无权”是违法性要素，行为的准许则成了阻却违法事由。而实际上，这种理论的核心是有害环境的行为，只要经过环境当局的同意，其行为就不再具有可罚性。而行政机关显然也会违法的，当行政机关因为疏忽或腐败，如行为人以欺诈、强制、贿赂，或与行政机关工作人员秘密勾结的方式，导致行政机关对不该发给许可证的发给了许可证，造成了环境的严重损害时，又认为：“违法的行政许可或行政处分（命令）必然违反行政法规亦即违反据以作成行政许可或处分的法律，故因违法的行政行为所导致的环境损害的行为，不能阻却犯罪构成要件”②在这里，要么产生“有权”行为阻却构成要件的矛盾；要么承认行政法秩序是不足以与独立的环境法益平衡的观点，实则是“绝对的行政从属性”对相当行为理论违反环境法益的认识不够造成的。因为危害独立的环境法益可以形成相当的行为，是应当符合

① 周建军：《独立的环境法益的刑法保护》，《华北工学院学报（社科版）》2003 年第 1 期。

② 向泽选：《危害环境罪概念及行政从属性》，《法商研究》1997 年第 6 期。

构成要件的。针对上述问题，有学者提出了解决和弥补的办法：第一，对于仅因环保机关工作人员不忠于职守，疏忽大意，对不具备条件的主体发给许可证，造成环境严重损害的，对行为主体应按相应的危害环境罪追究刑事责任；对国家环保机关工作人员依玩忽职守的有关罪处理。第二，因收受行为主体贿赂对不合条件者发给了许可证，严重危害环境的，对环保机关工作人员可以以受贿罪处罚，而行为主体可在行贿罪和相应的危害环境犯罪之间从一重罪处罚。第三，对两者相互勾结，牟取不法利益，导致危害环境的可以构成危害环境罪的共同犯罪。

第五节　传统法律救济自然权利的缺陷和不足

自然生态系统中的生物与环境之间、生物与生物之间相互作用而经过很长时间建立起来的动态平衡联系，又称“自然平衡”。这种动态的平衡是一种脆弱的平衡，一旦受到破坏，有些平衡就无法重建了，带来的恶果可能是人的努力无法弥补的。人类活动对自然资源的破坏和环境的污染，若超出生态环境的承载能力，终归是要受到惩罚的。生态系统这种惩罚具有滞后性，一旦发生便是致命的，难以恢复和弥补的，因而对生态环境的保护必须采取预防措施，不能仅仅依靠生态系统的自力救济。

就存在形态而言，权利一般来说主要包括应有权利、法定权利和现实权利三种。如果自然权利仅作为一种应然权利，其权利的实现只能依靠社会规范，也即现行的伦理道德规范。但现行伦理道德规范能实现对自然的权利的充分有力保护吗？答案当然是否定的。环境保护当然不能离开道德的作用，如果人们的价值观念和道德观念没有改变，无论是启动市场杠杆还是诉诸法律，环境保护法也不可能有实际的约束力和震慑力。但是，当人们的道德价值观发生扭曲和人性迷失时，环境保护是无法寄希望于道德约束的。当前，生态危机的实质就是人的道德危机，人被欲望所奴役的危机，也即人类自身的信仰危机问题。人们对生态保护的重视是一个缓慢的过程，而在这期间我们可以发挥法律的作用保护环境。因为，法律通过信息传递可以缩短形成一致预期达到最优状态的时间。一部好的法律总是与社会伦理道德更相接近的，但是伦理道德也有个发展的问题，法律必须把社会伦理道德观念引向良性化，打破腐朽的、落后的、束缚人性的伦理道德，倡导更合理、更理性化的道德。因此，在当前人性危机不能承受环境保护之重的情况下，运用法律手段保护生态环境是必要的，也是必需的。但是，传统法由于其人本主义的伦理观的局限性，一直以来都是从人类利益的角度反射地、间接地保护环境法益。实践证明，这种保护对生态环境而言，是远远不够的。

一、传统法律理念救济自然权利的局限性

人类的生产过程其实是通过协调自己与他类的关系而获得发展的。在这一过程中，人的观念的更新和生存背景的置换起了重要作用。这一过程是生产力发展的过程，也是一个以人自我为目的、为中心的过程。“人总是倾向于把他生活的小圈子看成是世界的中心，并且把他的特殊的个人生活作为宇宙的标准”①。这便是人类中心主义。根据《韦伯斯特第三次新编国际辞典》解释，人类中心论曾在三种意义上使用“第一，人是宇宙的中心，盛行于古代；第二，人是一切事物的尺度，近代获得文化主流地位；第三，根据人类价值和经验解释或认知世界，属当代人类中心观念。”②

所以，人类中心主义的环境观念在很早就形成了。根据人类学观点，在人的早期，人类对世界是无所谓的。尽管 200 万年前人属的脑子已经变成真正的人脑，③但是在其后的漫长岁月中人类却处于原始思维阶段。原始人没有个人的经验和逻辑推理，不懂得原因和结果之间的关系，原始人的意识已经预先充满了大量的集体表

① ［德］恩斯特•卡西尔：《人论》，上海译文出版社 1986 年版，第 20 页。

② Webster’s Third New International Dictionary 4th Merriam Co.，1976，P93.

③ ［肯］理查德 • 利基：《人类的起源》，上海科学技术出版社 1997 年版，第 33 页。

象，靠这些集体表象，一切客体、存在物或者由人制作的物品总是被想象成拥有大量神秘属性的[①]。也就是说，每一个原始的集体中都存在一个集体的、同一的、神秘的力量，它可以通过互渗被个体用来解释一切现象，对于真正的自然原因是不关心的，因为他们的意识中缺少现代人的矛盾概念。这一特征使人直接与世界同一，人还没有与世界直接分开，而且个体也没有与其生存的集体分开。例如，19 世纪德国的恩斯特·卡西尔所认为的，对于原始人来说，自然与社会不仅是最紧密地联系着，而且是一个难分难舍的整体。科恩认为，由于神话意识的游移不定性，个体不可能也无须把个体的自我同自己无数的祖先分开；个体将自己与其他成员相比较只能看出量的差异；个体与公社结为一体。[②]马克思说，"我们越往前追溯历史，个体，从而也是进行生产的个体，就越表现得不独立、从属于一个较大的集体……"[③]

但是，集体表象却导致人类对其生存世界的不关心，这是人类与自然世界分化的文化始因。根据维柯的观点，此时的人类应当经历有声语言产生之前的默想的时代，而这种默想大概就是集体表象产生的最初原因[④]。语言在未产生的时代，原是哑口无声的，它原是在心中默想的或用做符号的语言。有声语言产生之后和文字语言之前，人类则通过诗性的口语来表达他们心中的想象，通过想象将具体事物都显示为由诸神关注的存在实体，按照每种事物的观念分配一些神给它们[⑤]；而且通过诗来表达人们对神的敬畏和崇敬。与当时的生产力相适应，这样的思维直接导致后来的图腾崇拜、神灵崇拜和宗教的兴盛。这就是维柯所称的神的时代。

据此，从观念角度言，人的最早的成熟观念就是神，有了神以后，人与自然之间所有的信息交流都被神阻隔了，人自此将线的另

① ［法］列维-布留尔：《原始思维》，商务印书馆 1995 年版，第 67 页。
② ［苏］科恩：《自我论》，三联书店，1987 年版，第 66 页。
③ 《马克思恩格斯全集》（第 46 卷），人民出版社 1972 年版，第 21 页。
④ 维柯：《新科学》，商务印书馆 1997 年版，第 401 页。
⑤ 维柯：《新科学》，商务印书馆 1997 年版，第 916 页。

一端系在了神的身上。神对于人的生存是一种强有力的屏障，是一种安全的背景。人生活在神的世界中，世界和人的存在由神得到说明。这直接导致人对自然的感情变得冷漠，以至于被忽略、被遗忘。

随着部落生产力的发达，部落之间的冲突愈加激烈了，于是在部落冲突中产生了英雄。维柯说英雄们都相信自己是源于天神的，是在天帝占卜典礼下生育出来的，英雄们在物种上就属于人类而不属于野兽类。人类从此有了一种高贵的出身。英雄主管下的人类生活存在君主与奴隶的分野，于是人类之间也是人、物二分了。随着原始思维向神话思维过渡，逻辑思维也在发展着。逻辑思维的发展使人对神的背叛能够成为可能。尽管“在人类语言的发展中，上升到普遍的概念和范畴的过程是显得非常缓慢的。但是这个过程中的每一个新的进展都导向更为广泛的概观，都导向对我们的知觉世界做出更好的定向和安排。”①人们不用去猜测神的善意了，但是，“远离了猜测哲学之后，……我们创造了一种可以称为解释哲学的文化现象。这种文化的要害在于：不论我们做了什么，我们都能为自己找到合适、合理的说辞、解释。与猜测哲学的物我一体、仰赖背景不同，解释哲学捧出的是人类中心主义。”②

早期的古希腊哲学家对自然宇宙的说明便是典型例子。尤其到了毕达哥拉斯学派时代，他们利用数来说明世界；赫拉克利特所处的时代却是希腊哲学的转折点，他认为人类要洞察自然的秘密必须首先研究人的秘密。这一转折到了苏格拉底终于完成。苏格拉底按照阿波罗神的意志——认识你自己——来专门探讨个体人的问题。自此，人成为西方人类思维的单一中心。柏拉图、亚里士多德则使这一哲学运动走向顶峰，不但认为人由心灵所掌管，而且自然也因此具有了理性和灵性。

在工业文明时期，西方哲学有了新发展，主要表现为机械论哲学。其奠基人为培根、笛卡儿和牛顿。但是，工业文明时期的哲学

① ［德］斯特•卡西尔：《人论》，上海译文出版社1986年版，第174页。

② 江山：《法律革命：从传统到超现代》，《比较法研究》2000年第1期。

方法和路径与古希腊时期的哲学完全不同，工业哲学中不再有神的地位，人直接解构自然。而且，工业哲学形而上学地将人类之间战争的模式，即一个民族征服另外一个民族的形式，应用于人与自然之间，建立了人以战争征服的方式对待自然。所以，工业哲学崇拜机器的力量，以机器来说明一切。

机械自然观将自然当做一部机器来使用，为工业文明的生产发展提供了哲学的指导。工业文明关注商品和商品价值，对于没有附着人类劳动的自然界并不关注，机器和商品使人与自然脱离，并建立起机器征服大自然的伦理观念。

总起来说，自古希腊至近代的人类观念可以用古希腊哲学家普罗泰格拉的名言来概括：人是万物的尺度，是存在者存在的尺度，也是不存在者存在的尺度这种观念的形成过程显然是漫长的，这是人之自我从自然中特化出来的过程。但是，由于思维的缺陷即片面的非辩证的思维不能把握自我的二重性——人与物，使自我呈现出不确定性，必然把人与物变成绝对的对立。或者将自我无限扩大，以至将一切包含在自我之中。人类自我意识的这种矛盾性成为捍卫自我的双刃剑，具有实用的意义。一方面，人与物绝对不同，人不但有心灵意识，而且有尊贵的出身；另一方面，人之外的物质世界又都属于人的。这样人面对的只有一个问题即人的问题。江山先生说，“传统法律作为西方文化体系的组成内涵，无有例外地崇尚‘点模式’或‘子模式’的思维模式，突出强调‘点’（主体）的构件或基础意义，认为法律之设置，目的就在于对各个被它所认可的‘点’（主体）的保护。” 这就是人类中心主义的法律观念。

在这种理念支配下的传统部门法并不能完成环境保护的功能，相反，环境破坏和环境保护之间的关系如同人推着石头上山，石头到了山顶就会重新滚下来，如此反复，问题严重。人类中心主义的环境观，是建立在人自我意识和优势能力基础上的以人的社会性主体地位为中心的环境观念，这种观念既阻碍了生产力的发展，又不利于人与自然之间的关系平衡。因此，依靠传统的人类中心主义观念在传统法律上确立和保护自然权利是不可靠的。

在运用法律对应环境问题方面，传统部门法只能在遵循原有的法律原则和法律制度的条件下，针对因环境问题产生和带来的新的社会关系对法律规范做出调整或规定例外，以弥补传统部门法调整对象的不足。由于传统法律在其基本理念上就缺乏对环境利益保护的思想，以致传统法的任何手段和方法都只能以保护人类的权益和利益为主，环境的利益在此只能作为人类利益的“反射利益”而间接地受到保护。就传统法律本身而言，为了对因环境问题导致的社会关系的改变和社会秩序的重建而做出的反应几乎都是将此类问题作为例外情形加以规范。因此，环境法在运用传统法律方法时虽然改变了手段，也对传统法律作了理论上的拓展，但是由于传统法律思想的基础源于人类中心主义，这一观念本身就存在着忽视人类以外生命世界和生命共同体和谐性的缺陷。对传统法的方法和手段的任何改造都不可能触及传统法的主体权利的本质，以此为基础建立起来的环境法也只是人类因为环境问题出现、恶化而不得不为之的一种补救性制度。①

二、环境损害：自然权利受到侵害的统称

（一）环境损害亲缘概念辨析

目前，我国学界对于环境污染和生态破坏引起的损害赋予了不同的称谓，其中争议较大的是环境侵权、环境侵害、环境损害三个概念。作为环境法学理论界的一个新词，环境损害与其他称谓并非是不相容的，不存在舍我其谁的问题。但是，在法律层面上厘清诸概念之间的差别是必要的。

环境侵权作为一种特殊的侵权形式，是指“因生产活动或其他人为原因，造成环境污染和其他公害，并给他人的财产、人身的权益造成损害或损害危险的法律事实。”②环境侵权既强调权益遭受不

① 何隽：《从人类中心主义到生态中心主义：可持续发展理论在环境法变迁中的作用》，《中国可持续发展》，2004年第2期。

② 张梓太：《环境法律责任研究》，商务印书馆 2004 年版，第 57 页。

利益的状态，又可以包容该权益不利益状态的结果——环境损害，但其并不强求有损害结果的发生。[①]环境侵权一般用于私法领域，引起的只是民事责任，其无法处理行政主体引起的环境侵害后果，也无法应对环境法发展可能带来的环境权主体扩展和赔偿范围扩大问题。环境侵害是指因人为的活动，致使生活环境和生态环境遭受污染或破坏，从而侵害他人或相当地区多数居民的生活权益、环境权益及其他权益，或危及人类的生存和发展的法律事实。[②]相比较而言，环境侵害比环境侵权的内涵更丰富，更具灵活性和前瞻性，因为它是一种客观存在的致害状态，没有经过人为的选择（包括法律的分域按度规制和受害人主张救济的方式）[③]。环境损害是环境侵害这一致害状态的结果，学界一般在两个层面上使用此概念：一是指“以环境为媒介的侵害行为造成的一切客观损害结果”[④]，其内容包括人类的人身财产权益、环境权益以及其他权益；二是指环境本身所受的损害，而不考虑对人类人身和财产的间接损害。笔者认为，这两种界定方式都有失偏颇，不尽完美。概念一虽然涵盖了环境侵害行为所引起的一切客观损害结果（包括对环境本身的损害），但其维护和救济的仍是以人类为中心的传统利益。这种建立在狭隘的人类中心主义基础上的“环境损害”，将自然的生态利益排除在外，对其救济可直接应用传统民事侵权法，因而对于环境法没有独特的价值和意义；概念二对环境损害的界定，走出了人类中心主义的怪圈，是对传统法学“主客二分”理论的根本性颠覆。从某种程度上说，它就是本文所论及的环境损害，但其定义过于笼统，与法学概念的严谨性不相映衬。

行文至此，我们有必要对环境损害的内涵和外延作一个明确的界定。环境损害，它是指因人类的产业活动或其他活动致使一定区

① 王明远：《环境侵权经济制度》，中国法制出版社 2001 年版，第 6 页。
② 陈泉生：《环境法学基本理论》，中国环境科学出版社 2004 年版，第 275 页。
③ 陈泉生：《环境法学基本理论》，中国环境科学出版社 2004 年版，第 275 页。
④ 徐祥民、巩固：《环境损害及其防治探析——兼论环境法的特征》，《社会科学战线》2007 年第 5 期。

域内的环境要素被污染或破坏，侵害了自然界生命体的生态利益，有引起生物多样性减少或丧失的危险，以及导致了生态系统结构或功能发生不利变化的实际后果的一种事实状态。

（二）环境损害的特征

环境损害是环境侵害所引起的损害的一种，具有以下特殊性：

1．环境损害加害主体和受害主体的广泛性和部分同一性

环境损害的加害主体是当代人，主要是从事生产经营活动的企业和个人以及因环境决策失误而造成生态环境严重受损的政府。环境损害的受害主体不仅包括人类，还包括生态系统中其他有生命的个体。环境损害加害主体和受害主体还存在部分同一性，因为从社会学的角度看，环境损害是一部分人的获利建立在另一部分人受害的基础之上的，并且这些受害人在很大程度上是帮助别人获利的。

2．环境损害的客体是人类及其他生命体的生态权益

在健康优美的生活环境中生存和发展的权利，实为公民与生俱来的应有权利，是其他一切利益存在的基础和源泉。其他生命体即生物的生态权益是基于生物固有的价值和内在的需要，外观并保持在生态活动中的生物共同体的利益，是指生物生存或繁衍所必须满足的那些物质和生态需求。①

3．环境损害的对象是生态要素或生态环境的整体性

环境损害的对象主要是大气、水体和土地等环境要素以不同的组合和耦合方式组成的生物无机环境。环境损害的内容，无论是自然的资源价值损害、科研价值损害、药用价值损害、生态价值损害、精神价值损害还是生物多样性的减少和丧失以及残忍对待动物，②都是难以通过经济指标予以量化的。

---

① 陈泉生：《环境法学基本理论》，中国环境科学出版社2004年版，第244页。

② 徐祥民、巩固：《环境损害及其防治探析——兼论环境法的特征》，《社会科学战线》2007年第5期。

4. 环境损害具有难以恢复性和不可逆转性

在大多数情况下，环境损害是不可逆转的，很难消除和恢复，不会给人类纠正错误的机会或选择的余地。例如，重金属的污染、土壤沙漠化均难以消除；自然景观的破坏，物种的灭绝，热带雨林、原始森林的破坏均无法恢复。

5. 环境损害具有可预测性

环境损害有相当部分是人们对已知生态规律的违反引起的，因而人们对这种风险是可预防的。人们在利用环境容量排污和进行环境资源开发利用的过程中可以采取一定的预防措施，对人为行为进行控制，如对水土流失、沙漠化的预防和控制。

环境损害的特殊性决定了对生态环境的保护必须注重事前的预防，而事后的救济不足以有效地保护生态系统自身的平衡和稳定发展。人类文明已经进入生态文明可持续发展的时代。生态文明是人类孜孜以求的目标，也是法律的功能所在。要实现人与自然的和谐发展，保障自然权利不受侵害和预防环境损害的发生，必须具备完善的环境侵害救济模式，设置严厉的环境法律责任，制裁对自然的生态利益造成不可原谅的侵害的行为。

三、传统法律救济模式面对环境损害的无力

从我国环境法演变与形成的过程来看，环境法是在结合民法与行政法的基础上逐渐完善与发展起来的。民法从防治侵权行为入手，行政法以国家干预为手段，这两者的结合体现了环境法早期“防治结合”的基本思想。我国有关环境救济的法律责任的规定，主要在民事侵权法中。鉴于生态保护的公益性，我国在行政法、刑法等公法领域也规定了一些强制性的救济措施。但是，对自然权利的救济而言，这些立法规定基本上没有起到应有功效。

（一）传统环境民事侵权救济制度的现状和不足

鉴于民法的保护对象主要是依附于“人”而存在的财产权和人身权，因此传统民法对环境的保护是间接的。在我国，对自然权利

的环境侵害的民事救济一般均包含在民事特别侵权行为立法之中，单一的环境民事规范在本质上也不例外。传统民法针对环境侵害的新特点作了一系列的调整，比如归责问题就将原有的过失责任主义进行了拓展，引进了无过失责任主义（在德国称为危险责任；在英美法系国家称为严格责任）。这种特殊侵权行为的归责形式在适用时无须考虑行为人主观上是否存在过错，也无须考虑行为本身是否具有违法性，只要存在损害事实以及行为与损害事实之间存在因果关系即可确立其赔偿责任。另外，因果关系理论在环境侵害适用上也进行了调整，严格的因果关系理论受到挑战，举证责任也由原告方部分转移给被告方。但是，这些调整对于保护自然权利而言，并无大益。

民事侵权法对环境保护的最大缺陷在于，其只能保护传统的人身权和财产权，而其他一切生命的环境权益、环境品质的优良却不是民事侵权法所直接保护的对象。[①]在制度方面，传统民事侵权法仅建立了规制企业排污行为的环境污染侵权损害赔偿制度，而对于民事主体环境损害（包括环境损害）的救济请求权则完全否决了。即使忽略这一缺陷，我们也不得不承认这样的事实，即根据现有的环境污染损害救济制度，受害人依据同质赔偿原则，所获得的赔偿范围也仅限于生命健康或财产权益受到的损害，而其他方面的损害则得不到救济，如由于环境侵权行为所带来的生活乐趣的减损、审美情趣的降低等精神利益的损害。环境侵权只是环境侵害的一个组成部分，作为民法的一部分，环境侵权法只能救济环境侵害带来的个人民事权益的损害，对于民事权益之外的其他损害的救济则无能为力。[②]另外，民事诉讼法关于起诉主体资格、诉讼时效、证明责任的规定，也严重阻碍了对环境侵害方的及时、有效制裁，继而使受害方生态权益的保护和救济难以实现。

---

① 汪劲：《环境法律的理念与价值追求——环境立法目的论》，法律出版社 2000 年版，第 142 页。

② 徐祥民：《环境侵权与环境侵害——兼论环境法的使命》，《法学论坛》2006 年第 2 期。

民事侵权法的私法属性决定了其是调整“人与人之间”的“财产关系和人身关系”的法，是保护“私人利益”的法。民事侵权法保护法益的不合目的性，使得民事诉讼的一般规定和一些为应对生态危机所做的特殊规定在解决生态环境损害纠纷方面并非始终得心应手，自然权利无从保障。

（二）传统环境行政救济机制不足以防治环境损害

面对环境侵害，传统行政法的改进在于国家干预的力度加大，主要表现在环境机构的设置，环境行政命令的施行、环境规划的编制，环境标准的制定，环境行政指导的运用及环境行政合同、环境行政许可的推行上。另外，在环境侵害发生后广泛采用了行政赔偿、行政补偿等行政救济途径。

在我国，当发生环境侵害致他人损害后，一般只注重对加害主体进行行政处罚，追究他们的行政责任。我国环境行政处罚的种类包括警告、罚款、没收非法所得、责令停止生产或者使用、吊销许可证或者其他许可性质的证书以及环境资源保护法律法规规定的其他种类的行政处罚。①其实，单独的行政处罚措施力度有限，根本不足以成为预防生态违法行为的最后威慑力量。

环境行政执法过程中还会出现此类情况，即环境行政工作人员依法或违法行政造成行政相对人环境权益受损和环境损害的责任承担问题。对于依法行政造成的损害，环境行政机关若承担责任，也是行政补偿责任。“行政上之损失补偿，乃指行政机关基于公益的目的，合法实施公权力，致使人民之生命、身体或财产遭受损失，而由国家予以适当补偿之制度。”②行政补偿责任应用的非强制性、补偿数额的随意性和有限性，使得环境损害难以及时得到治理和恢复，更无法发挥预防作用。另外，从行政法的基本原理中，我们了解到具体行政行为是具有公定力的，一经做出，在有撤销权者撤销

① 汪劲：《环境法学》，北京大学出版社 2006 年版，第 310 页。

② 翁岳生：《行政法》（下），中国法制出版社 2002 年版，第 1669 页。

之前，具有被推定合法有效而予以尊重的法律效力。这样的理论是基于保护社会公共利益，实现行政法律关系稳定的目的而定的。因此，从保护行政相对人的信赖利益出发，当居于基础地位的行政许可或行政处分本身违法进而造成环境损害时，不能由相对人承担行政责任。倘若此责任由环境行政主体承担，其性质便是内部行政责任。行政机关工作人员的内部行政责任的承担方式主要有行政处分（包括警告、记过、记大过、降级、撤职、开除）、赔偿损失及违法所得收入的没收、追缴或者退赔三种。但是，上述责任内容和方式针对的对象是行政相对人及国家的损失，较少涉及对生态利益的补偿和恢复。

面对环境纠纷的独特性，诉讼作为最强有力、最为公平正义的终局解决办法一直为各国所采纳。环境行政公益诉讼是适应环境保护之需而产生的一种新型的行政诉讼，它是指法律授权的公民、团体或特定国家机关，针对行政机关或法律、法规授权的组织在环境管理过程中的违法行为或不作为，致使环境公共利益遭受侵害或有被侵害之虞时，为维护环境公益而向法院提起诉讼的制度。环境行政公益诉讼制度设立的初衷是为了国家机关和普遍百姓运用法律武器来解决现实中公共环境利益遭受侵害的难题，特别是防止环境行政机关的行政不作为以及与环境行政相对人相互勾结，从而损害公众环境权益的现象。目前，我国已经开展了有关环境行政公益诉讼案件的探讨，江西、四川、河南也正积极地开展相关的试点工作，而正在筹备修改的《行政诉讼法》也已将环境行政公益诉讼作为行政诉讼的一种类型写入建议稿。期盼公益诉讼法制体系得以创新和完善，从而使社会公平和环境正义得到有力的维护。

（三）环境刑法介入不足是自然权利保护不力的重要原因

要保护自然权利不受侵害，预防严重的环境侵害行为的发生，设置严厉的环境损害刑事责任是必要的。然而，近几年司法实践反映出的环境犯罪立案难、起诉难、定罪难、判决难的窘境，充分说明了刑法在环境犯罪控制中的失效。我国现行环境刑法在保护生态环境方面的缺陷主要表现在：

1. 现行环境刑法对环境犯罪侵犯法益保护的不足

刑法中有关环境犯罪的规定是应对日益严重的生态危机而产生的，但其立法现状却与当代生态保护的要求相差甚远。立法的指导思想和保护目的不够明确，保护重点不符合宗旨，没有从保护生命、健康和财产安全转向生态安全，生态利益、自然的权利并没有成为我国刑法的保护目标。[①]现行刑事立法侧重于对人身、财产性利益的保护，而对生态利益却有所忽略。生态法益没有成为独立的环境刑法所保护的客体，这直接影响了环境犯罪的罪名设置，造成了环境犯罪的立法不周延，保护范围过窄。另外，目前刑事立法的体系设置，带有浓重的行政从属性色彩，不便将环境犯罪与一般的妨害社会管理秩序的犯罪相区分，不利于环境刑法发挥其独立的刑罚功能。

2. 大量结果犯的规定使刑法沦为“亡羊补牢式”的事后救济

环境犯罪作为超法规的犯罪，其客观方面表现为“违反国家有关生态保护法律法规，在开发利用资源环境及相关活动中实施非法活动，严重侵犯生态利益，破坏生态安全的行为”[②]。我国在1997年修订后的《刑法》第六章“妨害社会管理秩序罪”中设专节规定了“破坏环境资源保护罪”。然而，在刑法规定的14个传统环境犯罪中，绝大部分是结果犯（即实害犯），就是说，只有当危害生态安全的行为“致使公私财产遭受重大损失或者人身伤亡的严重后果”时，才构成环境犯罪，才会受到刑事处罚，而不论行为对生态环境造成了多大的危害。环境犯罪一旦发生，就将对生态环境产生现实的及潜在的危险。如果放任不管，结果必将造成生态环境的严重破坏，生态系统平衡不能恢复或难以恢复。环境犯罪以结果犯为主要处罚对象，行为犯稀少，不规定危险犯，这势必造成很大一部分可能对生态环境造成严重危害的行为得不到应有的惩处，使刑法

① 张锋：《自然的权利》，山东人民出版社2006年版，第205页。

② 刘晓莉：《生态犯罪立法研究》，中国博士学位论文全文数据库，吉林大学，2006年。

在预防和打击环境犯罪方面的先期警戒作用难以发挥。

3．传统环境犯罪刑事责任承担方式单一，刑罚力度不够

在传统人类利益中心主义价值观的指导下，我国刑法对于环境犯罪刑罚理论并未作出特殊规定。实践中，刑法对于环境犯罪的刑事处罚措施与其他普通犯罪的刑事处罚措施相同，即对自然人采取自由刑和罚金刑，对法人实行双罚制。传统刑事处罚重视人类自身利益，忽视生态利益的重要性，而且环境犯罪刑罚种类偏少，特别是对单位犯罪，仅仅规定了罚金一种刑罚形式。这种单一而模糊的刑种，数额有固定标准，普遍偏低，缺乏威慑力，在一定程度上纵容了环境犯罪，变相放任了实施环境犯罪的单位的污染、破坏行为。不得不承认，传统的犯罪刑罚适用的仅仅是一般的犯罪，它是根据大多数犯罪的特性归纳而成的刑罚，因此并不具有针对性，也不能很好的适用于环境犯罪这一特殊类型的犯罪。[①]受刑法总则中刑罚体系和种类的限制，现行环境犯罪的处罚措施在应用于环境犯罪的刑事制裁中遇到了重重阻碍，很难起到刑罚应有的作用，预防环境犯罪。由于上述重要领域的立法错位和不足，刑事立法不能全面而完善地发挥其“保障法”和“底线法”的作用，并成为自然权利保护不力的重要原因。

---

① 张波：《生态犯罪的刑罚问题研究》，中国优秀硕士学位论文全文数据库，东北林业大学，2005年。

第五章　构建人与自然和谐的环境法

“自从人类开始有意识地定居生活以来，以人类居住地为中心的环境退化即告开始。”①人类面临的生态困境告诫我们要生存和发展，必须要保护生态环境、善待自然。虽然造成当前全球性的生态危机的原因是多方面的，比如科学技术水平的限制、人类生态意识的淡薄、政府环境保护资金投入的不足等，但最重要和最根本的原因是人与自然的关系缺乏专门法律的规制和调整。人类社会经济的可持续发展目标及环境状况的现实，向环境法律体系提出了更高的要求，构建人与自然和谐的环境法，实现人与自然关系秩序化和法律化已成为历史发展的必然。

第一节　环境法立法理念的确定

法律的生命根植于社会，在于被运用到社会生活中。环境法的产生和发展也是社会历史和现实的双重要求，体现了社会文明的进步和公众环境意识的提高。环境法的理念是环境法的极致状态、完美状态，是环境法所蕴涵的价值取向或精神向导，体现为理想的、应然的环境法。由于传统“人本主义”法律思想和“人类中心主义”生态伦理观的影响和渗透，现行的环境立法更多的是关注公民人身权、财产权和环境权的保护，对凸显生态利益的自然权利却有所忽略，在生态环境的保护上存在明显的缺陷。要发挥环境法在生态保

---

① 汪劲：《环境法律的理念与价值追求——环境立法目的论》，法律出版社 2000 年版，第 3 页。

护中的重要作用，必须实现环境法立法理念从传统的人本主义中心立法向人与自然和谐发展立法转变。

一、各国环境法立法理念的比较分析

环境法的立法目的集中反映出了法律上的价值取向和立法者对环境的态度和认识，是一个与环境法立法理念联系最紧密的领域，因此环境法立法目的的嬗变最能体现出环境理念发展的痕迹。法的目的是立法者对法所要追求的价值最直接、最明确的表达。环境法的目的，即环境法的立法目的，是指国家在制定或认可环境法时希望达到的目的或实现的结果，它决定着整个环境法的指导思想、环境法的调整对象、环境法的适用效能，同时也反映了环境法的发展程度和人类对于自然的态度。①

（一）世界环境法立法目的的考究

为了全面审视自然权利思想对环境立法目的的影响，我们有必要对世界环境立法目的作一比较。

美国《国家环境政策法》（*National Environmental Policy Act of* 1969）宣布它的立法目的是："宣示国家政策，促进人类与环境之间的充分和谐；努力提倡防止或者减少对环境与自然生命物的伤害，增进人类的健康与福利；充分了解生态系统以及自然资源对国家的重要性；设立环境质量委员会。"并宣布了六项国家环境目标，它们是：第一，履行每一代人都作为子孙后代的环境保管人的责任；第二，保证为全体国民创造安全、健康、富有生命力并符合美学和文化上的优美的环境；第三，最大限度地合理利用环境，不得使其恶化或者对健康和安全造成危害，或者引起其他不良的和不应有的后果；第四，保护国家历史、文化和自然等方面的重要遗产，并尽可能保持一种能为每个人提供丰富和多样选择的环境；第五，谋求

① 高利红：《环境资源法的伦理基础》，载韩德培：《环境资源法论丛》（第一卷），法律出版社 2001 年版，第 350 页。

人口与资源利用的平衡，促使国民享受高度的生活水平和广泛舒适的生活；第六，提高可更新资源的质量，使易枯竭资源达到最高限度的再循环。①

日本环境法的立法目的几经变迁，在其 1967 年制定的《公害对策基本法》第 1 条第 1 款中规定："本法是为了明确企业、国家和地方公共团体对防治公害的职责，确定基本的防治措施，以全面推行防治公害的对策，达到保护国民健康和维护其生活环境的目的"。同时，该条第 2 款又规定："关于前款所规定的保护国民健康和维护生活环境，是与经济健全发展相协调的"。②也就是说，该法规定的"保护国民的健康和维护生活环境的目的"是与"经济健全发展相协调"，这时日本的环境立法在本位上还是持"经济优先"的思想，或者说对环境利益的考虑只是从传统的经济利益的角度出发的。1970 年日本国会在修改《公害对策基本法》时，把第 2 款删掉，将"保护国民健康和维护其生活环境"作为该法的唯一目的，删除"经济健全发展相协调"的规定，体现了一种"以人为本"的立法目的转向。1993 年颁布的《环境基本法》对此予以认可，在第 1 条规定："本法的目的，是通过制定环境保护的基本理念，明确国家、地方公共团体、企（事）业者及国民的责任和义务，规定构成环境保护政策的根本事项，综合而有计划地推进环境保护政策，在确保现在和未来的国民享有健康的文化生活的同时，为造福人类作出贡献"。并在第 4 条进一步规定："必须以健全经济发展的同时实现可持续发展的社会构筑为宗旨，并且以充实的科学知识防止环境保全上的妨害于未然为宗旨，实现将因社会经济活动以及其他活动造成对环境的负荷减少到最低限度，其他有关环境保全的行动由每个人在公平的分配负担下自主且积极地实行，既维持健全丰惠的环境，又减少对环境的负荷。"

韩国 1977 年制定的《环境保全法》中，其立法目的是"为防

① 赵国青：《外国环境法选编》（第一辑上册），中国政法大学出版社 2000 年版，第 5 页。

② 汪劲：《日本环境法概要》，武汉大学出版社 1994 年版，第 14-15 页。

治空气污染、水质污染、土壤污染、噪声、振动及恶臭等危害健康，以妥当保全环境，增进国民之维护，特制定本法。”可见，当时其基本的立法目的只是防治、消除环境污染和公害，以保护人类的健康。随着经济的发展和社会的进步，特别是学习西方成功的环境保护经验，韩国的环境立法在目的的规定上也体现了当代环境理念的基本要求。1990 年韩国《环境政策基本法》在第 2 条对立法的目的作了如下规定：“鉴于环境质量及其保持，保护舒适的环境并且维持人类与环境之间的协调和平衡，是国民享有健康、文化的生活以及国土保持与国家持续发展所必不可少的要素，国家、地方、企业和国民应当努力维护和促进环境的良好状态。在从事利用环境的行为时，应当对环境保持予以优先的考虑。在当代国民能够广泛享受环境恩惠的同时，使后代能得以继承。”①

在 1993 年德国联邦环境局发布的《环境法典》草案第 1 条第（1）款对立法目的作了这样的规定：“为了环境的持久安全，法律的保护目的是：一、生物圈的生存能力和效率；二、其他自然资源的可利用能力。环境保护的措施是为了人类的健康和健全。”②

其他国家的规定也各不相同，如匈牙利《人类环境保护法》规定：“本法的宗旨在于保护人的健康，不断改善当代人及子孙后代的生活条件……”③保加利亚《自然保护法》（1967 年）将该法的立法目的规定为：（1）保护人民健康；（2）保护、恢复和合理利用自然界并使自然财富得以增长。④

到 20 世纪 80 年代末，各国纷纷跟随国际环境保护理念，修改、制定本国环境法及其目标。就世界范围来看，各国环境立法的范围和目的都在发生改变。如在法国，1994 年制定了《环境法典》；瑞典也于 1992 年修改制定了新的《环境保护法》。在亚洲一些发展中国家，融合了新的环境思想和价值观的环境立法也在迅速发展：如

① 汪劲：《环境法律的理念与价值追求》，法律出版社 2000 年版，第 284 页。
② 汪劲：《环境法律的理念与价值追求》，法律出版社 2000 年版，第 285 页。
③ 程正康：《环境法概要》，光明日报出版社 1986 年版，第 46 页。
④ 程正康：《环境法概要》，光明日报出版社 1986 年版，第 46 页。

印度于1986年制定了《环境保护法》等。

国际环境立法的目的也经历了一个权利主体不断扩展的过程。从19世纪后半叶开始，国际环境立法的主要目的是确保人类对天然资源的开发、利用权和确保资源的最大效用。例如，《益鸟保护公约》（1902年）、《捕鲸规则协定》（1931年）、《地中海一般渔业委员会条例》（1949年）、《北大西洋渔业协定》（1952年）等。另外，在有关人权的条约中，其目的也是保护现世代的人类不受环境污染的危害。①

针对环境立法的目的问题，叶瑟曾指出："从法律史的回顾来看，答案显然得从片面的、以人类为中心的方向来找寻。比如，公元前17世纪，巴比伦的《汉穆拉比法典》禁止过度使用牲畜，与其说是关心动物的健康（遑论该牲畜的健康），不如说是为了维护它们的工作能力。同样地，罗马法律之处罚任意宰杀牲畜，也显然不是出于真正的动物保护，而是因为农业上的利用价值受到损害。类似地，早期中古世纪时的城市法也都只有在人类物质利益凑巧与某些环境资源的维护与助长一致之处，才有某种环保可言：比如所谓'禁猎期'的设定。另外，城市法中对垃圾处理及水域保护的规定，也不是以自然资源如某一特定景观本身或某一河流本身的保护为目的，而是为了保护或改善人类的生活条件。类似地，1871年的普鲁士帝国刑法所以将虐待动物列入第360条第13款，也是以人类为中心的，主要不是在关心动物本身，而是关心人对动物的同情：它所要阻止的祸害，不是动物所受的折磨，而是人在目睹动物受苦时的感情挫伤。可以说，保护动物只是以保护人类为目的的"。②

20世纪40年代末，国际环境立法的目的开始朝着为了将来世代利益的方向演变。在1946年制定的《国际捕鲸管理条约》的序言中，就规定了"为了将来世代保护鲸鱼这种巨大天然资源是世界各国的利益"的条款。之后从70年代，这种以现世代对将来世代

① 汪劲：《环境法律的理念与价值追求》，法律出版社2000年版，第288页。

② ［德］叶瑟：《环境保护——一个对刑法的挑战》，《环境刑法国际学术研讨会论文集》，1992年版。

义务的规定不断增多。

在联合国《人类环境宣言》（1972 年）序文中规定："为了这一代和将来的世世代代，保护和改善人类环境已经成为人类一个紧迫的目标，这个目标将争取和平、全世界的经济与社会发展这两个既定的基本目标共同和协调地实现"。在原则一规定，"人类有权生活在一种有尊严和福利的环境中，享有自由、平等和充足的生活条件的基本的权利，并且负有保护和改善这一代和将来的世世代代的利益的重任，地球上的自然资源，其中包括空气、水、土地、植物和动物，特别是自然生态类中具有代表性的标本，必须通过周密计划或适当管理加以保护"。

1980 年，联合国大会决议还通过了宣言，规定"为了现在及将来的世代，自然保护是国家的历史责任"，指出国家有保护人类环境的义务。

1982 年，联合国通过了《世界自然宪章》，在序言里基于人类与自然关系相互依存的思想作了这样的规定："为了现代和将来世代的利益，人类应当重新确认利用保全生物物种和生态系统的方法，获取维持、增进自然资源的利用能力的知识"。

到 20 世纪 80 年代末 90 年代初，自然权利思想对立法的渗透和影响明显地表现在了国际环境立法目的的表述之中，如联合国 1992 年《里约环境与发展宣言》中规定："怀着在各国、在社会各个关键性阶层和在人们之间开辟新的合作层面，从而建立一种新的、公平的全球伙伴关系的目标，致力于达成既尊重所有各方的利益，又保护全球环境与发展体系的国际协定，认识到我们的家乡——地球的整体性与相互依存性，……"原则一还规定，"人类处于普受关注的可持续发展问题的中心。他们应享有以与自然和谐的方式过健康而富有生产成果的生活的权利。"[①]值得注意的是，联合国《人类环境宣言》、《世界自然宪章》、《里约环境与发展宣言》等一系列条约中均明确地提出了思想变革的要求，将人类内部与人

① 汪劲：《环境法律的理念与价值追求》，法律出版社 2000 年版，第 288 页。

类与自然的双重和谐作为主导精神。这一切都深深地反映着人类思想和观念的演变，自然权利思想的影响是显而易见的。

由以上的分析不难看出，世界环境立法目的是由一个从“目的一元论”到“目的二元论”，[①]进而向“目的多元”发展的。所谓“目的一元论”即将保护人群健康作为环境法的唯一目的。其着眼点只是防治、消除环境污染和公害，没有考虑生态保护和资源保护两大领域，比如上述匈牙利、日本 1970 年环境法的目的就是典型的代表。所谓的“目的二元论”或“目的多元论”，即以经济、社会和环境保护的协调、持续发展为目的，它将经济社会可持续发展作为努力方向，实际上考虑了未来世代的利益，一些国家的“目的二元论”也包含了人类作为环境的一分子，综合考虑环境各要素之间相互关系的思想，这正是“生态利益中心主义”思想的体现，最为典型的是美国的《国家环境政策法》规定的立法目的。

（二）我国环境法立法目的及其不足

根据《环境保护法》的规定，我国环境保护法的目的是双重的，既要保障人体健康，又要促进社会主义现代化建设的发展。我国现行的《环境保护法》第 1 条规定：“为保护和改善生活环境与生态环境，防治污染和其他公害，保障人体健康，促进社会主义现代化建设的发展，制定本法。”因而有学者据此认为其目的可以分为四项：①保护和改善生活环境和生态环境；②防治污染和其他公害；③保护人体健康；④促进社会主义现代化建设的发展。[②]

通过将 1989 年的中国《环境保护法》有关目的的规定与同期世界主要国家环境立法对环境立法目的的规定做比较，可以发现中国环境立法的目的规定在本质上还停留在 20 世纪 70 年代的水平，若再进一步对目的理念所反映的立法者对环境保护价值的认识作分

---

① 有关“目的一元论”和“目的二元论”的提出由金瑞林教授首倡，目前已成通说，参见金瑞林主编：《环境法学》，北京大学出版社 1990 年版，第 34 页。

② 高利红：《环境资源法的伦理基础》，载于韩德培：《环境资源法论丛》（第一卷），法律出版社 2001 年版，第 352。

析，我们可以发现现行《环境保护法》的立法在指导思想上仍为传统伦理观所左右，人本主义的——与现代环境伦理观和地球生物圈中心主义相对立——传统法律伦理观仍然在立法者的头脑中占据着统治地位，也即环境立法在立法者的理念里只仅仅是作为促进传统的经济发展模式的一种方法，确切地说它是一种迫不得已的方法而已，或者说它仅是一种浅层的环境主义。①

从我国现行环境法的现实作用考察，当前环境污染与生态破坏的趋势在现有的法律体系下并没有得到缓解，反而愈加严重。这主要是由于环境自身的内在价值及其相对于其他物种（包括人类）的外在价值没有得到法律的确认。总有人以牺牲环境为代价追求个体或团体的经济利益，而对于由此产生的环境污染和生态破坏残局却希望由国家和社会来收拾。在现有环境法价值追求与实现模式下，环境法调整的对象仅局限于人与人之间的关系，因而不足以确认和保护环境的重要地位。这也是忽视自然权利的人类中心主义价值观念在环境法上的又一典型表现。

新中国成立以来，我国虽曾制定过一系列关于合理开发、利用和保护、改善环境资源的法规或规范性文件，但从总体上看，这些环境资源法规比较零散，自然保护和污染防治被人为地割裂开来，从而缺乏有机的联系。到了 20 世纪 70 年代，在世界环境保护思潮的影响下，在我国改革开放政策的推动下，环境保护工作受到了重视。1978 年《宪法》首次规定：“国家保护和改善生产环境和生态环境，防治污染和其他公害。”把环境保护纳入了法制轨道。而在 1979 年制定的《环境保护法（试行）》更是为我国环境法的迅速发展奠定了坚实的基础。在这一背景下，一系列适应环境保护的法律、法规相继出台，各有关环境保护的基本制度纷纷建立，使我国环境法制建设初具规模。80 年代以后，随着改革开放的日益深入，对环境保护工作提出了新的更高的要求，1989 年在对《环境保护法（试行）》作大范围修改的基础上，颁布了新的《环境保护法》，从而加快了

① 汪劲：《环境法律的理念与价值追求》，法律出版社 2000 年版，第 292 页。

我国环境法制建设的步伐，一系列与之相配套的法律、法规纷纷面世，使环境法成为我国法律体系中发展最为迅速的部门法。迄今为止已制定了一部环境保护综合性基本法律，8 部自然资源保护法律，30 多件环境保护法规，70 多件环境保护规章，900 多件地方性环境保护法规，环境立法稳步前进。此外，我国还加入或签署了一系列环境与资源保护的国际条约，并在民法、经济法、行政法、劳动法等部门法中也增加或完善了有关环境与资源保护的内容。这些法律法规，大都涉及生态保护的有关内容。可以说，我国的自然资源保护立法已初具规模，对加强自然资源保护，制止生态破坏，发挥了积极的作用。

但是，我国在进行环境立法时，在目的性规定方面往往表现为过分注重环境的资源属性及其经济价值，而忽视其他环境价值。以单项环境立法为例，我国目前有《森林法》、《草原法》、《矿产资源法》、《水法》等一系列法律，这些法律的立法目的主要是为了合理的开发利用资源，而对这些资源本身的环境功能没有给予足够的重视，重在强调环境资源属性，即认为环境本身就是资源，将环境作为资源的定语进行理解。按照这种理解，环境的价值体现在其对人类的有用性上，环境中的野生动物、矿产、水、森林、草原、海洋等都因对人类具有的经济价值而应该予以保护，即使大气，也因为其参与生态系统的物质循环、能量流动并且可以纳污而被看成是一种资源。显然这种理解的视角是经济学意义上的，价值基础是人类中心主义。体现在环境立法上，就是强调环境法的目的在于促进经济的发展；在环境管理的设计上，就是要尽可能发挥环境资源的经济价值，管理的目的就是为了更有效地利用环境资源；在法律机制上，强调市场的资源配置功能；在法律手段上，注重经济刺激和经济方法。这种从人类中心主义立场出发的立法目的，未能突出可持续发展、正义、自然权利的价值追求，因此，立法的内容仅考虑到当代人的利益，而没有把当代人与后代人的利益相结合，把人类与自然的权利相结合来实施环境保护，这必然在实践中导致环境保护的不力。因为环境法的立法中主要表达了对经济发展的追求，我国各级政府和环境执法人员一旦遇到环境利益与经济利益相矛盾的情况，一般都会采取经济发展优先的选择，而牺牲环境利益。

二、人类中心主义环境观对环境法立法理念的渗透

目前的环境法是在传统的法哲学的观念上发展起来的，属于传统的人类中心主义。其特征是以人为核心的社会关系来考察人与自然关系，割裂人与自然关系，将自然当做静止的物，否定人与自然关系的法律属性。人类中心主义是一种普遍的哲学理念，当环境问题严重到需要法律救济的时候，这种观念就开始支配着环境法的调整模式。

这一点首先体现在环境法的基本概念中。例如，环境的概念。何谓环境？根据现成的定义，在一般的意义上，环境是相对于某一中心事物而言的，作为某一中心事物的对立面而存在的，它因中心事物不同而不同，是某一中心事物的周围事物。[①]细言之：①中心事物即环境中心点的存在。如果没有中心事物，则无所谓环境。②中心点与环境分离，割断了其相互之间的联系。③中心事物与周围事物地位不平等，后者以前者为转移，处于从属的地位。④该概念基于考察的方便，从人们认识的角度，运用几何方法来设计的。它具有直观性、静止性和孤立性。建立在这种一般概念基础上的环境科学之环境概念认为环境是以人类为主体的外部世界，即人类生存、繁衍所需的，相应的环境或物质条件的综合体。它采用人、物二分的方法，说明环境科学只研究人之环境，只有人才存在环境问题。在环境科学概念的基础上，环境法学认为环境是围绕着人群的空间，以及直接、间接影响人类生存和发展的各种天然的和经过人工改造过的自然因素的总体，包括大气、水、海洋、土地、矿藏、森林、草原、野生生物、自然遗迹、自然保护区、风景名胜区、城市和乡村等。该概念的特征主要是：①直接确立了人类的环境主体地位，即人之环境权利和国家的环境资源所有权。②大气、水等自

① 何强：《环境学导论》，清华大学出版社 1994 年版，第 1 页。

然要素是客体即物的范畴。在法律上，物一般都是在财产的层次上得到保护的。财产所有权的四项权能通过市场发生分离，以便发挥最大效用。这样，市场为了追逐最大利润会对自然要素无限制地配置下去，直到丧失市场价值。③只承认人、国家为环境法律主体，确定环境法律关系只是社会关系。因此，此概念以人来说明自然和人本身，而不是以自然来说明人的存在，导致环境中的一切要素之存在都是以人之需要和利益为标准。这导致深刻的社会后果，即人们不必考虑人与自然关系的重要性，经济利润成为人关心的唯一因素，价值规律成为唯一的衡量标准，市场将人周围的整个外部世界，无论是天然的还是经过人工改造过的自然因素纳入生产对象。非人的生命如动物、植物和其他的自然物质如水和阳光、大气都成为人的经济资源受到市场的支配。例如，水法、野生动物保护法等都是建立在对资源的保护上的。环境法将环境问题归结为资源问题。所以，目前环境法律的功能仅是在于通过国家宏观调控的作用来克服和减少市场经济的副作用，不能根本改变人与自然之间关系的恶化状况。

这种观念和人与自然和谐的法律秩序相冲突的。人与自然和谐关系追求人与自然在法律调控下的权利义务公平和对等，肯定和维护大自然的基本权利，强调社会对于自然所承担的基本义务，强调社会的生产和生活不能侵害自然的基本权利，从而达到社会生活在美好的自然中的状态。所以，以人类中心主义为理念的环境观念和人与自然关系和谐存在冲突。在某些称之为“环境法”或“环境保护规范”的立法中，由于在立法的指导思想上不知不觉地受到人类中心主义思想的影响，从而导致了这种类型的环境立法的形式与实质意义上的环境法的目的不相符合的问题。这个问题的法理学根源就在于传统法的价值观是建立在人类中心主义伦理道德观的基础之上，它所强调的是人类利益优先，而将人类以外的其他物质只作为人类利益的客体来看待。[1]

---

① 汪劲：《伦理观念的擅变对现代法律及其实践的影响——以从人类中心到生态中心的环境法律观为中心》，《现代法学》2002 年第 4 期。

环境法作为建立环境法律秩序的运行机制，其合理与否以及合理性程度的高低，决定了环境法治的有无及实现的程度。环境法立法目的的合理性则是整个法律具有合理性的前提和基础，对整个环境法的法律体系起着至关重要的作用。环境法是应对日益严重的生态危机而产生的，但其立法理念却与当代生态保护的要求相差甚远。立法的指导思想和保护目的不够明确，保护重点不符合宗旨，没有从保护生命、健康和财产安全转向生态安全，生态利益、自然权利并没有成为我国环境法的保护目标。我国理应转变观念，吸取教训，借鉴经验，在我国环境立法目的中真正确认包括动物、植物在内的所有自然物的权利。

第二节　环境法理念的革新——人与自然和谐的法治观

伦理与法律有着共生关系，在较原始的规范形式中，伦理或道德与法几乎是同一的。这样的情形在某些秩序现象中甚至被延续到了近代。如中国的复杂的人身法，内中的伦理或道德成分被奉为中华法系的灵魂。而儒家理想主义的法观念则极力推崇法律的伦理化而非工具理性。他们强调利他而不利己的伦理自觉，甚至认为，惟其如此，方有真正的社会秩序，与这一思路截然相反，西方法律从它开始批判或放弃原始自然法以来，相对于东方专制主义的伦理法形态而言，就走上了与伦理分道而行的独立道路。在这种法律模式中，法律不懈地探求着非政治化和非伦理化的独特个性，崇尚理性，强调从法律的角度看法律，主张以恶制恶，以利益换利益，不轻易求助于善，认为恶或权利的冲突、抗衡、妥协，即可谋求之于主体利益的保护。规则的理性化和形式化，使之易于远离情感、善意而做出公正、合理、有效的裁决。于是，伦理成了法律的看客或外在的评判者。

随着近代意义上的法治的生成，伦理开始改变其单一的看客、外在评判者的形象，不时也介入到法律规则之中，充当一定的角色。比如，公共秩序中的公序良俗原则，司法中的诚实信用原则之类。这种近代才有的渗透现象再次证明，伦理与法律不是两种完全不同的范畴，它们的目的和价值是一致的，它们同一起源，后来分道而行，是职业化和功能化造成的结果。随着人类文明意识的提升和视野的开拓，它们的共同性再次受到人们的关注。尤其在生态法治的观念模式中，伦理主导其价值的取向。

当前部门法的变化多数发生在环境保护领域，部门法的法律实证主义和人类中心主义理念并没有彻底改变。这不是部门法不愿意改变，而是因为人与自然和谐的法哲学还没有形成，生命自然的权利在部门法中没有法哲学的基础。所以，部门法的观念需要变革。即便是从环境保护的角度，法哲学也应当为各部门法提供环境保护的目标和终极关怀。从环境保护角度，法哲学应当建立人与自然和谐相处的环境观念。

一、人与自然和谐的法治观

现在，我们正在构建民主法治、公平正义、诚信友爱、充满活力、安定有序、人与自然和谐相处的和谐社会。和谐社会表现在两个基本的维度上，一是通过民主法治的途径建立公平正义、诚信友爱、充满活力、安定有序的社会；二是通过民主法治的途径建立人与自然和谐相处的社会。这两个维度同构下的状态就是和谐社会的应然状态。从研究的角度，可以将和谐社会归纳为两个方面，一是社会问题的解决；二是人与自然关系问题的解决。这两大问题都要通过法治的途径才能获得。所以，从法治的角度，法治包括社会法治和人与自然关系的法治。就人与自然关系的法治而言，通过建立符合和谐社会要求的人与自然关系的法哲学理念，在此等理念的指导下通过立法、执法、司法等途径来调整人与自然关系，使人与自然关系既符合社会的发展又有利于大自然的进化，二者之间产生协同效应，从而达到马克思所认为的，社会是人同自然界完成的本质统一，是自然界的真正复活，是人的实现了的自然主义和自然界实现了的人道主义。①

这种人与自然和谐的法治观念与联合国一贯主张的通过法律途径实现人与自然的和谐是一致的。1982年10月28日联合国大会通过的《世界自然宪章》提出了人类与大自然之间关系的法律原则；并提出：在决策过程中应认识到，只有确保自然系统适当发挥功能，并遵守本（宪章）载列的各项原则，才能够满足人类的需要。根据《世界自然宪章》之规定，法律调整人与自然关系的目的乃是实现人与大自然之间的和谐相处。法律调整人与自然关系的标准是保护和保持大自然的基本过程，使自然系统的功能维持不坠。所以，人与自然之间的和谐是人与自然关系法治的目标，人与自然和谐的标准是大自然的基本过程得到维护和自然系统的功能维持不坠。

就当下的法律结构而言，直接研究人与自然关系的法学是环境法学。从内容上说，人与自然关系应当是环境的主要内涵，法律调整环境就是调整人与自然关系。虽然目前的环境法并没有达到这样的状态，但是环境法直接肩负着和谐社会的法治使命。人与自然和谐相处的法治观要求建立人与自然和谐的环境观念。

首先，人与自然之间的生物学和人类学关系是环境法认识人与自然关系的基础。反之，离开这种基本关系来建构环境法的观念就是形而上学的。从生物学和人类学的层面考察人与自然关系，人类和其他生命一样从远古而来，而且至今和那些进化缓慢的生命物种一同生活在这个世界上。从这个角度看，生命之间并没有人、物之高低的分化，也没有谁决定谁的生存权利。相反，生命在长期的进化过程中形成了相互依存的关系，即资源的供养关系。人首先是动物，其次才是人。具体来说，人在实质上是哺乳动物下的灵长目中的人科中的人属。这就是我们人类与自然之间的基本关系。

根据这个基本关系，哲学上所论证的人的本质——意识和意志的对立统一②——乃是人之个性。马克思说，“生命的生产——

① 《马克思恩格斯全集》（第42卷），人民出版社1972年版，第122页。

② 肖君和：《论人》，浙江人民出版社1986年版，第71页。

无论是自己生命的生产（通过劳动）或他人生命的生产（通过生育）——立即表现出双重关系：一方面是自然关系，另一方面是社会关系。”[①]马克思还说，“人直接地是自然存在物”[②]恩格斯也指出，“人来源于动物界这一事实已经决定人永远不能完全摆脱兽性，所以问题永远只能在于摆脱得多些或少些，在于兽性或人性的程度上的差异”[③]。这些理论深刻地揭示了人的性质：①文化性；②自然性，即生物性。

其次，在人与自然关系中，应当尊重人，以人为本，捍卫人权。在和谐社会建构的过程中，我们不能将社会的法治和人与自然关系的法治割裂开来，保护人的权利和保护自然的权利都非常重要。在人类自身的平等权利依然还是问题的情况下，弘扬人类的本性，珍视人类自身，这是人类进化过程中的必然现象，这也是人类关注他类的前提。如果人的权利在法律上都不存在，那么自然的权利就会落空。所以，在人与自然关系法治化的过程中，我们应当重视人的权利，建立以人为本的法律观。但是，以人为本的法律观与人类中心主义的法律观存在着本质的不同。以人为本的法律观，首先承认并尊重人与自然之间的基本关系，尊重自然，肯定自然的权利，同时捍卫人权，禁止将人与自然关系再次割裂，防止法律走向另一个极端，导致否定人的基本权利等灾难。以人为本的理念以发展的眼光来看待人自己，既尊重当代人的权利又尊重后代人的权利，尊重后代人与自然之间的基本关系。当自然的价值得到承认，自然的主体地位得以建立之后，我们把环境法理解为调整人与自然之间的关系就变得不那么难以理解。

最后，尊重自然，将人与自然关系纳入到法律的制度下，给予自然应有的权利，并尊重自然的权利。从生物科学的角度，一个群体只要有 2%的优势就能导致在 1000 年内消灭另一个群体[④]。就人

---

① 《马克思恩格斯全集》（第 1 卷），人民出版社 1972 年版，第 34 页。

② 《马克思恩格斯全集》（第 42 卷），人民出版社 1972 年版，第 167 页。

③ 《马克思恩格斯全集》（第 20 卷），人民出版社 1972 年版，第 110 页。

④ ［苏］科恩：《自我论》，三联书店 1987 年版，第 75 页。

类对于其他生命而言，如果人类对自己不加以克制，所有的非人类生命体的消灭简直是不可避免的。这样的悲剧不仅在人与非人之间，就是人类之间也不可避免。所以，在人与自然之间的关系中，人必须受到规制。尊重自然，就是尊重生物的多样性，尊重多样的生物所应有的生存权利，使其繁盛；尊重和保护所有生命存在的基本条件，例如森林、河流、水源、海洋、大气等，使其有利于所有生命的存在和发展。

二、构建人与自然和谐的法律关系

中国正在构建社会主义和谐社会。和谐社会包括两个层面：一是人与自然关系和谐；二是社会内部和谐。这两种和谐状态都是通过法治的方式实现的。所以，法律必须规制人与自然关系。人与自然关系在本质上是人的自然权利和生命的自然权利之间的和谐。

党的十六届四中全会提出构建社会主义和谐社会的理论。从和谐社会的特征看，社会主义和谐社会是民主法治、公平正义、诚信友爱、充满活力、安定有序、人与自然和谐相处的社会。因此，从结构上看，和谐社会由两层关系构成，一是人与人的社会关系的安定有序，二是人与自然关系的和谐。从途径上看，和谐社会是民主法治的社会。它体现了中国人的法律信仰和社会追求，是文化的自觉。所以，和谐社会的过程是法律文化创造和生成的过程。

和谐社会首先是民主法治的社会，民主充分发扬，依法治国的方略得到切实落实。这是和谐社会的前提和方式。如果没有民主的法治秩序，和谐关系就不可能保持。通过民主法治，尊重和保护公民的基本权利，实现社会利益的公平正义，达到以人为本。通过民主法治，实现人与自然之间的公平正义，达到人与自然和谐。所以，民主法治是和谐社会的基本形式，公平正义是民主法治的核心内容，它要求通过法治妥善协调各方面的社会利益关系，正确处理人民内部矛盾和其他社会矛盾，正确处理人与自然之间的关系矛盾。

这是在政策理论高度上对中国和谐社会的法治蓝图细心描绘。从过程看，和谐社会不是一个已经存在的成熟的社会状态，而是一个需要我们通过民主法治的途径去创造和构建的社会。因此，和谐社会是一个基于中国现实生成的社会理想，是一种应然的社会，是文化的自觉。这个蓝图需要我们从法学的理论层面进行细心的求证，需要我们从法律实施的层面进行认真的建构。当然，中国法治的走向不应简单地超越历史阶段，高鸿钧教授提出，在这一点上我们要坚持以发展民主形式法治辅以民主实质法治来推动法治的进步①。我们不可能抛弃历史和现在以求构建未来。

然而，和谐社会的法治与目前的法治是相区别的。最大的不同在于人与自然之间的和谐关系的法治化。目前的法治模式是西方近现代的法治模式。公平正义是近现代社会法治追求。未来社会无疑仍然是民主法治的社会。这是历史的走向。但是，和谐社会的民主法治与近现代社会的民主法治的不同之处有三：一是近现代的民主法治未能实现社会的公平正义，资源的不平等分配是一个普遍的现象。在罗尔斯的《正义论》中，正义只不过是西方社会的乌托邦而已。和谐社会追求的法治是通过法律的方式分配资源，通过资源的公平分配，达到社会的和谐和安定有序。二是在于和谐社会的法治在法律关系上，在公平正义的关照范围上都扩大了。和谐社会就是要通过法律的方式使社会在多维的法律关系下均衡地配置社会资源。在这个层面上，和谐社会的法治为中国法学提出了全新的命题。马克思认为，社会是人同自然界完成的本质统一，是自然界的真正复活，是人实现了的自然主义和自然界实现了的人道主义。②所以，人与自然关系是和谐社会不能回避的问题。中国法学尤其是法哲学必须回答人与自然之间的和谐关系到底是什么样的法关系。在这一点上，人与自然的关系不仅仅是环境法的命题，首先是法哲学的命题。三是法治社会的精神在于社会的法律文化之中。所以，和谐社会需要新的法律文化观念，单纯依靠传统的法律文化观念或者西方的法律文化观念都不能肩负起建构和谐社会的伟大使命。

---

① 高鸿钧：《现代法治的出路》，清华大学出版社2003年版，第389页。

② 《马克思恩格斯全集》第42卷，人民出版社1972年版，第122页。

在法律关系上，这就需要中国的法学构建既包容以人为本的社会关系又包容人与自然和谐关系的法哲学理论。法治建设需要达到两个目标，一是社会的安定有序，二是人与自然的和谐有序。如果法理学的研究主观地舍弃人与自然关系，不将人与自然关系纳入法律的视野，那么和谐社会的法治就是残缺的。笔者认为，人与自然关系不仅是部门法的任务，更应当是法理学的范畴。法理学应当研究论证人与自然关系，为部门法提供哲学依据。由于人与自然关系在以前的法理学中没有反映，所以需要更多的创造精神。

创造总是在历史和现实的基础上产生灵感。历史和现实的存在都是文化的存在，已经留在了民族的精神中了。所以，我们构建和谐社会的时候，把握两个基本关系的时候，需要依托法律文化。我们既要整合中国传统的法律文化，因为传统文化中有丰富的和谐的文化资源；同时，我们要借鉴西方法治的文化精神，构建中西合壁的和谐社会的中国的法律文化。统而言之，法律关系界定了法治的范围，法律文化塑造了法治的精神内核，法律制度的制定和实施便是法治的具体化实践。无疑，目前的法哲学需要变革。否则，法哲学就会落后。

和谐社会的理念，为我们从环境角度理解人与自然关系提供了如下资源：

（1）人类已走出纯粹通过社会来说明自然的传统思维模式，形成了以人与自然关系来说明人类的新观念。人向自然回归，从而获得了一个全新的解释背景。这一背景的特征在于其全方位性和真实性，摒弃了神的虚假性和人自身的狭隘性。

（2）人的生物属性向社会回归，发现了人与自然之间的同一性，并依此重新建立了人与自然之间的关系。

（3）养的平衡规律受到尊重，并由此说明了多样生命存在的不可替代性，从而获得生物多样性共生观念。

（4）点的思维模式被关系思维模式所取代，获得了环境的系统观念和网络观念。

（5）以人为本、尊重自然的理念渐次取代了人类中心主义观念。

以上观念对于我们解释、说明人与自然的关系有不可替代的重要性。成熟的观念成为人们习惯与文化的内容，成为思想的参照，成为真理。从法学角度界定人与自然关系时应当坚持社会关系、人与自然关系、自然关系的辩证统一性。在这三种关系和谐的前提下，确定关系主体之间的关系，建立主体之间的权利义务公平体制。在环境法领域，与传统法治不同的是，其法律主体或当事人不限于人类，它还包括未来主体或非人类主体，他们都是非意识自觉或非现在主体，缺乏法律所要求的完全行为能力。这表明，在这样的人与自然相互作用的法律关系中，人是主动的，而相对当事者或关系者却是被动的。由此，也必然要求我们的法律强化人类的责任、义务，要求人类有利他的伦理关照和付出。这正好于人类意识自觉的主体概念相吻合。人类之人性的自觉与智慧的能力都要求它在生态法治中具有守衡、和谐、中庸的观念，并依之立法、司法，这样，才足以形成有利于人自身、环境及整个生态系统的共同秩序，才足以保障这种秩序中的公平、正义、合理原则的实现。[①]

三、环境法立法目的确立

环境法无疑是调整人与自然关系的有力工具之一。传统的环境法根源于传统部门法的哲学和伦理价值理念。在价值观念上继承传统法学的人文主义，对人类行为的限制仅仅定位于对资源的节约，而其归宿又在于人类的内在价值和自然对人的价值，自然是法律的客体。环境法的目的于是成了保护人类在利用环境和资源过程中所产生的利益。这样的价值定位是建立在忽视自然的内在价值的基础上的。那么，它的保护也会停留在把自然视为人类的价值客体而予以有限度的保护。在调整过程中主要是强调公民有平等环境权、环境义务与责任。我们不难看出，传统环境法并没有将自然与人类平等对待，仍然处于对环境和自然的掠夺之中，只不过从人的利益出发限制了这种掠夺。为了真正的保护环境，同时也让人类生活下去，

① 江山：《人际同构法哲学》，中国政法大学出版社 2002 年版，第 200 页。

我们应当确定人与自然在法律上的平等关系，将环境法的基本价值定位在人与自然的平等之上，让人类逐渐走出自我中心的思维定式。尊重自然，在尊重和平等的基础上去开发自然，这样才能真正地保护自然。正如世界自然保护同盟组织在 1982 年发表的《世界自然宪章》序言中指出的："生命的每一形式都是独特的，不管它对人类的价值如何，都应当受到尊重；为使其他生物得到这种尊重，人类的行为必须受到伦理准则的支配"。

（一）环境法立法目的确立的理论基础

世界是一个完整的世界。我们生存在自然之中，必须把人类的价值放在一个更加广泛的价值范围内去考虑，而不是让人类的价值超越世界其他部分的价值，更不能凌驾于整体价值之上。这才是环境法应有的定位。在这一定位的基础上，对自然权利的论证较为完整的是深层生态学的"生态利益中心主义"。其代表人物奈斯认为，生态危机的根源在于现有的社会机制、人的行为模式和价值观念。因此，必须对人的价值观念和现行的社会体制进行根本改造，把人和社会融入自然，使之成为一个整体，才能解决生态危机和生存危机。

生态利益中心主义有两项最高准则和八大行动纲领。两项最高准则是自我实现和生态中心平等主义。自我实现是生态中心主义理论的出发点和最高境界，位于底层的多样性、自我决定和无等级社会则构成了自我实现的基础。多样性增加了自我实现的潜能，但多样性又要受到复杂性和共生状况的制约，只有最大的复杂性和共生性才能使多样性最大化；自我决定有利于自我实现潜能的发挥；无等级社会赋予所有人自我实现的平等权利。这种平等为所有存在的自我实现提供了保障。相反，等级社会否认这种平等的权利，因此不能避免征服和掠夺。这种自我实现也可以用"普遍的共生"来代替，其更加通俗地表达为"活着，让他人也活着"，这里他人，指的是地球上的所有的生命形式和自然过程。

生态中心主义的平等原则意味着生态系统的一切存在物都有生

存、繁衍和充分体现个体自身以及在大写的“自我实现”中实现自我的权利。生态系统是一个有生命的整体，生态系统中的所有存在物，如大地、河流、山川等都是有生命的，因而也都具有内在价值。生物圈中所有存在物都有生存和繁衍的权利。它们在生态系统中的内在价值是平等的，因而地位也是平等的，没有等级差别。人类只不过是众多物种中的一种，在自然的整体生态关系中，既不比其他物种高贵，也不比其他物种低级。生态系统的一切存在都有助于系统的丰富性和多样性，这种丰富性和多样性对生态系统是至关重要的，也是最有价值的。

生态利益中心主义的两条根本性原则，是其赖以存在和得到广泛认同的根基，它给出了人的自我完善的最高境界，人和自然协调发展的理性模式。借助这两条原则，重新审视人与自然的关系，我们发现其实人和其他存在物一样，都是生态系统的一部分，它们相互依赖，相互作用，共同构成了完整的生态系统。因此，一切存在物，不单是人，对整个生态系统，对其他存在物都有价值，都有生存的权利，从这个意义上来说，如果我们伤害自然的其他存在物，那就无异于伤害我们自己。基于这一思想，深层生态学家给出了一条基本的生态道德原则：我们应该最小而不是最大地影响其他物种和地球；禁止征服和掠夺；保持最大的多样性和自我决定。[①]

生态利益中心主义的八大纲领是其实践指导。它的内容是：[②]①地球上的人类和非人类生命的健康和繁荣有其自身的价值（内在价值、固有价值）。就人类目的而言，这些价值与非人类世界对人类的有用性无关；②生命形式的丰富性和多样性有助于这些价值的实现，并且它们自身也是有价值的；③除非满足基本需要，人类无权减少生命形态的丰富性和多样性；④人类生命与文化的繁荣与人口的不断减少不矛盾，而非人类生命的繁荣要求人口减少；⑤当代人过分干涉非人类世界，这种情况正在迅速恶化；⑥因此我们必须

① 裴广川：《环境伦理学》，高等教育出版社 2002 年版，第 138-139 页。
② 傅华：《生态伦理学探究》，华夏出版社 2002 年版，第 28-29 页。

改变政策，这些政策影响着经济、技术和意识形态的基本结构，其结果将会与目前大不相同；⑦意识形态的改变主要是在评价生命平等（即生命的固有价值）方面，而不是在坚持日益提高的生活标准方面；⑧赞同上述观点的人都有直接或间接的义务来实现上述必要改变。这种理论体现在环境立法上，就是要求承认自然的权利，确立自然的法律主体地位。

（二）环境法立法目的的价值选择

在改造我国环境法时，应首先树立现代环境法目的。即环境法的目的在不排除保护人类自身权利与利益，为了人类自身健康利益而保护环境这一最低限度的目的的前提下，确立环境公平的目标。

具体而言，我国环境法的目的应该表现为：一是保护人类环境和人类健康，实现代内公平，它意味着在分配环境利益方面今天活着的人之间的公平；二是实现代际公平，它主张代际之间尤其是今天的人类与未来的人类之间的公平，维系世代间利益的平衡，实现人类社会的可持续发展；三是引入物种之间公平的观念，即人类与其他生物物种之间是公平的，并在物种公平基础上实现权利公平，保护人类的环境权和自然的权利。人类没有理由也不可能要自然生活在我们的权威之下，自然应是与人类平等的。要承认这种平等，首先要承认自然的内在价值，和生物多样性及其组成部分的生态、遗传、社会、经济、科学、教育、文化、娱乐和美学价值，还应意识到生物多样性对进化和保持生物圈的生命维持系统的重要性。这种观念首先是将自然的内在价值和人类中心价值之间划出了明确的分界线。因为，自然能够将人类同其他自然物一起纳入自己的整体之中，让人类同其他动物一样接受它的评价和约束。人类活动符合自然的价值则有生态的平衡和人类的进步，反之则遭到自然的报复和惩罚。与此相应，法律也应该把追求人与自然的平等作为其目标。这一点不仅在现代环境伦理中得到体现，而且在一些国家的法律中也得到了承认，如美国、意大利、德国均有这样的环境立法。

第六章 通往自然之路：环境公益诉讼

设定一种权利，这种权利就有可能被侵犯；设定一种权利，就应该为这种权利建立救济机制，使该权利得到有效的保护。西方有法谚："没有救济的权利不是权利"，这是普通法的一项古老的原则，也是权利的核心要素，权利的设置体现了人们的价值需要和利益追求，法律对权利加以肯定和规范，就必须对其进行保护和救济，否则该权利就无法逃脱"空中楼阁"的命运，该权利就是没有任何生命力的权利。在英国 1703 年的"阿什比诉怀特案"中，其首席大法官就宣称："如果原告拥有一项权利，他就必然要有维护和保持该权利的方法，如果他在行使权利时遭到侵害则必须要有救济……对权利的需求和对救济的需求是相互的……一个人得到救济，也就得到了权利；失去救济，也就失去了权利。"①无论是一种道德追问，还是一种法律实证，我们都不能否认自然权利的存在，自然的权利作为权利概念延伸的一个当然结果，我们在论证它的真实性的同时，也必须将其付诸实践，使其具有现实的可诉性和救济性。本书以下就如何将自然的权利付诸实践进行探究，从切实可行的角度提出对自然权利司法救济的现实途径。

第一节 环境公益诉讼的基本范畴

对自然权利的讨论必然要反映在对诉讼法这一最强有力最为公平正义的终局性救济方式的冲击之上，即要充分考虑相关主体的诉

---

① 冯健鹏：《有权利必有救济》，http：//luhmann.fyfz.cn/art/153585.htm。

讼资格问题以及如何实现他们的诉权，自然物作为自然权利的享有者，是否就能够因此而取得诉讼资格？如若答案是肯定的，我们应该如何保障自然物行使诉的权利？如若答案是否定的，我们应该设计一个什么样的诉讼制度来保障自然权利的充分实现？对于不具有人类意识、无法真正理解法律、履行法律上义务的自然物来说，代理制度无疑是最好的解决途径之一。

一、环境公益诉讼的基础理论

在法制社会中，一切权利的实现、保护等过程，无一可以离开司法程序的启动。只有司法程序的立法、启动、保障等程序完善和衔接，才能把权利的实现和保护落到实处。法制社会中的权利，不仅包括实体法，也包括程序法，缺少了其中任何一个，该权利必然是一个空壳。自然权利切实存在于我们理念和现实中，自然权利既包括自然的实体权利，又包括自然的程序权利。自然的程序权利是在实体权利遭受侵害时所享有的提起诉讼的资格。环境公益诉讼本质上是将自然的程序权利落到实处的保障，它通过司法程序的启动为自然权利的实现和救济铺平道路。所谓“代理”自然进行的诉讼，实为环境公益诉讼的一种，所以要讲自然权利的司法救济，必须从环境公益诉讼说起。

根据“代理”理论，自然权利同公民的环境权利是紧密相连的。自然权利的司法救济，本质上是通过实现公众环境权利的民主化，通过公众环境权利的行使，将公众的环境权利与政府的公权力相融合，达到对环境资源的保护，本质上也就是对自然权利所遭受的破坏进行司法救济和弥补。公众的环境权利主要有环境知情权，环境立法参与权，环境行政参与权以及环境公益诉讼的权利。其中，环境公益诉讼是最重要的公众环境权利之一，也是自然权利司法救济的必然途径。

在对自然权利的实现、保护和救济的过程中，如何实现公众的环境司法救济权将是保障自然权利得以维护和实现的最佳选择。只有从立法实践上加强公民环境权利的可诉性，才能更好地保障自然权利的实现。公众的环境救济主要包括环境私益救济和环境公益救济，前者主要是相关主体为了自己的私人利益而提起的司法救济，也是自然权利救济和实现的途径之一；后者是指相关主体为了公众的利益而提起的司法救济，其主要形式就是环境公益诉讼。

（一）环境公益诉讼的前提：环境公共利益

环境公益诉讼得以实现的前提，就是环境公共利益在实体法上被确认。目前，环境作为一种公共利益已经得到了各国理论界的认可，很多国家已经将其上升到实体法的层面加以保护。

早在古罗马法的《法学总论》中，就规定了："某些物依据自然法是人所共有的。"古罗马人已经将空气、阳光等部分环境要素作为法定的全体公民共同的利益从法律上加以确认；近现代民法上乃至法律界都没有将环境公共利益纳入到实体法中，相反，空气、阳光、水、日照、通风等环境因素皆被划分为个人的私产。随着工业革命的产生和发展，全球范围内发生大量的环境公害事件，使人们逐步从观念上意识到环境本身的有用属性。在环境法学界，从环境法学理论到环境保护运动再到环境立法进程的不断加快，逐步推动了环境公共利益在学理界和实体法上的地位。从环境法学研究学说来看，生态学的研究对改变人类环境意识起到了很大的促进作用，它是当代环境经济学和环境伦理价值观形成的自然科学基础。[①]人类环境意识的觉醒带来了声势浩大的环保运动，也推动了环境司法过程中环境公共利益观念的产生及确认，使环境公共利益在实体法上的地位得以确立。

环境公共利益的立法确认，使得该种利益成为实体法所保护的正当法益之一，使其不仅内含了"他评性的正当"这种社会性要素，更重要的是，使其内含了基于主权者命令的"不可侵性"这种力量性要素。[②]不可侵性是正当性的必然要求，可诉性又是不可侵性的

① 汪劲：《环境法律的理念与价值追求——环境立法目的论》，法律出版社 2000 年版，第 151-161 页。

② 张恒山：《义务先定论》，山东人民出版社 1999 年版，第 121-122 页。

必然结果，因此，环境公益诉讼的产生，乃是环境公共利益的不可侵性的必然结果。

现代法治在确立环境公共利益的前提下，同时赋予了公民以环境公益诉权，通过对环境公益诉讼的启动来保障环境公共利益的不可侵性。目前全球许多国家已经实现了公民环境公益诉权的法制化，然而这一权利在我国公民的权利体系中尚没有被确立，目前中国社会涌现出了不少为公共利益而诉讼的普通公民，但他们的起诉资格无一例外都是被驳回，“直接利害关系”的规定成为了阻碍公民实现权利的鸿沟。于是，越来越多的学者和社会各界人士呼吁将公益诉讼纳入到法律的审查范围当中，其体现在环境法领域，就是自然权利的实现不能被“直接利害关系”的原则所剥夺，需要为维护环境公共利益尤其作为国家行政权之补充的私人力量维护环境公共利益提供强有力的程序保障，环境公益诉讼亟待开放。正如梁慧星教授所质问的那样：既然直接侵害私人权益的行政权行使行为可以纳入司法审查，且已经收到良好的效果；那么，为什么直接侵害国家和社会公共利益，从而间接侵害私人权益的行政权行使行为，就不可以纳入到司法审查的范围？①

（二）环境公益诉讼的基本形态

以美国为代表，可以将环境公益诉讼的基本形态划分为环境行政公益诉讼和环境民事公益诉讼。环境行政公益诉讼是社会公众对由于行政机关或者其他公共权力机关的环境行政行为对环境公共利益造成了或可能造成不法侵害，而提起的适用行政诉讼程序的诉讼活动。诉讼的客体是环境行政违法行为，不仅包括具体的环境行政行为，还包括抽象的环境行政行为；环境民事公益诉讼是社会公众针对侵害环境公共利益的私人的不法行为提起的要求该个体承担民事责任的适用民事诉讼程序进行审判的活动。目前，无论是环境行政公益诉讼还是环境民事公益诉讼，其原告资格都在各国呈现出普

① 吴汉东：《私法研究》，中国政法大学出版社 2002 年版，第 250 页。

遍放宽与扩大的趋势。

目前还有的学者从更为新颖的角度，提出了环境公益宪法诉讼这一新型环境公益诉讼模式。宪法诉讼是一个迄今为止一直有争议的概念，它是指“宪法审判机关适用司法或准司法程序解决宪事纠纷，制裁违宪行为，维护宪法秩序，保障公民基本权利的一整套程序与制度。”①宪法作为国家根本大法，其从国家整体利益和社会公共利益的高度规定了国家以及社会生活中的基本问题，它本质上就是一部保护国家利益和社会公共利益的基本法。我国的宪法中也规定了国家保护环境的基本国策，因此，随着现代民主政治的发展，宪法诉讼将成为一国不可扭转的趋势。

中南的财经政法大学的詹建红教授认为：“环境公益宪法诉讼是指宪法规定的环境公共利益因立法机构、司法机构、国家领导人、社团行为的机关的权限争执等而受到严重侵害时，任何人在穷尽其他救济后仍不能得到保护或适当的保护，可依法定规则启动宪法诉讼程序；它主要是社会公众针对立法机构、司法机构、国家领导人、社会团体、相关机关等的违宪行为而提起的诉讼行为。”目前许多国家都有专门的宪法法院，这为环境宪法公益诉讼提供了良好的基础，相信随着我国社会主义民主政治的不断完善和环境法律制度的不断建构，环境宪法公益诉讼制度将在我国逐步被确认。

（三）环境公益诉讼的基本特性

现代意义上的环境公益诉讼是工业革命以来环境危机的产物，于 20 世纪 70 年代在美国得以迅速的形成和发展。目前我国的法律还没有明确地对该制度加以规定。因此，法学界对环境公益诉讼所作的定义也是仁者见仁，智者见智。这里笔者将该制度定义为：社会成员，包括公民、企事业单位和社会团体，依据法律的特别规定，在环境受到污染和破坏的情形下，为维护环境公共利益不受损害，针对有关民事主体或行政机关，而向法院提起诉讼的制度。该制度

① 胡肖华：《宪法诉讼原论》，法律出版社 2002 年版，第 39 页。

并不是一种独立的诉讼类型与领域，而是一种与原告资格认定相关的诉讼方式和手段，根据诉讼对象性质的不同，其既可以在行政诉讼中采用，也可以在民事诉讼中采用。

从国外的立法与实践来看，环境公益诉讼与传统的普通环境侵权救济诉讼方式和手段相比，有如下特性：

第一，诉讼目的具有公益性。环境危机将环境利益这一独特的社会公共利益纳入到人们的视野当中，这种公共利益主要体现在利益内容的独特性上：一方面，它不是全社会公共利益的总和，也不是当代人所独享的公共利益，它是一种关乎整个人类世世代代生存和发展的公共利益，是自然权利的具体表现形式之一。它的具体内容就是人与自然的和谐相处以及生态平衡，它一般不指向具体的个人，而是为整个社会和自然所共有。自然权利的整体性和普遍性，正是环境公益诉讼建立的哲学基础。另一方面，它又与整个社会个体成员的环境利益密不可分。本质上说，侵害了环境公共利益，也会对社会个体成员的利益产生影响，并且环境公益诉讼的结果也可能会对社会个体成员的利益产生有利或不利的效能。因此，这种公益性的诉讼目的，就决定了我们提起环境公益诉讼的请求应该是禁止令状、停止侵害、排除妨害等要求应该将传统诉讼中的损害赔偿排除在外。①

第二，诉讼的提起具有补救性和显著的预防性。传统的私益诉讼以及我国法律当中规定的基于私人利益提起的环境私益诉讼更侧重于事后的补救性，而环境公益诉讼的提起不仅具有事后的补救性，其也更加侧重于事前或事中的预防性。

环境危害结果往往具有损害范围的广泛性，致害时间的长久性，发生过程的滞后性和不可逆转性以及危害结果的潜伏性和长期

---

① 若把损害赔偿也纳入到环境公益诉讼的请求范围之内，可能会导致由于赔偿范围和内容的过于宽泛而不利于环境公共利益的维护，因此应该将其与单纯社会环境经济利益和私人利益维护的损害赔偿问题区分开来，通过不同的手段来解决，这样更有利于司法实践中不同利益的维护。参见冯敬尧：《环境公益诉讼的理论与实践探析》，《湖北社会科学》2003 年第 10 期。

显现性，再加上现有科学技术和人类认识能力的局限，对于许多可能的环境危害尚不足以完全知晓，一旦环境损害结果显现，可能会造成不可弥补的损失，这样将会造成人类资源的极大浪费。因此，在环境公益诉讼的制度设计中，我们应该允许不以实际发生危害结果为要件，在可能的危害结果出现之前就应该允许相关主体运用司法手段对该可能的危害结果予以排除，将其消灭在萌芽状态；对于已经发生的环境侵害，环境公益诉讼则显现出其补救性的功能，相关主体通过诉讼请求，要求侵害方进行一系列补救措施，以此补救受到侵害的环境公共利益。

第三，诉讼适格的主体具有宽泛性。首先，环境公益诉讼提起的主体不应仅仅局限为那些认为其财产利益和人身利益遭受侵害的社会主体，在环境公益诉讼健全的体制下，只要相关主体的行为使环境的利益遭受损害，其他社会主体认为这种行为损害了优美的环境或者自然资源，就可以提起诉讼；其次，环境公益诉讼突破了传统诉讼中严格限制起诉资格的规定，将起诉资格扩展到与理论上环境利益有关的一切主体，无论这个主体在具体的法律关系中是否与该侵害行为具有法律上的利害关系。包括公民、法人、社会团体甚至国家等都具有提起环境公益诉讼的权利和资格。它摒弃了传统诉讼的“直接利害关系”构成要件，仅仅以环境受到损害作为原告资格的唯一理由，将传统诉讼模式下不能充分解决的环境问题真正纳入到法律保护的视野中，无疑是环保事业的重大进步之一；最后，环境公益诉讼的诉讼对象具有宽泛性，它不仅包括对环境造成威胁或现实破坏的公民个人，它将诉讼对象扩展至一切对环境造成威胁或破坏的社会团体甚至国家，将国家的行政权力和行为纳入到国民的监督之下，为公民、国家乃至后代人、自然物种的环境利益，提供了可靠的保障。

第四，环境公益诉讼裁判的效力具有扩张性。传统的私益诉讼是涉及当事人之间的利益纷争，诉讼裁判效力仅仅及于当事人以及与争议结果有利害关系的利害关系人之间，诉讼效力具有私益性。环境公益诉讼由于诉讼主体、对象、内容的广泛性，其涉及的利益关系和范围较为广泛，在这种法律关系当中，当事人并非单纯地要求侵害主体损害赔偿，不仅仅包括停止侵害、排除妨碍、消除危险等诉讼请求，在诸如行政部门、社会团体的决定甚至国家的一些开发计划、方案对环境存在可能的现实的危险时，相关主体都可以要求通过法院的裁判来影响或改变这种决定、计划或方案。因此，法院通过司法审查所作出的裁判不仅直接拘束案件当事人，而是对遭受同一环境侵害行为的一般公众也有拘束力，甚至影响到环境公共决策，[①]可见环境公益诉讼的裁判效力具有扩张性和广泛性。

二、环境公益诉讼运行的权利基础

自然权利的实现不能通过自然自发自觉地实现，我们需要将自然的权利转化为相关有意识的主体的权利，通过该主体权利的实现来促使自然权利得以保障。因此，从该角度来说，环境公益诉权是自然权利得以实现的一个重要分支，而环境公益诉权又是环境公益权的一个重要组成部分；从法律上明确和确保公众的环境公益权以及公益诉权，通过环境立法来合理配置环境权利和权力，将为环境公益诉讼制度的确立提供夯实的实体权利基础和支撑，是自然权利实现的重要途径之一。

（一）实体权利基础：环境公益权

如果说公平正义是法律的灵魂，那么完善的权利义务体系则是合理进行利益配置，实现公平正义的根本手段。环境公益诉讼制度的建立，离不开对环境公益权的聚焦和研究，它是环境公益诉讼制度的理论依据和权利来源，目前我国环境法制不完善的一个重要表现则是公众的环境权利体系没有被有效地建立起来，环境法上的权利性质没有得以明确，建立环境公益诉讼制度，必须首先明确公众在法律上的环境法权，这里的环境法权与传统公民在法律上的权利不同，公民传统的法律权利通常是一种私权利，主要表现为民事权

① 许恒：《环境公益诉讼实现之专门诉讼制度研究》，《法制与社会》2008年第1期。

利，环境法权则由于环境权益分配的公益性质和公益性的价值取向，而超越了传统的私权性质，因此，我们称之为环境公益权，环境利益具有的公共性、不可分割性和不可垄断性决定了它具有鲜明的集体属性和社会权利属性，它是任何公民都可以享有但又不能独自占有的权利，它是全人类的权利，是一种以人类为主体所享有的权利；正如美国学者萨克斯教授所认为，环境权天然地是与公共利益、公共权利相联系的，他认为："只有当我们一方面提出这样的问题，另一方面又意识到将公共权利的正当性与传统的私的财产利益相对等的东西来看待时，才能说这时我们才开始走上建立有效的环境法体系的真正道路。"

（二）程序权利基础：环境公益诉权

环境公益诉权是环境公益权在程序法上的体现，"作为法治社会基本建制诉权，作为基础性的人权，我们对它的研究与关注实在太少了"。[①]环境公益诉权，是指相关主体在环境公共利益遭受损害时，享有的诉诸公正、理性的司法权求得救济的权利。[②]对环境公益诉权的最早确立是在美国 1970 年的《清洁空气法修正案》中，自然权利实现的程度与一国法律上对公众的这种环境公益诉权的容忍度和对该权利的运行与保护程度与有极大的关系，那么，这种公众环境公益诉权究竟是一种怎样的权利？

第一，环境公益诉权在性质上是一种公权力，它具有社会权利的属性。公权力是相对于私权利而言的。私权利是公众为了保护私人个体利益不受非法侵害而设置的，它是社会主体之间彼此相对应的一方对另一方的权利；公权力则是公众参与国家与社会环境事务的权利，它对应的是国家的公权力。一方面，公众环境公益诉权作为一种公众参与国家环境管理工作的公权力，它"固然关注私人权益，但主要是在私人权益基础上形成的公共利益，即社会公益乃至

① 周永坤：《诉权法理研究论纲》，《中国法学》2004 年第 5 期。

② 这里主要是借鉴左卫民先生在《诉讼权研究》一书中对诉讼权的界定。参见左卫民：《诉讼权研究》，法律出版社 2003 年版，第 2-3 页。

人类公益。也正是公民社会中的社会组织关注社会问题在私域生活中反响，将这些反响放大并集中和传达到公共领域之中，形成社会公众的共同诉求，从而使其诉求活动大都带有政治性”。①环境保护目的之达成，环境公共决策的制定，离不开社会公众的广泛参与，这是民主社会的应有之义。公众既可以基于实体权利要求参与环境公共决策、环境立法等国家的环境管理活动，也可以基于公众环境公益诉权的行使来达到参与国家治理环境的活动中。例如，在美国的塞拉俱乐部诉内政部长莫顿案中，塞拉俱乐部参与环境公共利益维护行为就贯穿于环境行政决策与环境公益诉讼过程中。美国林业局从 20 世纪 40 年代后期就开始考虑把矿金峡谷作为一个潜在的娱乐开发场所。由于对滑雪设施的需求持续增长，林业局在 1965 年发布了一个说明书，在私人开发商中进行公开招标，准备在矿金峡谷建设和经营一个滑雪胜地。最终林业局批准了迪斯尼公司的最终计划。而塞拉俱乐部的代表则希望维持矿金峡谷的现状。1965 年，他们试图对拟议的开发举行一个公开听证会，但是没有成功。然后他们又与林业局的官员进行了沟通，表达了他们对迪斯尼公司的总体计划以及其中一些特殊细节的反对意见。在通过环境行政参与没有结果的情况下，塞拉俱乐部在美国的法院开始提起环境公益诉讼，案件后经过美国上诉法院第九巡回法院和美国联邦最高法院的审理。②另一方面，作为公权利的公众环境公益诉权是对应于国家环境公权力的，并可以抗衡国家环境公权力，是公众以公权利制衡国家环境公权力的主要凭借。③

在民主社会，政府的行为必须要有有效的监督，政府的行为在某些情况下也可能偏离环境保护的轨道，比如说没有很好地处理经济发展与环境保护的关系，或者环境政策由于某些因素而无法得以很好的执行等。因此，公众的环境利益诉求很可能不能充分地通过政府的行政决策体现出来甚至因这种行政决策而被削弱。这时，环

① 郭道晖：《公民权与公民社会》，《法学研究》2006 年第 1 期。

② Sierra Club v.Morton，Secretary of the Interior，et al.405 U.S.727（1972）.

③ 郭道晖：《论公民权与公权利》，《政治与法律》2005 年第 6 期，第 47 页。

境公益诉权作为一种公权力，在克服这种弊端上就发挥了极大的作用。环境公益诉权能够保证环境立法权力、环境行政权力等的行使不偏离正常的轨道。它可以通过启动环境司法权，来达到环境司法权力对环境行政权力的运行的制约。环境公益诉权是连接司法权与环境公共利益的中介，它将争议引到了司法权面前，使得司法审判得以启动。①

因此，公众环境公益诉权具有实体保障与程序保障的双重功能。但是，中国目前的环境法中并没有真正确立公众环境公益诉权。因此，实践中，通过环境公益诉权的行使来达到对环境公权主体或者私人污染者的监督和制约还缺乏制度基础。②

第二，环境公益诉权是一种从属性的权利。③一方面，环境公益诉权相对于政府的环境公权力来说，处于从属的地位。它虽然对环境公权力具有制约的作用，但它又是环境公权力运行的补充。在环境保护问题上，政府是最重要的责任主体，尤其在我国这样一个公民环境意识尚不完全的国家，环境保护工作主要是通过政府的环境公权力来实现的。环境法律与环境政策的制定、实施与落实，政府起着最重要的作用。当一种危害环境的行为处于政府的管制甚至制裁之下，此时公众的环境公益诉权就没有启动的必要。只有一种危害环境的行为游离于政府的监督之外或者政府怠于行使自己的职责或者是政府本身的行为有损于环境公共利益的保护，这时才有了启动公共环境公益诉权的必要。

另一方面，环境公益诉权相对于环境司法权来说，也是处于从属的地位，它行使的前提是环境司法权的启动和运行。环境公益诉权并非一启动就可导致相关主体之间环境权利和义务的产生或改变，它必须通过环境司法权的启动、审查、确认等一系列程序，最终作用到相关对象上。法律以及司法程序都对环境公益诉权进行了相关的限制规定，在这个意义上，环境公益诉权是一种从属

① 颜运秋：《公益诉讼理念研究》，中国检察出版社2002年版，第86页。
② 朱谦：《公众环境保护的权利构造》，知识产权出版社2008年版，第286-287页。
③ 朱谦：《公众环境保护的权利构造》，知识产权出版社2008年版，第287页。

性的权利。

环境公益权和环境公益诉权的确立通过对公民在环境实体法上请求权范围的扩大为环境公益诉讼制度提供了充分的权利基础和适格主体，它扩大了环境法在环境保护工作上所保护的利益范围，解决了环境公益诉讼中的实体权利来源问题，从法律上来讲，某主体是否享有起诉资格，主要是看该主体是否对其通过起诉要求法律保护的利益具有法律上的权利，若没有则该权利不是法律所保护的利益，那么该主体的请求自然也得不到法律的认可和肯定。“环境法作为人类保护环境的重要手段，应为调整环境社会关系提供有效的法权模式，以合理地配置权力和权利，从而保障环境法秩序的实现”。①

目前我国的环境法律制度尚不完善，公民在环境法上的权利体系没有得以有效建立，受传统法的影响，长期以来遵循的“直接利害关系人”诉讼原则阻碍了对环境公共利益的救济，也阻碍了环境公益诉讼制度的确立。公民的环境权、环境公益诉权等环境权利都有待于理论和立法实践的进一步完善，将公众的环境权益在立法中加以明确，才能确保环境侵害事件中的司法救济的及时启动，才能为环境保护在司法领域的充分开展提供充分的理论和现实依据，这也是环境公益诉讼制度确立的重要理论基础和现实依据。

三、环境公益诉讼的功能与价值诉求

（一）传统诉讼权能理论面临的困境与出路

传统的诉讼权能理论起源于西方的资产阶级革命中形成的裁判观念以及德国法中的规定，即“维护私人权利的纠纷解决机能和标准确立机能”②以及“某人能够站在法院当中进行诉讼的资格”。这种解决私人利益纠纷的一个重要的延伸就体现在其解决纠纷的主要

① 黄锡生、黄猛：《我国环境行政权与公民环境权的合理定位》，《现代法学》2003年第5期。

② 王树义：《环境法系列专题研究》（第二辑），科学出版社2006年版，第63页。

功能和对诉讼主体资格的限制上。一方面，其遵循“法律权利标准”，规定只有自身权益受到现实损害或威胁的主体才有资格提起诉讼，即相关主体之间存在着纠纷的可能性；另一方面，其遵循“直接利害关系”原则，只有法律上的直接利害关系人才有资格提起诉讼，这种限制不仅在大陆法系存在，在英美法系也存在。比如我国的《行政诉讼法》第 2 条以及第 41 条中的规定。按照这种传统的诉权理论，诉权是实体权利的请求权，因而是实体权利在程序法上的延伸，只有基于实体法上权利受到侵害或者威胁的事实，才能有效行使诉权，在这种理论的指导下，即形成了诉权与实体权利的一一对应的关系。[①]公众只能基于实体权利的损害提起诉讼，在实体权利没有收到现实损害的情况下不具有诉的资格。面对新型的环境纠纷，传统的诉权理论和程序设计机制呈现出其僵化和保守的弊端，在对环境公共利益的保护上，呈现出了司法真空的状态。在环境保护日益紧迫的今天，积极对传统的诉权理论进行反思，建立一种新型的环境公共利益保护的诉讼理论和程序机制，是我们不得不面对的问题之一。

随着环境问题的日益加深，一些新的环境纠纷的出现，新的诉讼权能理论应运而生，传统的诉讼权能理论遭到了严重的挑战和削弱。若按照传统的诉权理论，很多当事人的诉权将可能被排除在外，其中就包括基于环境公共利益受损而起诉的权利。在传统的诉之利益理论中，无利益即无诉权，“诉之利益往往是制定实体法和环境政策的前奏曲。诉之利益掌握着启动权利主张进入诉讼审判过程的关键，也就是通过诉讼审判后创造实体法规范这一过程的重要开端”。[②]

为了适应大量的现代型诉讼与纷争，必须重新审视传统诉权理论，不断提高诉讼解决纠纷和保护权益的能力，对诉之利益进行重新的衡量和考虑，不断地扩大和充实诉之利益的保护范围和功

---

① 王树义：《环境法系列专题研究》（第三辑），科学出版社 2006 年版，第 194 页。

② [日] 谷口安平：《程序的正义与诉讼》，王亚新、刘荣军译，中国政法大学出版社 1996 年版，第 151 页。

能的发挥，于是，诉权逐步发展成为基于诉讼程序法而产生的独立权利。[①]即“诉的利益的扩散”原理。这种利益脱离了传统诉权理论与实体权利机械挂钩的束缚，只要相关主体能够证明某种利益与自己有关，就享有起诉的权能。这种利益不仅仅局限于私人利益，也包括社会公共利益，当然也包括环境利益。起诉资格的真正问题是：“申请人是否能表明一些实质性的不负责任或滥用职权，而不是是否涉及他的个人权利或利益”，它是诉之利益从消极功能到积极功能的转变，使得为保护环境公共利益的诉讼获得了长足的发展空间与动力，为公众提供了一个通过司法主张环境公共利益的新途径。

（二）推行环境公益诉讼的现实需求

在自然权利逐步被承认和认可的今天，如何通过诉讼法上的变革，完成自然权利的实现和救济，是我们不得不面对的问题之一。作为环境公益诉讼的一种表现形式，自然物种诉讼是和自然权利的实现紧密联系在一起的，环境公益诉讼是自然权利实现的重要途径之一，是环境公益保护的重要表现形式。自然权利的法律化和现实化，必须通过赋予相关主体以法律上的价值和法律上的资格，才能予以解决，环境公益诉讼制度就是要突破传统的诉权理论，拓宽法律上的原告资格，赋予相关主体代表环境公共利益以诉讼的权利，这里的原告资格，我们不应仅仅限定在人类的领域，作为自然权利的承载者，自然物种的原告资格问题，也是我们所要关注的问题。

从法律上承认自然物种的合理性和价值性，是自然权利在实体法上合理性的重要途径之一。虽然迄今为止很少国家在实体法中承认自然体享有法律上的权利，但在环境保护运动日益扩大的今天，越来越多的国家不得不承认自然的价值。环境公益诉讼是从程序法上保护自然权利的重要武器，具有明显的预防性质，同时兼具补救功能。美国早在 20 世纪 80 年代，在其环境诉讼中，对于原告在诉

---

① 冯敬尧：《环境公益诉讼的理论与实践探析》，《湖北社会科学》2003 年第 10 期。

状的当事人一栏中，就将自然物特别是动物的种类的名称列于其中，以原告的身份提起诉讼。日本学者山村恒年认为，确认自然的权利会带来行使上的问题，为了解决这个问题，可以按照市民运动制定市民诉讼法，通过市民代行诉讼来确保自然的权利。①我国资深环境法学者蔡守秋教授认为，承认自然体的权利，对于保护自然环境资源，实现人与自然的和谐共处有积极的意义。法律可以从只保护人的权利向同时保护人和自然的权利发展。②因此，研究自然权利的实现，就不得不研究环境公益诉讼制度，作为一种代理自然实现权利的诉讼制度，研究环境公益诉讼制度，就不得不面对自然物种的诉讼问题。

在环境公益诉讼中引入濒危动植物等自然物作为当事人，通过法定的代理制度使它们的诉讼权利得以落实，扩大当事人的范围，放宽当事人的起诉资格，是实现自然权利，促进人与自然和谐相处的重要途径之一。美国等一些国家的环境公益诉讼制度之所以得到充分发展，原因在于这些国家有一系列专门立法的规定。美国一共有 14 部联邦环境法律中包含公民诉讼条款，再加上判例的进一步解释，使得该项制度得以完善。然而，从我国现行立法情况来看，虽然一些法律有相类似的规定，但未通过立法明确规定环境公益诉讼制度，这就使我国的环境公益诉讼缺少法律制度上的支撑。因此，应当借鉴国外的做法，在立法上对环境公益诉讼加以明确规定。

（三）环境公益诉讼的功能与价值

面对环境保护工作日益紧迫的形势，在新型的诉讼日益涌现和诉之利益不断扩散的趋势下，环境公益诉讼彰显出以下多元化的功能和价值：

首先，环境公益诉讼是实现环境公平正义的助推器。正义是法的内在精神蕴涵，是法的价值中永恒的追求目标，尽管“正义有着

---

① 汪劲：《环境法律的理念与价值追求——环境立法目的论》，法律出版社 2000 年版，第 250-251 页。

② 蔡守秋：《环境资源法学教程》，武汉大学出版社 2000 年版，第 270-272 页。

一张普罗透斯似的脸，变幻无常，随时可呈现不同形状并具有极不相同的面貌……”[①]市场机制通过“看不见的手”，将各种环境要素在各主体之间自由交换，自主选择，最终使个人利益和社会利益都能够得到同步增长，达到全社会的最大福利，它更符合自然的公平正义。然而，市场只能够解决交换的正义，却从来就无法解决分配的正义问题；我们既为市场的效率和理性而自豪，又为市场的盲目而担忧，在市场的调节下，一部分人（包括国家）已经获得了环境利益的充裕供给，另一部分人却可能因为市场的盲目而连最基本的对环境资源的生存需求都无法得以保障，改变这种环境利益上不公平现象的重要途径便是环境公益诉讼。

环境公益诉讼通过相关社会主体运用法律手段对侵害环境公共利益的行为展开诉讼，最大限度地保护环境公共利益，从而对社会中不平等的环境资源进行分配和调整，使法律制度对那些对于环境公共利益损害无动于衷和无能为力的“弱势群体”给予相应的倾斜和回应，解决市场中因不公平的环境要素机会分配而产生的问题，实现环境利益分配上的正义。它将诉讼的触角伸向社会各个侵害环境公共利益的角落，为社会弱势群体提供了一个广阔的法律空间，在环境公益诉讼这个舞台上，他们的利益诉求能够得到有效的表达，他们的呼声能够得到国家和社会的充分重视，他们的权利能够有效地得以实现；在诉讼过程中，法院积极地通过法律的运用为社会中的“弱势群体”寻求环境利益上的正义，“群体诉讼追求的与其说是这些个人得到社会保障的权利，还不如说是改变社会福利制度本身”。[②]环境公益诉讼通过一系列的制度设计，将司法治理的方式引入到环境公共利益的保护中，最大程度地发挥了法治的能动性作用，以法治的方式推进了环境的正义，使环境利益分配中的弱势群体得到了法律制度的矫正和回应，使环境公共利益真正成为国家

---

① ［美］博登海默：《法理学：法理哲学与法理方法》，邓正来译，中国政法大学出版社 1999 年版，第 252 页。

② ［日］谷口安平：《程序的正义与诉讼》，王亚新、刘荣军译，中国政法大学出版社 1996 年版，第 196 页。

内部、国际之间甚至代际之间自由平等地公平合作、世代相袭的永恒利益。

其次，环境公益诉讼体现了民主的和宪政的价值。在环境公益诉讼制度下，任何组织和个人都可以基于环境公共利益保护的需要而向法院提起诉讼，通过程序性权利来实现实体性权利，从而行使自己管理国家事务的权利，对国家的保护环境的职责起到了监督和补充的作用，体现了人民主权、民主参与对环境保护的重要意义；环境公益诉讼具有事前和事中的矫正功能，它可以对那些因滥用行政权而对环境公共利益造成损害的行为以监督和纠正，有助于实现以司法权力制约环境行政执法权力，以人民主权制约国家权力，从而有效地保障公共权力的正常行使。

第二节　自然权利的“代理人”：环保非政府组织

“环保社团一直是确定公众价值、私人民事权利以及发动他们支持的公众舆论方面的改革的发动机，对美国社会运动的主流而言，这些社团是富于创造性的源泉，他们敢于面对权势说出真话，开明的领导人、艺术家、科学家、哲学家和作家，不仅通过他们的出版物，而且通过他们对这些社团组织的领导作用，在确定改变环境的议程、发起保护自然的圣战方面起着领导作用。”

——威廉·弗崔尔（J.William Futrell）

西方有法谚：“无救济即无权利”，这也是法治主义的最高信条之一，对于法律活动来说，重要的不仅是要承认权利，更在于在承认权利后如何恰当地配置权利，如何将这种权利落实于实体法当中，取得法律上的预期效果，并给予相应的救济。自然权利的复杂性决定了其权利实现方式的多样化，在所有的实现方式中，诉讼无疑是最有效力的实现方式，在落实了环境公益诉讼制度的前提下，自然权利的司法救济要成为可能，则主要是靠其代理人——环保非政府组织来落实。

一、世界环保非政府组织的兴起和发展

（一）环保非政府组织的含义和特征

非政府组织，又称为非营利组织、市民社会组织、第三部门或第三域、民间社团、志愿者团体等。该词首先是在 1945 年签订的联合国宪章的第 71 款中被正式使用，在当时，其主要是指国际性的民间组织。目前对于非政府组织，国际上尚没有一个明确统一的定义，联合国对非政府组织所下的定义没有被广泛采纳。美国的约翰-霍普金斯大学莱斯特·M. 萨拉蒙教授从组织的基本结构和运作方式的角度对非政府组织进行了定义，目前被普遍地认同，他认为，非政府组织具有以下 5 个特征：①组织性，即这些机构都必须有自己的内部规章制度和治理模式，而非涣散的组织；②私有性，即这些机构都在制度上与国家相分离，独立于政府，也可以称作为民间性，但并不意味着其不受政府的资助或参与；③非营利属性，即这些机构都不向他们的经营者或“所有者”提供利润，它在日常管理中所赚取的利润主要是被用于该组织的活动，这是与营利组织的区别；④自治性，即这些组织都是独立地处理各自的事物，不受其他任何组织、政府等外部因素的干涉；⑤自愿性，即这些机构的成员是在自愿的基础上自发组织在一起的，不是应法律要求而组成，并且其接受一定程度的时间和资金的自愿捐献。

1995 年国际上的许多妇女来到中国举办了声势浩大的怀柔非政府组织国际论坛，自此非政府组织这个词才开始被广大公众所熟悉。中国的非政府组织与西方的该组织的界定标准是不同的。我国的学者对非政府组织的界定比起西方标准来说，是比较宽松的：“只要是依法注册的正式组织，从事非营利性活动，满足志愿者和公益性要求，具有不同程度的独立性和自治性，即可成为中国的非政府

组织。”[①]在我国，对于非政府组织还有一种称谓为“民间组织”，这是中国特色的称谓，1998 年，国务院将设在民政部的原社团和非企业单位管理司改为民间组织管理局，“民间组织一词从此作为非政府组织的官方用语开始被正式使用。”[②]

环保非政府组织则是非政府组织中的重要一类，是环保领域的志愿性公益性的非政府组织。它们是以保护全球环境或特定环境问题为目标开展活动的环境保护团体。中华环保联合会在《中国环保民间组织发展状况报告》中对环保非政府组织所下的定义为：环保非政府组织是以环境保护为主旨，不以营利为目的，不具有行政权力并为社会提供环境公益性服务的民间组织。

一方面，环保非政府组织既有非政府组织的一般特征，如非营利性、自愿性、民间性等；另一方面，它又有着自己的独特之处，即它是以从事环境保护公益事业为目的的专门组织。基于环境问题的全球化、国际化特征明显，环保事业已经突破了一国之内的领域，成为国际上国与国之间的大问题，这就意味着环保非政府组织相对于其他非政府组织来说，在全球范围内拥有更广泛的公众基础，由于它所从事的事业——环境保护，与所有的群众都有密切的联系，因此，它的成员必将网罗各个阶层，具有强大的号召力和感召力。1992 年，美国就已经有大约一万多个各种各样的非政府环境保护组织，其中的十个最大的组织的成员已经从 1965 年的 50 万人增加到 1990 年的 720 万人，[③]环保非政府组织的感召力可见一斑。除了成员基础的广泛之外，环保非政府组织还具有活动内容的广泛性和多样性。由于环境保护事业涉及的范围广大，几乎人类的每一个行为都与环境有关，因此，该组织的活动范围和活动内容必然也多种多样，上自国家政府、国家行为，下至平民百姓、草根活动，无一不被包含在环保非政府组织的活动范围之内，人们社会生活的各个方

---

① 康晓光：《NGO 扶贫行为研究》，中国经济出版社 2001 年版，第 2 页。

② 齐炳文：《民间组织：管理、建设、发展》，山东大学出版社 2000 年版，第 30 页。

③ 侯文惠：《20 世纪 90 年代的美国环境环境保护主义和环境保护运动》，《自然之友》2001 年第 2 期。

面诸如文化、体育、卫生、科教等也无一不被包含在环保非政府组织的活动范围之内。

（二）环保非政府组织的缘起和发展概况

工业革命为人类带来了经济和科技上的重大飞跃，使人们看到了科技的曙光耀眼而明亮，但同时也带来了环境的污染和生态的破坏。发达国家遵循先污染后治理的发展模式，将环境问题推向了不归路。许多标志性的环境危害事件如美国光化学烟雾事件、日本米糠油事件、富山事件、英国伦敦烟雾事件等告诉人们：环境问题已经岌岌可危！因此，一场轰轰烈烈的保护环境运动首先在西方国家拉开了序幕。罗马俱乐部《增长的极限》一书的发表以及 1972 年瑞典斯德哥尔摩联合国人类环境会议的召开，将环境问题推到了国际社会的前沿和世人的关注目光之下。同时许多有识之士也认识到，环境问题是全球性的、跨区域的，要想真正解决环境问题，就要进行全球合作，以此来拯救我们濒临毁灭的地球，这就为以解决全球环境问题、保护生态环境为宗旨的环保非政府组织的产生提供了滋生的土壤和条件，于是全球范围内迅速涌现出了大量的以保护环境为目的的环保组织，他们都是一些以国家为成员或者普通的有识之士自发组织起来的以保护环境为目的的非营利性组织，为全球环境保护发挥了重要的作用。

在环境问题刚开始被重视之时，国家是环境保护的主要力量，随着环境保护程度的深入和人们环保意识的觉醒，国家的行政体制在环境保护上的弊端暴露无疑。在全球环境保护的过程中常常会涉及国家主权、国家利益与环境保护问题相冲突的问题，这样一来，有些政府就会以主权和国家利益受到侵害为由拒绝在环境保护方面的合作，环境的公益性与各国政府的主权和国家利益的冲突则是国家-政府行政管理体制所不能解决的问题，政府的行为都是首先与国家利益、国家主权、经济增长相挂钩的，在这些问题下，环境保护则是处于从属和被动的地位，这种环境的整体性、国际性和国家主权的有限性之间的矛盾很难解决。和平研究所和联合国发展规划署出版的有关环境安全的报告中指出："在生态框架下，很难保护主权这一概念。"如美国拒绝签订《京都议定书》就是一个很好的例子，作为《有关臭氧层损耗的蒙特利尔公约》的美方谈判代表查理德·本尼迪在面对臭氧层损耗之类的挑战时，写道："没有一个国家，或国家集团，能够有效地解决这个问题，即使他们很有实力。没有更大范围和合作，一些国家保护臭氧层的努力就会被削弱。"①因此，这种政府行政管理体制的弊端急切地需要环保非政府组织的产生。

此外，环保非政府组织自身的优势和特点也是促使其产生和发展的内在因素，它有国家和政府所没有的优势，专业性强、群众基础广泛、机制灵活、信息充分、与群众的联系更加密切且更能够调动群众的积极性。环保非政府组织相对于政府来说，在组织环境保护问题上更具有"草根性"，它能够把环境问题和其他全球共同的问题比如贫困问题、妇女权益问题等联系在一起，可以超越政治与平民之间的鸿沟，成为政府与群众之间合作的纽带，具有独特的优势。此外，20 世纪 80 年代以后，西方的公民社会日益形成和发展壮大，再加上现代高科技的迅速发展，为全球各地的信息获取与传播提供了有力的支撑，公民社会即使足不出户，也能够在全球范围内联合起来，共同致力于他们共同的事业，以上因素，无一不为环保非政府组织的产生和发展提供了有利的条件，于是，环保非政府组织从 20 世纪 70 年以来，在全球各地如雨后春笋般轰轰烈烈地发展起来了。

近年来，发达国家的环保非政府组织有了较快的发展。美国早在罗斯福总统当政期间，就有了自己的民间环保组织，到 20 世纪 70 年代，美国已经有了大约 70 个民间环保组织，其成员发展超过 250 万人。其中有的是按地区组织的，有的是按某一具体问题组织的。在欧洲，各种有关环保与生态的俱乐部活跃于波兰、捷克、俄国、匈牙利等国。在欧盟一级，随着公布 1973 年第一个环境行动方案，

---

① 威廉·C. 克拉克：《环境问题的全球化》，载［美］约瑟夫·S. 奈、约翰·D. 唐纳胡：《全球化世界的治理》，世界知识出版社 2003 年版，第 84 页。

各成员国的非政府组织形成了一个欧盟伞状组织——欧洲环境局，它现在已经多达 150 多个成员组织，其中包括作为准成员的中欧国家的非政府组织。①很多国际非政府组织也都在欧盟成立了办事处。日本环境协会于 1994 年年底的调查结果显示，有地址可查的环境非政府组织就达到 9 465 个，甚至有学者估计，在日本国内活动的环境非政府组织的数量可能已经达到了该数字的几倍，大约每 6 000 人口中就有 1 个环保非政府组织。②

二、我国环保非政府组织的现状调查

（一）我国环保非政府组织的发展状况

20 世纪 80 年代以来，随着中国经济的飞速发展，环境问题也日益突出。中国的环保非政府组织主要是在两个层面上产生的，一是主要由政府扶植成立，并受政府资助、支配或支持；二是由一些民间有识之士自发地组织起来的“草根组织”。其中，由政府发起成立的环保非政府组织，带有明显的政府主导的特点。如为应对国际化的环境保护和管理环境外交，在环境保护上能够获得更多的发达国家和国际组织的支持和援助，在 1972 年斯德哥尔摩联合国环境与发展大会召开之后，我国政府于 1978 年成立了中国环境科学协会。随后，我国又相继成立了中国野生动物保护协会、中国可持续发展研究会、中国环保基金会等。在中国社会比较有影响力的民间层面的环保非政府组织是 1994 年的“自然之友”，全称“中国文化书院·绿色文化分院”，该组织也被《中国环境报》称为中国第一个真正意义上的环保非政府组织，并于 1995 年 11 月在日本获得了“亚洲环境奖”。③

虽然我国的环保非政府组织起步较晚，但是发展迅速。据国家

① 王丽娜：《环保非政府组织法律地位研究》，湘潭大学硕士学位论文。

② 霖雯：《发挥环境非政府组织作用推进可持续发展（上）》，《中国水利报》2002 年 6 月 19 日。

③ 赵凌：《梁从诚的十年和“自然之友”的十年》，《南方周末》2004 年 6 月 10 日。

环保总局调查统计，我国有五分之一的民间组织属于环保类型，在我国每年受理的近 60 万件环境信访举报中，有十分之一是民间环保组织提供的。①据中华环保联合会调查统计，截至 2005 年年底，我国共有各类环保民间组织达到 2768 家。在 2002 年的约翰内斯堡可持续发展会议上，中国有 30 多家非政府环保组织参与了该会，其中还包括符合西方标准的 113 个真正的环保非政府组织。在 2008 年奥运会召开之际，民间非政府环保组织为绿色奥运的举办提供了大量的帮助。同时环保非政府组织的旋风也刮入了校园中，全国已经有 200 多个大学生成立的大学生环保社团，无论是 1995 年的保护滇金丝猴和藏羚羊行动，还是 2003 年的怒江水电争论，其中都不乏环保非政府组织的身影。随着十七大科学发展观和建设和谐社会的提出，中国的环保非政府组织正以欣欣向荣的姿态旺盛地发展。

参照非政府组织的一般分类，我国目前主要存在如下几类环保组织：

第一，具有独立社会团体资格的环保社会团体法人。1998 年国务院颁布的《社会团体登记管理条例》中规定，社会团体是指公民自愿组成，为实现会员共同意愿，按照其章程开展活动的非营利性社会组织。环保性质的社会团体法人如各种环保学会、环保协会、环保志愿者团体等。影响较大的如“自然之友”。

第二，环保基金会。2004 年国务院颁布的《基金会管理条例》中将基金会界定为，是指利用自然人、法人或者其他组织捐赠的财产，以从事公益事业为目的，按照该条例的规定成立的非营利性法人。环保基金会就是以从事专门的环保事业为目的而成立的基金会，如中华环境保护基金会，中国绿化基金会等。

第三，高校大学生组成的环保社团。如前所述，目前大学生环保社团已经在我国的环保非政府组织中占据了一席之地。在校大学

---

①《我国非政府组织成为公众参与环保的重要途径》，新闻频道网，http：//www.cctv.com/news/china/20031209/100346.shtml，2010 年 6 月 2 日。

生自发地组织了许多从事环保公益事业的环保社团，发挥了重要的作用。例如北京高等院校一直是我国大学生环保社团十分活跃的城市，在首都36所高等院校中，就有11所设有13个学生环保社团。在广州，许多高等学校甚至中学，都已经成立了各种形式的环保社团。①

第四，公司法人型的环保非政府组织，这类环保非政府组织一般是在申请设立时没有找到挂靠的业务主管单位，不符合我国环保非政府组织的成立条件，因此只好以公司法人的身份注册成公司，他们仍然要按照公司法的规定缴纳税款，并且履行一定的公司法上规定的公司的义务，但实际中他们却并不营利，这使他们的发展举步维艰。

第五，未登记或转登记的环保社会团体。由于我国对于非政府组织的成立进行了相应的限制，如需要得到登记部门和业务主管部门的双重许可，或者规定了成立的最低资金限额等限制性条件，许多环保非政府组织因达不到这样或那样的条件或找不到挂靠机关而无法依法登记注册，只能采取各种变通的方式生存和活动，这就产生了大量的未登记或转登记的社会团体，他们没有进行登记，也没有挂靠在任何单位或登记的团体之下。

（二）我国环保非政府组织的现实生存困境

2006年，中华环保联合会发布了《中国环保民间组织发展报告》，公布了其对我国环保组织的调查结果，对我国目前环保组织的现状进行了详细的描述，同时也引起了人们的震惊，《公益时报》的记者对一些环保非政府组织进行了深入的采访，揭开了其中不为人知的一面：②

在记者的采访中发现，超过七成的环保非政府组织没有固定的经费来源，六成环保组织无专用的办公室，超过一半的全职人员没

① 赵秀梅，肖广岭：《首都高校学生环保社团的现状与发展》，《中国人口·资源与环境》1998年第12期。

② 参照“中国环保非政府组织生存现状调查”，《公益时报》2006年5月10日。

有任何福利保障，四成多的全职人员不领薪酬，当被问及为何缺乏办公场所时，一位环保组织的成员说：“我们租办公室的费用都是几个项目里面的行政费用合在一起的，所以我们也不敢长期租用，因为万一一段时间断档了就没有费用来源了。”

经费短缺、资金保障不利以及筹款渠道的阻塞是我国环保非政府组织长期面临的困境之一。我国环保非政府组织最普遍的资金来源是会员缴纳的会费，其次才是社会相关主体的捐赠，在调查中我们发现，过半数的环保组织没有固定的经费来源，尤其是那些自发成立的环保组织和学生社团。我国政府更偏重于对由政府部门发起成立的环保组织的资助，而对民间组织的资助极其困乏。由于我国政府对环保非政府组织从事经营活动进行了限制，所以我国的环保组织极少像西方国家那样，通过自身的经营来增加收入，基本都是提供无偿的服务。官方的环保组织主要依赖政府的资助，民间环保非政府组织则主要依赖社会和国外的资助，而来自社会方面的捐赠则具有极大的不稳定性。此外，那些没有经过登记注册的环保非政府组织，不具有向社会筹款的资格；我国的公民与西方社会相比，社会捐助意识又极弱，在美国，大部分企业家都热衷于社会公益事业，许多富翁死后将个人财产捐赠给公益事业，但是在我国，这种现象所占的比例相当少，因此就导致了我国的环保非政府组织筹集资金的能力相当弱，渠道狭窄，处于一种“空有热情，却无能力”的尴尬境地。

记者在采访中还发现，注册登记是环保非政府组织最大的困惑，没有明确、合法的身份，为他们的工作带来了许多障碍：无法给员工上社会保险，接受的社会捐赠较少等。某工作人员对记者说：“资金还不是不能解决的问题，我认为登记注册是必须马上解决的问题……”“向基金会和企业申请项目时，有些会在意你是不是注册单位。进入社区开展工作时也遇到过被问：‘你们是什么身份？有什么资质？属于哪个部门管？’……”因此，注册登记成为了解决环保非政府组织生存问题的症结所在。我国对环保非政府组织的这种“双重管理体制”——双重审核、双重负责、双重监管的管理体制，很大程度上限制了具有合法地位的环保非政府组织的成立，在较长时期内阻碍了环保非政府组织的发展。

与国内环保组织的这种境况相比，西方一些国家的环保组织却无所不在地发挥着作用，形成了一个由市场、政府与公民社会组成的“三足鼎立”的社会。

（三）我国环保非政府组织的运作方式

我国的环保非政府组织通过多种途径参与我国的环保工作，在我国的环保工作中发挥了不可替代的作用，其主要是通过以下途径参与我国的环保工作的：

第一，对环境违法行为进行检举、抵制，支持环境受害者的检举行为或诉讼行为，这也是我国环保非政府组织参与环保工作的最重要方式之一。环保非政府组织在我国的环保工作管理中起到了很好的监督作用，由于其信息资源丰富，成员遍布范围广泛，因此能够很好地弥补政府在环境管理工作上的疏漏。根据国家环保局信访办的统计，在我国每年受理的近 60 万件环境信访举报中，有十分之一是由民间的环保组织提供的。①虽然我国现在还没有建立起环境公益诉讼制度，环保组织在侵害环境公共利益的行为上尚不能以自己的名义提起诉讼，但是我国的环保非政府组织可以利用自己掌握的信息和资源来支持那些受害者提起诉讼或者对那些违法的环境侵害行为进行检举，不给环境侵害者以任何可乘之机。1999 年成立的中国政法大学污染受害者法律援助中心是中国第一家以法律学者为主体，专门通过电话热线、诉讼代理等方式向环境污染受害者提供法律帮助的环保非政府组织。自成立以来，该组织已经为 1 万多名环境污染受害者提供了法律服务，帮助了 50 多名环境污染的受害者向法院起诉或通过行政途径加以解决。该中心于 2001 年启动了中西部地区环境维权行动，鼓励公众参与环境维权，推动了环境

---

① 《我国非政府组织成为公众参与环保的重要途径》，新闻频道网，http：//www.cctv.com/news/china/20031209/100346.shtml，2010 年 6 月 2 日。

立法的进程，[①]充分发挥出环保非政府组织的巨大作用。

第二，提供与环境有关的信息、政策、建议和知识。环保非政府组织相对于社会普通民众来说，在信息和资源上有着巨大的优势，并且具有大量的专业人士和学者，能够为社会公众提供需要的环境知识、信息和政策建议。如 1995 年“自然之友”收到云南环保志愿者奚志农的反映，得知云南某县为解决财政困难准备砍伐 100 平方千米的原始森林，而这一行为将会对生长于当地的珍稀动物滇金丝猴的生存造成威胁时，“自然之友”立即发出“支持奚志农，保护滇西北原始林”的呼吁书，并送达当时的国务院副总理姜春云。后经媒体报道，这一恶性事件得以控制。[②]

第三，参加听证会。目前凡是涉及与环境问题有关的重大工程或事件，在举行听证会时，一般都会有环保非政府组织的积极参与，环保非政府组织能够将社会民众的意见和需求反映到政府行政部门中，是社会民众参与环境管理工作的重要途径之一。如针对 2004 年的圆明园湖底防渗工程，国家环保总局举行了听证会，其中，“自然之友”、“地球村”等民间环保组织都积极参与了该听证会，并在会上提出了建设性的意见，最终，在社会各界人士和环保组织的积极参与下，该事件得以解决。

第四，通过举办学术会议、座谈会、论坛、开办网站以及出版期刊、杂志、报纸等对环境保护进行宣传，这是环保非政府组织参与环境保护的主要途径之一。目前，许多环保非政府组织都有自己的期刊、杂志或网站，也经常定期性地举办各种座谈会和论坛，对当下环境保护工作中的热点问题或与环保有关的重大社会问题进行探讨，提出对策和建议，定期向社会各界提供各种环保咨询和信息。如湖南岳阳湿地促进会的《湿地、人、鸟》杂志、青海省老教授协会的《三江源生态保护 100 问》等。[③]

---

① 中国政法人学污染受害者法律援助中心网站，http：//www.clapv.org/。

② 自然之友网站：http：//www.fon.org.cn/。

③《世界银行为 8 个我国民间组织提供小额项目赠款资助》，《国际融资》2004 年第 7 期。

此外，除了以上主要的途径，我国的环保非政府组织还通过提起环境公益诉讼，参加人大代表、政协委员的选举，通过竞选党内职务来参与到国家的环境保护管理工作中，为国家的环境保护工作积极建言献策，例如“自然之友”的会长梁从诚先生是全国政协委员，每年全国政协会议召开之时，都会提交有关环保的政策提案；①通过借助新闻媒体的广泛的宣传和号召作用，来披露一些重大的环境违法事件，呼吁全社会对环境违法事件进行抵制，或者宣传环保意识，提高全社会民众的环保意识水平，影响中国的环境立法进程；通过积极与国际环保组织进行合作与交流，为我国的环保事业赢得支持，积极参加国家环保会议，宣传我国的环保成就，提高我国的国际影响力；通过利用自己的信息优势，开展实地环境调研和民意调查，参与政府政策研究工作，帮助政府对重大环保政策方针进行调研论证，来为政府做出环境决策提供科学的参考资料和民情民意，提供建议和意见；通过借助政府的行政工作网络，与政府在环境保护方面进行合作，积极促进环保事业。还有一些专业性的环保组织专门从事环境科学研究，这些组织聚集了大量的专家学者，定期向社会提供大量的环保科研成果，对政府部门的环境立法和环境决策产生了重大的影响；此外，对于一些无法通过和平方式解决的涉及环境的重大社会事件或政府决策，环保非政府组织还通过抗议、组织示威游行、联盟游说等活动，来对违法的行为施加压力或影响，增加政府和民众的环境意识，影响政府的环境决策行为，促使违法者改变其违法行为。

三、我国环保非政府组织参与环境公益诉讼的困境与出路

（一）环保非政府组织担当环境公益诉讼原告的现实要求

2009 年 7 月 6 日，中华环保联合会以公益诉讼人的身份状告江苏江阴港集装箱有限公司环境污染侵权纠纷，江苏省无锡市中级人

① 赵秀梅：《中国 NGO 对政府的策略：一个初步考察》，《开放时代》2004 年第 6 期。

民法院受理了此案，该案的成功立案，说明了我国环保非政府组织作为环境公益诉讼的原告资格地位已经开始在法律上得以认可；无独有偶，2009 年 7 月 29 日，中华环保联合会又以公益诉讼人原告人的身份状告贵州省清镇市国土资源局，清镇市人民法院也对该案予以立案，这对我们来说是一个惊喜，它标志着我国环保非政府组织在法律地位上的重要突破，其环境公益诉讼原告资格的地位已经开始被司法实践所认可，无疑是一个振奋人心的消息。

环保非政府组织在许多国家的环境公益诉讼中都发挥了重要的作用，它们作为一支重要的力量活跃于国际、国内、区际等的环境保护工作当中，发挥了重要的纽带作用，在环保工作中，它们在政府与社会公众之间架起了一座桥梁，有效地填补了政府与社会之间可能造成的在环保工作中的真空地带。如在美国的公民诉讼中，各种环保非社会组织发挥着重要的作用，美国的公民诉讼制度在 20 世纪 70 年代就已经建立，起初该制度实施的效果没有预期的理想，其中一个重要的原因就是该时期的环境公民诉讼中，环保非政府组织的参与度较低。随着 70 年代以后环保非政府组织的大量涌现，到了 80 年代以后，环保非政府组织迅速发展起来，其凭借自身的经济、科技和人力等优势，以及较大的社会影响力，极大地促进了美国环境公民诉讼的实施。[①]德国对环保团体在环保中的作用高度重视，环保团体具有参与环保政策和享有诉讼中原告的资格，来维护环境公共利益，环保团体在德国的团体诉讼制度中发挥了重要的作用；在意大利，经过官方正式认可的全国性环保团体可以以维护环境公共利益的名义提起诉讼；在荷兰的法律中，也赋予了环保非政府组织代表环境公共利益提起诉讼的资格。在罗马法中，公益诉讼是指私人对危害社会公共利益的行为提起的诉讼，除法律有特别规定外，凡是市民均可以提起；在具有造法效力的“大法官敕令”中，也规定了具有公民权的罗马市民可以用自己的名义向法庭提起

---

① 朱谦：《美国环境法上的公民诉讼制度及其启示》，《世界环境》1999 年第 3 期。

基于公共利益的诉讼，赋予公民起诉权，[①]由此可见，公益诉讼从最初产生起就将起诉权平等地赋予了公民，借助公民的力量来实现对公共利益的保护，由于环保社团是由社会民众组成的，其利益与公众的利益是一致的，这也就为环保非政府组织进行环境公益诉讼提供良好的借鉴。

“现代社会尊重个人权利，但个人权利往往是通过其所在的社会组织或团体实现，所以注重团体的权利保障并且赋予其诉权是实现个人价值与私权的重要手段，是个人价值与社会价值的结合与统一。”[②]目前，无论是从法理上还是从学术界的观点来看，环保非政府组织作为环境公益诉讼的原告之一都是没有争议的，自然权利的实现需要代理人，环保非政府组织无疑是最好的代理人之一，环保非政府组织较之一般的社会民众来说，具有更专业的技术知识、更广阔的资金来源，由于它所具有的公益性、独立性、非营利性、自愿性和非官方性，使得它在克服政府以及其他较为强大的社会组织在怠于行使环境保护的职责或者其行为本身就有害于环境保护的需要时，环保非政府组织在法律的授权下，能够具有的对抗这种强大组织和机构的一定能力，而个人往往在这种情况下显得无能为力。因此，从法律上正式赋予环保非政府组织以环境公益诉讼的原告资格地位，具有重大的意义。美国学者博登海默曾经说过：“构建一个旨在保护国家和社会公共利益的环保社会团体，其擅长专业性、权威性、公益性的环保活动，由其在掌握环保专业技术知识和拥有相应环保活动基金的基础上代表广大的环境污染受害人提起环境公益诉讼，则不失为一种良策。”[③]从国际环保活动来看，环保非政府组织已经成为提起环境公益诉讼的重要主体。

① 韩志红、阮大强：《新型诉讼——经济公益诉讼的理论与实践》，法律出版社 1999 年版，第 239 页。

② 颜运秋：《公益诉讼理论研究》，中国检察出版社 2002 年版，第 184 页。

③［美］博登海默：《法理学：法律哲学与法律方法》，邓正来译，中国政法大学出版社 2004 年版，第 93 页。

首先，环保非政府组织作为环境公益诉讼的主体具有社会民众所没有的优势，环境公益诉讼对提起诉讼的人的时间上、精力上、金钱上都要有一定的要求，单靠个人的力量是非常困难的，公民个人往往由于时间、精力、金钱、信息来源、专业知识有限等问题，在环境公益诉讼活动中更为困难，环保非政府组织由于它的非营利性和目的的单一性，它在环境保护上具有强烈的使命感，很少会因为经济利益的问题而放弃环境公益诉讼。公益的价值观使环保非政府组织成为一种道义性的社会力量，可以填补“经济人”不愿或不能涉足的空白领域①；由于它的非官方性和独立性，它可以独立于政府单独提起诉讼，不会受政府的某些可能片面追求经济利益的行政行为的影响，这种独立的第三方机制使得它不会受制于政府或某一利益团体的影响，能够独立地开展工作，排除相关利益因素的影响，专注于其所从事的工作；由于它的专业性，具有更充分的信息资源以及资金来源，具有专门的环境科学的知识，对国家的环境政策法律法规具有更深刻的理解力和认知力，在环境公益诉讼中能够应对大量专业性技术性的东西，能够更好地与通常强大的被告相抗衡，提高其诉求的说服力和证明力，使他们更加得心应手。

其次，环保非政府组织提起环境公益诉讼更加符合环境公益诉讼的特征与性质。与政府的有限性行为经常会损害到环境公共利益不同，环保非政府组织成立目的的公益性与环境公益诉讼的公益性不谋而合；环境公益诉讼不仅具有事后救济的功能，相对于私益诉讼来说，其事前预防性的功能更加突出，环境公益诉讼与一般的私益诉讼不同，它不以环境危害的现实损害性为诉讼要求之一，只要某种行为或决策具有或者可能具有对环境潜在的威胁性，相关主体就可以提起诉讼，而这种潜在危险性和可能性的确定往往需要较为专业的技术指导，这也是环保非政府组织的优势所在；

① 刘银喜：《非政府组织：资源配置领域的制度创新》，《内蒙古社会科学》2002 年第 5 期。

此外，在对政府等行政机关提起环境公益诉讼时，往往会涉及对抽象行政行为的审查，这就涉及政府颁布的法律法规、决定命令，审查抽象行政行为的谨慎性使该诉讼更需要专业人士的参与。而NGO 有利于集中专家，在诉讼中说服法官，赢得诉讼，维护环境社会公益。

在我国，环境公益诉讼制度还没有建立起来，我国的环保非政府组织尚没有为环境公共利益提起公益诉讼的资格。从学理上分析，随着我国环境公益诉讼制度的确立和发展，环保非政府组织将会起到重要的作用。在环境公益诉讼制度中，环保非政府组织有着公民个人和其他相关主体所没有的优势。相对于公民个人来说，其拥有的信息更加精确，资源更加丰富，环境意识更加强烈，资金更加充分，它可以有效地弥补在环境公益诉讼制度中公民个体因相关限制因素而不能诉讼、不敢诉讼的窘境。目前在我国的诉讼法中，面对侵害公民权益的环境案件，政府非环保组织只能以社会团体的身份支持公民诉讼，而不能以自己的独立身份出庭，这就极大地削弱了环保非政府组织在环境保护问题上的参与权与监督权。因此，我国可以借鉴西方国家诸如意大利的经验，在初期可以只授予那些经过正式登记注册的全国性的经官方正式认可的环保组织代表环境公共利益进行诉讼，再缓慢地逐步放开资格限制，逐步扩大提起环境公益诉讼的环保非政府组织的原告资格，使我国的环保团体能够真正发挥其对社会环境问题的监督作用。

（二）我国环保非政府组织参与环境公益诉讼的现实障碍

我国环保非政府组织参与环境公益诉讼的现实障碍是多方面的，既有来自外部的原因，也有自身的内因，既有法律上体制上的原因，也有自身管理体制和模式的原因。我国的环保组织起步较晚，滋生于中国几千年封建土壤的根基下，与发达国家相比，规模较小，实力不足，缺乏竞争机制和责任机制，尤其是在法律制度的规制方面，环保非政府组织的法律地位不充分，没有得到法律的认可和支持，处于一个尴尬的境地，现有的法律制度有关环境非政府组织的规定中限制性、规制性的规定比较多，在组织成立过程中的登记、注册以及运行中的管理问题还存在着不尽如人意的地方，成为制约我国环保非政府组织参与环境公益诉讼的关键性因素。

第一，我国法律的有关诉权和原告资格的规定限制了环保非政府组织参与环境公益诉讼。法律没有赋予环保非政府组织代表环境公共利益进行诉讼的权利，即尚不享有环境公益诉讼的原告资格，在产生环境纠纷时，我国的环保非政府组织只能依据其所掌握的信息、资源等为受害者提供相关的法律、技术援助或者支持该受害者提起诉讼，却没有独立的起诉权，在环境纠纷的解决中处于比较被动的地位，这与许多西方国家相比是一个很大的差距。首先，缺乏实体法上的依据，根据传统的诉权理论，只有实体法上的权利受到了现实的侵害，当事人才有行使诉权的资格。按照该理论，环保非政府组织要想获得为环境公共利益起诉的权利，必须享有一定的实体权利，即环境权。而环境权理论在我国尚处于研究当中，争议不断，法律中并没有明确的规定；其次，缺乏程序法上的依据，在司法实践中，三大诉讼制度中有关环境公益诉讼制度的规定几乎是空白状态，除了检察机关可以针对危害国家利益、社会利益的犯罪行为提起刑事诉讼的权力；作为一个成文法国家，倘若立法上没有明确的规定，司法实践中就无法对该权利进行保护，因为法官不具有自行造法的权力，在面对环境公共利益遭受侵害时，环保非政府组织无法通过现有的诉讼程序启动对环境公共利益的保护，而只能向有关行政主体反映，倘若行政主体置之不理，那么司法机关也无从插手，如若有环境公益诉权的存在，环保非政府组织就不会陷入如此被动的局面。①

第二，政府的管理模式的制约，间接限制了环保非政府组织在环境公益诉讼中作用的发挥。我国对环保非政府组织实行的是双重管理体制，即由登记机关和业务主管机关进行双重管理、双重负责，缺少任何一个环节，都会直接影响该组织的合法成立，因为根据这

① 解志勇：《论公益诉讼》，《行政法学研究》2002 年第 2 期。

种管理体制，在该非政府组织获得登记注册资格前，必须首先成为某职能机构或授权机构所需要和能控制的对象，接受该业务主管机关的管理。在这种体制下，许多环保非政府组织因找不到其附属的业务主管机关而被法律拒之门外；根据各国的实践，我们可以把环保非政府组织划分为社团法人、财团法人和非法人团体三大类。其中，财团法人主要是指基金会法人，而非法人组织则是那些没有经过合法登记、认可的尚未取得法人资格的环保组织。我国现行的《民法通则》规定，只有企业、机关、事业单位和社会团体法人具有民法中的法人地位，要想成为法律上的合法组织，就必须经过主管机关的登记、许可，经过民政部门的批准，否则即被视为非法组织。但是在我国目前存在着大量的没有经过登记的环保非营利性组织，如果按照法律的这种逻辑，必然会把大量的“非法组织”的许多活动排除在外，极大地限制了环保非政府组织的发展，不利于环境公益诉讼作用的发挥。

另外，从上述《民法通则》中也可以看出，财团法人，也就是基金会法人，也是被排除在法律规定的四类法人当中，我国的《社会团体登记管理条例》和《基金会管理条例》则将各种基金会划入到社会团体法人当中。基金会法人能够为环境保护提供资金上的支持，相对于社会团体法人来说，具有着不可替代的独特作用，而我国法律对基金会法人的这种法律定位，对它的发展极为不利。财团法人与社会团体法人在设立行为上、目的事业上等方面都有很大的不同，把基金会法人划分为社会团体法人，无论从该基金会环保资金的筹集上，从环保资金的管理上，还是从基金会人事管理上，与西方国家的财团法人相比，都成为基金会法人发展的极大障碍。因此，法律应该给予基金会法人以正确的法律定位，才能确保其真正发挥出应有的作用。

第三，诉讼费用负担过重，成为我国环保非政府组织在环境公益诉讼中发挥作用的关键因素之一。环保组织的经费是其生存和发展的最重要支柱，失去了经费的支持，环保组织就成为了无法运转的空壳。在日本，对环保组织设立了完善的减免税制度，赋予了民间环保组织税收优惠权，鼓励公司和个人对民间环保进行捐赠。而经费短缺、资金保障不利以及筹款渠道的阻塞却是我国环保非政府组织长期面临的困境之一，之所以产生如此困境，与我国相关法律和制度的缺失具有直接联系。由于环保组织的非营利性，国家对其营利活动进行了严格的控制和限制，它很难通过营利活动来筹集运行的资金，其资金的主要来源就是政府的资助、税收制度的优惠和社会的捐赠。在我国，由于法律上对环保非政府组织捐赠的制度激励措施的空白规定，使得经营机构对环保非政府组织的捐赠缺乏积极性。政府又没有对环保非政府组织给于税收的优惠，这就使得我国的环保非政府组织长期以来活动经费严重匮乏。《中华人民共和国公益事业捐赠法》中规定："单位慈善捐赠在年度应纳税所得额百分之三以内的部分，准予扣除；个人捐赠额未超过纳税义务人申报的应纳税所得额百分之三十的部分，可以从其应纳税所得额中扣除。"这样就严重削弱了企业等营利机构和个人对环保非政府组织的捐赠积极性。在这种情况下，面对庞大复杂的各种名目的诉讼费用，如诉讼费、败诉费、案件调查费、鉴定费、律师费等费用，对于资金较为匮乏的环保组织来说，无疑是雪上加霜，持续的公益诉讼案件，会让许多环保组织吃不消，因此，如果不在环境公益诉讼制度的诉讼费用激励方面有所改革，许多环保组织将会因为诉讼费用短缺的问题而无法提起环境公益诉讼。

第四，落后的法律制度阻碍了环保非政府组织的发展。上述《公益时报》记者在对民间环保非政府组织进行采访调查时发现，政府的政策和法律是长期阻碍我国环保非政府组织发展的重要因素之一。在面对记者提出的对环保非政府组织的发展现状分析，某环保组织工作人员说："在全球都倡导环保的背景下，我们是很有发展机会的，但是我国政府对环保非政府组织的支持还是不够。没有明确的政策出台，没有严格的法规规范，这对环保非政府组织的发展没有任何意义和帮助。而且由于没有生存空间，许多环保非政府组织都是倒一个再起一个，这样只是数量多，而影响力不大，自身的素质也得不到提高。我个人认为这对环保非政府组织的发展不利，使大多数还停留在 1998 年到 2000 年的水平。”

我国的法律制度中，对环保组织进行规范的法律少之又少，作为环境保护基础地位的《中华人民共和国环境保护法》和相关的环境法律，并没有对环保非政府组织的法律地位做出明确的规定，理论上环保非政府组织参与政府环境行政决策等的相关权力没有在立法中给予明确的规定，这就使得环保非政府组织不能以自己本身的身份参与到政府的环境行政决策中来。《环境保护法》第 6 条规定：“一切单位和个人都有保护环境的义务，并有权对污染和破坏环境的单位和个人进行检举和控告。”这里只是规定了公民参与环境保护的责任和方式，对环保非政府组织的法律地位却只字没提。

此外，我国现行规制环保非政府组织的相关法律只有《社会团体登记管理条例》、《民办非企业单位登记管理暂行条例》和《基金会管理条例》，这几部条例的法律位阶较低，同时在制度上仍然没有规定环保非政府组织在法律上参与政府环境行政管理的权利和地位，没有赋予环保非政府组织法律上的独立地位。在管理体制中，采取了对环保非政府组织进行严格限制的双重登记管理办法。另外，这些法律法规还规定了环保非政府组织不得设立地域性的分支机构，而环境问题往往是一个整体，某几个地区之间，流域之间，区域之间都有密切的联系和影响，分裂的管理体制很难真正解决环境问题，这种禁止环保非政府组织设立分支机构的规定极大地限制了环保非政府组织环境工作的开展和成效。

除了规定环保非政府组织不得设立地域性分支机构之外，法律中还规定了不得在同一行政区域内成立业务范围相同或相似的社会团体，相关部门可以对那些违规在同一行政区域设立的业务范围相同或相似的社会团体给予合并或撤销。法律的这种规定，就极易造成在某个区域内环保非政府组织的垄断地位，缺少该区域内的竞争机制，一个没有了竞争力的组织，其发展的前景我们就可想而知了。

因此，由于种种原因，我国环保非政府组织难以在环境公益诉讼中获得相应的原告资格地位，也就难以充分发挥其维护环境公共利益的作用。

（三）国外经验借鉴：我国环保非政府组织的出路

与我国相比，国外的环保非政府组织在环境公益诉讼上的实践已经远远走在了前列。许多国家和地区已经通过法律赋予环保非政府组织在环境公益诉讼中的原告地位。通过借鉴国外的相关实践和立法规定，可以为我国环保非政府组织参与环境公益诉讼提供良好的借鉴范式。

1. 欧洲国家的环保团体公益诉讼实践

欧洲国家的环境公益诉讼都有一个共同的特点：该诉讼首先是从环保团体开始的，有的国家将环保团体作为社会公众的一员，在环保工作中享有与公民同样的权利；有的国家则专门规定了环保非政府组织提起环境公益诉讼的资格；环保非政府组织是欧洲国家环境公益诉讼的核心力量。自 20 世纪 60 年代以来，欧洲的环保团体有了较大的发展，许多组织都有自己的法律专家，对外形成了完善的法律专家网络，在支持环保非政府组织的诉讼上发挥了重要的作用；70 年代以后，欧洲各国相继赋予环保非政府组织参与各种环境保护活动决策的权利，并将这种权利逐步扩张到司法领域，这就为环保非政府组织取得环境公益诉讼奠定了基础。

在对环保非政府组织起诉资格的授予上，欧洲国家具有不同的模式：一是通过立法授予任何人在特定情况下，为了维护环境公共利益，以个人的名义或者通过环保非政府组织，对危害环境的行为提起诉讼，典型的如葡萄牙在 1987 年颁布的《环境团体法》中，规定了环保团体有权：①提出必要的措施预防、阻止和撤销损害环境的公共（私人）机构的行为；②就行政机关违反宪法关于保护环境和生活质量的相关规定的行为提起诉讼……并于 1995 年颁布了专门的《公众诉讼法》，其中的第二条规定了任何市民、有法律人格的团体和联盟、城市政府都有权利对环境破坏的行为提起诉讼，这也是欧洲关于公众诉讼的首部专门立法。在荷兰，其《行政法通则》和《环境管理法》中都对公众、非政府组织甚至外国人提起环境诉讼提供了广泛的途径。比如在《环境管理法》中规定：①任何对决定草案提交了异议的人；②已经利用机会对决定草案提出了建议的专家；③任何对决定草案已经采用的修订提交了异议的人；④有合理的原因未能对决定草案提交异议的利害关系人，都有权提起环境诉讼。二是一些国家要求起诉者必须具有充分的利益，当然这种充分的利益是比私人环境利益具有更加广泛的内涵，对于环保团体而言，就是它们保护环境的公共利益受到了挑战。比如在法国，一个环保团体可以基于其所维护的环境公共利益受到了政府的行政行为或决定的挑战为由而提起诉讼，只要该环保团体能够证明其所追求的环保目标受到了该种行为或决定的影响。这种充分利益的限定也可以将那些毫无根据的或者恶意起诉的主体排除掉。英国在规定这种充分利益原则后，居民、公众或社会团体都被认为是有足够资格对环境损害的行为提起司法审查程序的主体。

除了在环境公益诉讼起诉资格上的规定不同外，不同的欧洲国家还就对环保非政府组织在环境公益诉讼中的其他要求进行了不同的规定：比如在意大利、德国、比利时等国家要求有权提起环境公益诉讼的主体只能是经过有关部门注册和认可的环保团体，并且要求该环保团体至少存在一定的年限以上才能获得环境公益诉讼的资格；有的国家还将环保团体的诉讼资格范围与其诉讼能力相挂钩，根据所提起案件的范围或影响程度规定只能由符合特定条件的环保组织提起诉讼，或者将环保组织提起诉讼的范围限定在其所属的行政区域内；或者将环保团体提起环境公益诉讼的资格限定在充分利益的界定之内，该种充分利益以其所提起的环境公益诉讼是否与其活动的组织目标相一致；部分国家还要求环保团体在具备提起环境公益诉讼的资格前必须参与一定的行政程序或者具有一定的法律人格。

在环保团体提起公益诉讼的模式选择上，不同的欧洲国家也有不同的规定，有的国家规定环保团体提起公益诉讼的模式只能是在行政法庭提起环境行政公益诉讼，有的国家则将范围扩大到了在民事法庭提起环境民事诉讼甚至刑事诉讼。在丹麦，国家设立了一个独立于环境部的申诉委员会，大量的环境案件被提交到申诉委员会中而不是普通法院中，这样一定程度上减轻了法院的负担，也得到了环保团体的广泛接受。①

2. 美国环保非政府组织在公民环境诉讼中的实践

美国是环境公益诉讼制度最为发达的国家，从 20 世纪 50 年代起，在美国就相继出现了一些环保非政府组织，并且日益发展壮大起来，在参与公民环境诉讼中发挥着重要的作用。美国的社会文化也决定了环保非政府组织在公民环境诉讼中的重要地位，美国著名政治学家托克维尔曾经对美国的社会有过一段著名的论述："所有的美国人，不论年龄大小、境况的好坏、意向的异同，都经常不断地结成社团。……你将会发现，无论在哪里，一些新兴事业的倡导者在法国是政府，在英国是贵族，而在美国则必定是一个社团组织。"②由此可以推断出环保非政府组织在美国环境保护中所发挥的重大作用。

美国公民环境诉讼中的"公民"，并非仅仅局限于单个的公民个体，环保非政府组织也被包含在这里的"公民"当中，因此，在美国的公民环境诉讼制度中，环保非政府组织起了主要的作用。美国的联邦环境法律一般都规定，任何人为实施该联邦环境法律，可以代表自己提起一项民事诉讼，这里的任何人包括私人、组织和政府机构，其中自然也包括环保非政府组织。而且在美国的公民环境诉讼中，由环保非政府组织提起的公民诉讼占据了绝大部分，据统计，从 1984 年 5 月到 1998 年，仅根据《清洁水法》提起的公民诉讼中，由全国性环保非政府组织提起的诉讼就占据了三分之二之多。

但是美国对环保非政府组织的起诉资格在不同的阶段也进行了

① Nicolas de Sadeleer，etc，supra，p.20，12.

② 托克维尔：《论美国的民主（下）》，董果良译，商务印书馆 1988 年版，第 636 页。

不同的限定。在 20 世纪七八十年代，美国对环保非政府组织的起诉资格界定较为宽泛，这时环保非政府组织起诉资格的获得是通过其组织的单个成员获得的，只要该组织成员能够向法院举证自己的环境利益遭受了侵害，那么其所属的环保组织就相应获得了环境公民诉讼的起诉资格；到了 90 年代，美国对环保非政府组织的起诉资格进行了较为严格的限定，比如在鲁坚诉野生生物保护者（Lujan V. Defenders of Wildlife）一案中最能体现该种转变。1978 年，内政部下属机构美国渔业和野生生物署（the Fish and Wildlife Service）和商业部下属机构国家海洋渔业署（the National Marine Fisheries Services）代表内政部和商业部分别颁布了一项联合行政规章，该规章是对《濒危物种法》第七条（a）（2）款的解释，将第七条（a）（2）款所要求的联邦行为的咨询义务延伸至联邦政府机构在国外实施的联邦行为。不过，1986 年，内政部和商业部发布的一项共同的行政规章却对 1978 年的规章做了修改，把第七条（a）（2）款规定的咨询义务界定为在美国领土和公海上实施的联邦行为。在 1986 年这项修改的行政规章颁布以后不久，野生生物保护者等环保非政府组织就依据《濒危物种法》的环境公民诉讼条款，在联邦地区法院对内政部部长提起诉讼，挑战该行政规章之合法性。环保团体请求一项确认性判决（declaratory），要求确认该行政规章对《濒危物种法》第七条（a）（2）款的适用的地理范围所作的解释是错误的。环保非政府组织认为，《濒危物种法》第七条（a）（2）款的咨询义务也应该适用诸如联邦政府资助的海外投资项目这样的联邦行为；请求一项禁制令（injunction），要求内政部部长颁布一项新的行政规章以恢复 1978 年的解释。经过州法院几次判决之后，联邦最高法院于 1990 年发出调卷令，将该案件移送至最高法院。联邦最高法院于 1992 年对鲁坚案作出了判决，史卡利法官代表最高法院出具了法院判决意见书。法院判决，原告缺乏对该行政规章提起司法审查的起诉资格，即野生生物保护者等环保非政府组织没有提起环境公民诉讼的起诉资格。从该案中可以看出，这个时期，环保非政府组织提起公民环境诉讼的资格是严格限制的；进入 21

世纪，美国对环保非政府组织在公民环境诉讼中的起诉资格有了放宽的趋势，对于被告的范围，则包括了一切个人、组织、政府甚至外国人。总之，美国的公民环境诉讼制度为环保非政府组织参与环境保护工作，通过诉讼程序解决环境问题提供了良好的平台。

3. 德国的团体诉讼制度

德国属于大陆法系国家，与英美法系宽松的起诉资格不同的是，在德国，有权利提起环境公益诉讼的主体只能是那些政府专门规定的环保组织。通过成文法赋予一定的团体以起诉资格，并且法律还对这些环保组织的起诉事项进行了限制规定。在德国，赋予公众团体为公共利益提起诉讼的原告资格，首先见于地方立法各邦或州，并且各州比联邦共和国更为积极和开放地赋予了环境公益诉讼者的原告资格，特别是那些长期存在环保非政府组织的州。

综合看来，德国的环保非政府组织团体诉讼具有如下特色：首先，须是公益性环保组织为了公益而起诉。其次，须参与该特定争端的诉讼前置程序，以保证团体对纷争的熟悉程度。再次，团体诉讼中享有诉权的团体当事人只能作为原告，而不可能为被告或为反诉之被告。最后，团体是基于自己的诉讼权能而起诉，败诉判决的即判力不及于第三人，他人仍然可以起诉权利受到侵害为由另行提起诉讼，此与一事不再理不相冲突。①

在我国，明确环境公益诉讼制度的适格主体是建立我国环境公益诉讼制度的核心。纵观欧洲、美国以及德国的环境公益诉讼制度，我们可以看出：

首先，以上所有的发达国家都已经从法律上赋予了环保非政府组织以环境公益诉权，因此在我国，从法律上明确赋予环保非政府组织以环境公益诉讼的原告资格，已是大势所趋，从立法上对环保非政府组织参与环境公益诉讼的原告资格加以明确的规定，并进行一系列相关的限制，只要符合了法律规定的条件，环保非政府组织

---

① 马莹：《我国环保非政府组织参与环境公益诉讼之法律探究》，大连海事大学硕士学位论文 2009 年。

就可以以自己的名义启动诉讼程序，以保护环境公共利益。在法律上应该突破传统的诉权理论——当事人与案件有直接的利害关系，只要该当事人具有了法律上规定的“充分的利益”或“事实上的损害”，其就获得了提起环境公益诉讼的资格；另外，即使公民个人认为环境公共利益遭受了侵害，也可以通过环保非政府组织来提起诉讼，或者组织临时的环保团体来代表环境公共利益提起诉讼。其次，我们还可以借鉴德国的团体诉讼制度，从法律上对我国环保非政府组织的提起环境公益诉讼的权利进行相应的限制，做出明确具体的规定，以避免一些借助该制度滥用诉权或恶意起诉的行为。

相比之下，我国的环保非政府组织远远没有充分发挥其环境保护的作用，虽然近年来我国出现了大批的环保非政府组织，但是无论是从立法上，还是从人们对环保非政府组织的作用的认识上，中国的环保非政府组织的发展尚有一段路程要走，我们可以在充分借鉴西方发达国家有关环保组织在环境公益诉讼制度中的规定，结合我国自己的国情，不断完善环境公益诉讼制度，在目前环保组织管理尚不完善的情况下，可以先借鉴欧洲的规定，先赋予某些经过注册的正式的环保非政府组织以环境公益诉讼的权利，等待时机成熟，再慢慢扩大这种诉权。

四、我国环保非政府组织参与环境公益诉讼的保障机制

为了解决我国环保非政府组织参与环境公益诉讼的现实困境，有效地发挥环保非政府组织在环境公益诉讼中的作用，在充分借鉴国外经验的基础上，必须从多个方面采取措施：

（一）赋予环保非政府组织以环境公益诉讼原告资格

对于环境公益诉讼问题，虽然我国法律上尚没有明确对该制度予以规定，但在学术界和民间已是没有争议的问题。建立环境公益诉讼制度的基本要求之一就是要扩大原告的诉讼资格问题。原告资格问题是阻碍环境公益诉讼无法顺利启动的首要原因，原告资格的确定直接关系到建立在此基础之上的整个环境公益诉讼的发展。实

现对自然权利的司法救济，其主要内容和关键之处就在于对原告起诉资格标准的适当更新。自然权利通过公益诉讼实现，需要相关的配套制度的实施，诸如举证责任、激励机制、代理人制度等，但放宽起诉资格是核心和关键。要通过环境公益诉讼制度实现对自然权利的保护和救济，必须赋予环保非政府组织以环境公益诉讼的原告资格。

我们不仅仅要允许那些与诉讼标的有直接利害关系的主体提起诉讼，更要将原告资格的范围进行扩大，只要相关行为侵害了环境公共利益，就应该赋予其代表环境公共利益进行起诉的资格，其中原告的主体不仅仅包括自然人、环保组织等，还应该扩大到自然物种，自然物种诉讼应该作为环境公益诉讼的一种表现形式。自然物种是自然界的重要组成部分，自然物种的保护与平衡是实现人与自然和谐相处的重要途径，是人类实现可持续发展的基石，对自然物种的保护就做到了对自然的保护，对自然物种权利的救济就做到了对自然权利的救济，对自然物种的保护是环境公共利益保护的重要部分，因此自然物种诉讼也是环境公益诉讼的一种表现形式，这就决定了我们在建立环境公益诉讼制度时，要把原告的资格范围扩大到自然物种诉讼。

自然物种行使环境公益诉讼的途径是通过代理制度。自然物种基于自然的权利和价值而获得了诉讼资格和权利，那么这种诉讼资格如何行使？其诉讼权利如何实现？于是代理理论应运而生。美国学者克里斯托弗·斯通认为："既然法律可以赋予不能说话、没有意识的国家、公民、婴儿、无行为能力人、自治城市和大学等的法律资格，可以设定他们请保护人或代理人，为什么法律不能赋予自然物体以法律资格，不能设定他们请保护人或代理人？……我们应当像处理法律上无行为能力的人——那些成为植物人的人——的法律问题那样来处理自然物的法律问题。当一个人衰老且在权利上无法亲自处理某些事务时，对他的福利表示出关心的人们可以向法院说明情况，然后，法官从这些人中指定某个人来代理该人处理事务。该被指定的监护人（或保护人或委员会）就能够代表该无行为能力者来处理法律上的事宜。当某一公司无“行为能力”时，法院同样会作出类似的命令，即指定一个破产组或重组的托管人来监督该公司的事务，并可以在必要时出席法庭为该公司代理诉讼。根据一个相似的推理，我们应当形成这样一种法律制度，当一个自然物的朋友认为自然物面临濒危状态时，他们可以向法院起诉，创立一种监护权。”[①]法律赋予了未成年人、精神障碍人以权利能力和诉讼资格，为了实现他们的诉权，法律又设计了代理制度和监护制度解决了这些无行为能力人和限制行为能力人的权利行使问题，可见，是否享有诉讼资格，并不是行为能力的问题，而是权利能力的问题，既然我们承认自然的价值、自然的权利，为什么法律不可以赋予自然物以诉讼资格？这只是一个人类观念的问题、法律技术上的问题，我们完全可以拿法律上解决无行为能力人和限制行为能力人的权利行使问题来解决自然物的权利行使问题，我们只需在法律技术上进行相应的革新。作为地球上最富有智慧的人类，作为自然界所给予利益的最大受惠者，人类当仁不让地应该成为自然物种诉讼的代理人。

笔者认为，对传统诉权理论进行更新，赋予自然物种以环境公益诉讼的诉讼资格，由相关的个体或环保组织作为代理人保证自然物种权利的实现，是自然权利实现的重要手段。尽管美国和日本在司法实践中也对自然物种诉讼资格有反复的态度，但是我们不能否认那些已然成立的自然物种诉讼案例的价值和经验，目前环境公益诉讼制度的合理性问题在学界中已经没有争议，我们需要的只是时间。在代理中，环保组织比民众个人有着更大的优势，从上述案例中也可以看出，基本都是环保非政府组织在其中发挥了作用，因为自然物种是复杂的，数量众多的，在诉讼中将会涉及一系列有关环境科学的举证问题，对诉讼主体的能力要求较高，起诉的主体应该具有进行诉讼的实际能力和就某一问题进行反复论证和证明的能

① Edith Brown Weiss. InternaLional Environmental Law and Policy（影印本），中信出版社 2003 年版，第 83 页。

力，环保非政府组织相对于自然人来说，无疑是最好的选择。

在已经建立环境公益诉讼制度的西方国家中，环保非政府组织无疑是最普遍的诉讼原告主体。由于我国是成文法国家，必须使环境公益诉讼资格法定化，通过立法明确赋予环保非政府组织以公益诉讼权利主体的资格，才能保障环保非政府组织作为自然权利的代理人发挥出真正的代理作用，使环保非政府组织的起诉不限于本组织或者本组织的成员的环境利益的受损，当然，在我国目前环保团体发展良莠不齐和环境公益诉讼制度发展尚不成熟的前提下，我们可以借鉴一些西方国家的做法，对于环保非政府组织提起环境公益诉讼的权利可以分阶段进行，起初可以只规定某些达到了一定范围、条件、能力的环保非政府组织有提起公益诉讼的权利，然后随着环保组织和公益诉讼制度发展的成熟，再逐步推广到一切环保非政府组织；或者也可以规定一定区域内的环保非政府组织在该区域内的环境公益诉讼的权利和资格。

目前，我国环境公益诉讼制度尚未完全建立，环保非政府组织发展尚不完善，良莠不齐，规模较小的情况下，引入国外的“法庭之友”制度是一个不错的选择。“法庭之友”制度是指允许环保组织参加与环境有关的诉讼活动，为司法机关积极建言献策，当然其不能参与最后的判决，只是一种意见和建议。《布莱克大辞典》对该制度的解释是：“法庭之友”是指与所争议的案件有利害关系的诉讼当事人以外的人请求向法庭递交或是通常被法庭要求递交书面意见书的行为。但是，“法庭之友”的作用只是提供专家参考意见，而不能决定或左右法庭的审判，该制度目前是美国审判实践中的重要形式之一，欧盟也对该制度给予了充分的肯定。毕竟公益诉讼制度在我国尚没有确立，即使确立之后也不宜立刻将原告资格对所有的环保组织放开，“法庭之友”制度既可以让环保组织积极参与到环境保护事业中来，又对环保组织进行了相应的限制，不失为一种不错的选择。

（二）改革环保非政府组织的管理模式

一方面是对环保组织准入资格的完善，“双重登记管理制度”应该改革。这种“双重管理制度”从政治上、行政上、法律上给予了环保非政府组织以主体资格的限制，将许多环保非政府组织排斥在了法律的大门之外，法律可以借鉴我国民法上对法人主体资格取得的制度规定，对我国的环保非政府组织进行设立登记，只要其符合了法律规定的条件，履行相应的登记备案手续，就取得了法律上的主体地位；另一方面是对环保非政府组织的参与资格的完善。充分落实环保非政府组织的参与国家环境立法的权利、参与环境影响评价的权利以及环境知情权利和环境监督权等相关权利。目前我国的法律中不乏有关鼓励民众参与立法和参与环境影响评价的规定，如《立法法》第 34 条规定：“列入常务委员会会议议程的法律案，法律委员会、有关部门和常务委员会工作机构应当听取各方面的意见。听取意见可以采取座谈会、论证会、听证会等多种形式。”《环境影响评价法》第 5 条规定：“国家鼓励有关单位、专家和公众以适当的方式参与环境影响评价。”第 11 条规定：“专项规划的编制机关对可能造成不良环境影响并直接涉及公众环境权益的规划，……举行听证会、论证会……征求有关单位、专家和公众对环境影响报告书的意见。”这就从法律上明确了民众的环境立法参与权以及环境影响评价权，当然对环保非政府组织也不例外。鉴于法律对该两种权利的规定较为笼统，因此，法律应该加强相关配套设施和具体制度的规定，使环保非政府组织的这两种权利能够真正落到实处。在法律上明确赋予环保非政府组织以参与政府环境行政管理的权利，从法律上将环保非政府组织纳入到环境行政决策的主体当中，并提高有关非政府组织法律法规的位阶，为环保非政府组织行使权利提供明确的法律依据。另外，法律应该建立其完善的环保非政府组织以竞争激励机制，一个没有竞争的制度只能是一潭死水。对于环保非政府组织来说也是如此，由于环保非政府组织本身的非营利性，许多环保组织的成员无法长久地坚持下来，这种无利益驱动的特性，如果再加上法律上的一些不合理规定，如禁止在同一行政区域内设立业务范围相同或相似的社会团体，只能导致我国的环保非政府组织缺少活力与动力，不利于长久的发展。

只有使环保非政府组织真正克服以上弊端，才能使其有足够的能力和经验去应对环境公益诉讼。

（三）保障环保非政府组织参与环境公益诉讼的资金来源

首先，我们可以赋予环保非政府组织以税收优惠的权利，通过税费激励措施来保证环保非政府组织充足的资金来源，这方面我们可以借鉴日本和美国的法律规定。在日本，赋予了民间环保组织以税收优惠权，鼓励公司和个人对民间环保组织捐款；在美国，其税收法通过对那些积极向慈善机构捐赠的个人和组织进行税收上的减免来大力鼓励个人和组织向慈善机构捐赠财物。我国目前尚没有专门针对环保非政府组织的税收优惠政策，实践中可以相应提高《中华人民共和国个人所得税法实施条例》和《中华人民共和国公益事业捐赠法》中有关捐赠额的标准，目前在美国、澳大利亚等国家，这种标准已经达到了百分之五十甚至完全没有标准限制。

其次，创新诉讼费用的承担方式，环保非政府组织进行环境公益诉讼的费用复杂且巨大，通过诉讼费用制度的改革，可以提高环保非政府组织参与环境公益诉讼制度的积极性，我们可以在诉讼费用问题上建立相应的保障和激励机制，比如可以在诉讼费用的缴纳时间上进行适当的变通，可以建立从胜诉的案件中提取一定的环境公益诉讼基金和保险，来转嫁相关环保组织诉讼费用可能无法承担的风险。

另外，我们可以参照德国的做法，设立法律保障险，完成对诉讼风险的合理转移。法律保障险是保险人为投保人在实现法律权利时承担合理的费用，在该制度中，保险人给予投保人的不仅仅是金钱上的保障，它还要通过提供服务以协助投保人实现权利救济，如委托律师等，并且要承担投保人在实现权利救济过程中的一系列合理的费用，如调查取证费、律师费、诉讼费等。法律保险金的设立资金由投保人承担，国家仅在政策上进行引导、限制以及给予相关的税收优惠等激励措施，这样一来，环保非政府组织通过向保险人缴纳一定的保险费，就可以获得从法律服务到赔偿费用等一系列的优惠措施，为其参与环境公益诉讼提供了重要的支持。

第三节　理想抑或现实：环境公益诉讼制度实现的反差与期望

鉴于现行法律部门的法律理念、侵权救济模式和责任承担机制在保护自然权利方面存在的诸多问题，重新架构新的法律理念和法律保障体系，寻求与自然环境特点相适应的法律救济方式来制裁侵害者及保护自然权利已成为当务之急。环境公益诉讼就是为保护自然权利不受侵害所创设的法律救济机制。目前，发达国家的环境公益诉讼制度已基本成熟，但我国至今尚未建立起完善的环境公益诉讼机制，许多相关的实体法和程序法也在无形中阻碍了环境公益诉讼制度的设置与实施。可以说，我国环境公益诉讼制度的道路将是漫长的。

一、我国环境公益诉讼制度进展概况

（一）我国环境公益诉讼案件的发起：以自然物作为共同原告

2005年11月13日，中国石油天然气集团公司所属中国石油天然气股份有限公司吉林分公司双苯厂的苯胺车间因操作错误发生剧烈爆炸并引起大火，导致100吨苯类污染物进入松花江水体（含苯和硝基苯、属于难溶于水的剧毒、致癌化学品），导致江水硝基苯和苯严重超标，造成整个松花江流域严重生态环境破坏。

2005年12月7日，北京大学法学院三位教授及三位研究生向黑龙江省高级人民法院提起了国内第一起以自然物（鲟鳇鱼、松花

江、太阳岛）作为共同原告的环境民事公益诉讼，要求法院判决被告赔偿 100 亿元人民币用于设立松花江污染治理基金，以恢复松花江流域的生态平衡，保护鲟鳇鱼、松花江、太阳岛的生存权利以及环境清洁的权利以及自然人原告的旅游、欣赏美景和美好想象的权利。同时，鉴于本案标的额巨大，且涉及环境公益诉讼，原告同时提出了减免诉讼费用的申请。

然而，黑龙江省高级人民法院立案庭在没有直接阅读起诉状的条件下作出了口头决定，以本案目前不属于人民法院的受案范围以及将一切听从国务院决定为由拒绝受理本案。这虽然让我们感到意外，但却也是在我们的意料当中。虽然这起案件以不了了之而告终，但它说明了我国民众环境意识的觉醒，为我们环境公益诉讼制度的建立敲响了警钟，有益于推动中国司法理念的更新和审判制度的改革。

（二）我国环境公益诉讼制度的发展现状

1. 我国环境公益诉讼制度的实践探索

在 2010 年的“两会”上，最高人民法院副院长、民革中央副主席、全国政协常委万鄂湘向全国人大提交了一份关于建立环境公益诉讼制度以推进我国生态文明建设的提案，但这并不是我国环境公益诉讼制度的开端，近些年来，为了遏制日益严峻的环境形势，我国的许多省市已经设立了地方性的环境公益诉讼机构或制度，并在司法实践中迈出了鼓舞人心的一步。

在贵阳、无锡、昆明等地，政府和司法机关都注重有关环境公益诉讼的机构和制度设计，环境公益诉讼的实践已经走在了全国的前列。在贵阳，2007 年贵州省高级人民法院批准设立了贵阳市清镇市人民法院环境保护人民法庭，同年，贵阳市人民法院向全市发出了《指定管辖决定书》，明确了包括环境公益诉讼的案件，均由环境保护人民法庭进行集中管辖，该决定书中明确规定：“各级检察机关、两湖一库管理局、各级环保局、林业局等相关职能部门，可作为环境公益诉讼的原告，向人民法院提起环境公益诉讼”；无锡市法院也于 2008 年成立了环境保护审判庭和环境保护合议庭，受理检察院、环保部门、社会团体及社区物业管理部门提起的诉讼，同年，无锡市检察院和中级人民法院联合发布了《关于办理环境民事公益诉讼案件的施行规定》，明确了相关主体提起环境公益诉讼的程序、费用的规定；昆明市也于 2008 年由相关部门联合发布了《关于建立环境保护执法协调机制的实施意见》，规定了环境公益诉讼案件由检察机关、环保部门和有关社会团体向法院提起诉讼，环保部门在环境公益诉讼中提供专业的技术支持。①

国务院于 2005 年发布了《国务院关于落实科学发展观加强环境保护的决定》指出："研究建立环境民事和行政公诉制度……发挥社会团体的作用，鼓励检举和揭发各种环境违法行为，推动环境公益诉讼"，这是国家首次明确提出了推动环境公益诉讼制度；最高人民法院也于 2008 年专门召开了"水资源司法保护研讨会"，研究环境公益诉讼、跨界环境污染的特殊管辖等问题，在 2010 年的"两会"期间，也有多名全国人大代表和政协委员提出了有关建立环境公益诉讼制度的议案。这些都表明，我国的环境公益诉讼制度正逐步受到国家的重视，走向阳光的一面。

在探究环境公益诉讼制度许多令人鼓舞的发展后，我们却又不得不反思实践中仍然存在的诸多不尽如人意的地方和制约因素。2005 年 10 月，世界著名的遗址圆明园的防渗工程引发了社会各界的强烈反响。社会各界的有识之士意图通过听证会这种公众参与的有效方式来为圆明园保驾护航之时，我们却悲伤地看到：面对公然存在的违法事实，法律却显得异常的无力和苍白。回放整个事件，人们丝毫没有想到要通过法律途径解决问题，没有人提出要告工程实施者破坏文化遗产，也没有人提出要告相关主管部门监管不力。其实，"非不愿也，是不能也"。②在如今，我们正面临着许多环境权益受到侵害的事实因为得不到司法救济的悲哀，从圆明园防渗工

① 别智，别涛：《环境公益诉讼进展概述》，《法制经纬》2009 年第 18 期。

② 刘晓星：《环境公益诉讼，在沉默中前行》，《中国环境报》2005 年 10 月 31 日。

程案到松花江苯污染案再到南京紫金山观景台案等，法律在这些事件中保持着沉默，整个社会则保持着自己的遗憾和无奈。

2004 年 5 月，浙江省杭州市余杭区的一位普通农民陈法庆以挂号函的方式向全国人大常委会法制委员会、最高人民法院、最高人民检察院、国务院法制办和国家环保总局 5 个部门各寄出了内容相同的信函，即《环境污染、法律无奈——关于请求对公益诉讼等立法立案审理的建议》；另外，全国政协委员、民间环保组织“自然之友”会长梁从诫在 2005 年“两会”上提交了《关于尽快建立健全环境公益诉讼制度的提案》，呼吁在《环境保护法》中尽快明确公众对侵犯公益行为的诉讼权；2005 年度中国绿色人物，中国政法大学教授、博士生导师王灿发教授也认为：“如果不尽快建立环境公益诉讼制度，环境保护的事件是窒息的。”

目前我国从整体上来说，尚没有建立起完善的环境公益诉讼机制，许多相关的实体法和程序法阻碍了环境公益诉讼制度的设置与实施，就更不用说诉讼中的原告资格的扩大了。在我国，环境公益诉讼制度的道路将是漫长的。虽然许多人急切地呼吁该制度的出台，但也有一些学者表示出了质疑：我们的环境公益诉讼制度应该符合中国的国情，必须在借鉴西方的同时促使其与我国的现实状况相融合，不能脱离中国的实际，必须不能脱离中国的司法实际；另外，环境公益诉讼比较容易导致公民权利的滥用，如果不能很好实施和进行制度限制，该制度在现实中可能成为某些别有用心者扰乱社会秩序甚至报复的工具，这样就可能造成司法资源的负担和浪费。笔者是对该制度持乐观态度的，正如王灿发教授所言：“法治进程中的一个浪花最后将成为浪潮，我国的公益诉讼制度正处在英雄时代到法治时代的转型。”

2．我国的环境诉讼制度设置上的弊端

无论是作为环境保护领域基本法的《环境保护法》还是具体的环境保护法律，虽然都规定了公民对污染和破坏环境的单位和个人，有权监督、检举和控告的相关规定，但是这些规定只是原则性的规定，没有设置具体的权利义务，在现实中无法成为公民行为的法律依据。此外，无论是《行政诉讼法》还是《民事诉讼法》，都对其受案范围规定为与案件有直接利害关系的主体，在《行政诉讼法》第 10 条的规定中，明确排除了公民对那些对环境产生不利影响的行政法规、规章或者行政机关制定发布的具有普遍约束力的决定、命令本身提起的诉讼。第 41 条中明确了具有原告资格的为那些认为具体行政行为侵害其合法权益的公民、法人或其他组织。《民事诉讼法》第 108 条也明确了具有原告资格的主体是与本案有利害关系的当事人。以上这些规定，无一不限制和排除了环境公益诉讼制度的产生和发展，在环境保护上具有明显的缺陷。

我国目前的诉讼制度主要可以概括为三种：第一是由直接利害关系人基于私益提起的私人诉讼，以民事诉讼为代表；第二是由检察机关代表国家提起的以维护公共利益为目的的公诉，以刑事诉讼为代表；第三是受到严格限制的行政诉讼——只能由行政相对人对行政机关的具体行政行为提起。

我国目前的诉讼实践严格限制在以上三种类型当中，当环境问题的日益严重，新的纠纷类型的出现而需要将其纳入到法律的调整范围之内时，传统的这种诉讼划分就呈现出了弊端。面对环境问题，很多情况下难以区分公益与私益，即使是公民个人由于环境破坏行为直接侵害了自己的合法权益而提起诉讼，虽然从法律上可以明确地提起民事诉讼，但是该破坏环境的行为从另一个方面来看也是侵害了全社会共同的环境资源。当该公民怠于行使自己的诉讼权益时，其他的社会主体是否有权基于环境公共利益受到损害而获得原告的资格？当然，依据传统的诉讼，答案是否定的。另外，传统的诉讼将国家所谓公益诉讼的唯一主体，也无法面临环境问题带来的挑战。国家的一切行为是由人行使的，国家也常常是几个利益集团相互争斗的产物。因此国家的行为不必然总是有利于环境保护。国家可能为了追求经济的增长而片面地牺牲环境，国家也可能在几个利益集团的争斗中而做出错误的决定，从而怠于行使其公益诉讼的职责。这时，当国家的行为有害于环境保护或者当国家怠于行使其公诉权时，社会主体是否有权利行使这种为保护公益而进行的诉讼？依据传统的诉讼理论，答案也是否定的。因此，我们有必要在民事、刑事和行政诉讼之外，寻求新的机制，以实现社会正义。①

二、我国环境公益诉讼制度的模式选择——改良还是革命

要探讨我国环境公益诉讼的出路，应该首先弄清楚在我国目前的情况下环境公益诉讼的模式选择问题，即究竟是将环境公益诉讼作为一种单独的制度加以确立，还是将其融入到现有的相关法律当中加以规定？

如上所述，我国的诉讼制度主要可分为三种模式：民事诉讼、刑事诉讼和行政诉讼。在创立环境公益诉讼日益迫切的形势下，究竟是将环境公益诉讼单独作为一种诉讼模式而设立还是通过对传统三大诉讼模式的制度变革而将环境公益诉讼纳入到传统的三大诉讼模式当中？目前对于这种制度界定，有如下几种不同模式的探讨：一是认为环境公益诉讼是一种独立的诉讼制度和模式，具有独特的诉讼功能、目的与价值，不可能将其融入到传统的诉讼模式当中，因此应当在三大诉讼模式之外建立一个单独的新的诉讼系统；二是同意环境公益诉讼不是一种独立的诉讼模式，认为可以在保留现有的诉讼模式总体框架的前提下，将环境公益诉讼纳入到民事诉讼当中，通过修改民事诉讼法的相关规定，来达到环境公益诉讼对诉讼制度的要求；三是认为环境公益诉讼并不是一种独立的诉讼模式与制度，而只是一种与原告资格相关的制度或手段，只是在原告资格认定时会牵涉到环境公共利益的诉讼方式和手段，建议在不改变现行我国三大诉讼模式体系的前提下，将环境公益诉讼分别吸纳入三大诉讼模式当中，依托现有的法律框架对环境公益诉讼制度进行构建，修改相应的制度以满足环境公益纠纷对诉讼制度的要求。②四是从环境纠纷的特殊性出发，认为只有建立专门的环境诉讼机制，才能实现对环境的有效保护。

---

① 郑少华：《生态主义法哲学》，法律出版社 2002 年版，第 198-199 页。

② 姬振海：《环境权益论》，人民出版社 2009 年版，第 196 页。

那么，我国未来的环境公益诉讼制度究竟是在已有的诉讼制度框架范围内进行改良还是另起炉灶，建立一个全新的第四诉讼制度？笔者认为，环境公益诉讼在新时代环境问题日益严重的背景下应运而生，其所追求的价值理念、价值取向、程序规则、诉讼主客体等一系列因素都与传统的诉讼制度有着很大的差别，在法制十分健全的将来，建立一种独立于三大诉讼制度的环境公益诉讼制度不是没有可能，但是这需要理论上高度的成熟与细致严密的论证，需要立法和司法实践的缜密安排和完善的制度设计，更需要与传统的已经成熟的三大诉讼制度的一般规则相呼应或吻合，在我国目前现有的法制环境和体制要素下，寄希望于一步到位是不太现实的。但是我们也不可能将环境公益诉讼简单地归并到民事诉讼、刑事诉讼或者行政诉讼当中，更不可能彻底地改变已经成熟的传统的诉讼制度。在目前我们的法制尚不健全的国情下，在确立环境公益诉讼制度时，我们既要立足于已有诉讼制度的成熟规则和制度安排，尊重中国目前的国情和政治背景，又要进行创造性转化，适时地推动法律制度的设计，逐步将环境公益诉讼制度“镶嵌”到现有的法律制度框架之内。又要在此基础上作个性化的变通，使得环境公益诉讼和环境私益诉讼能够在环境保护领域内相互呼应，可以逐步补充和完善三大诉讼系统，尽可能在现有诉讼机制的基础上探讨建立我国的环境公益诉讼制度，比如说我们可以对我国现有诉讼制度中与环境公益诉讼制度有联系的制度加以补充和完善。如现行诉讼法中的共同诉讼制度和代表人诉讼就是一个很好的模型和基础，再如可以现行对环境侵害的民事起诉资格方面加以修改和补充等，使得在面临环境公益诉讼时能够具有法律上的依据，而不至于因为没有法律上的依据而丧失了原告的资格，使我国的诉讼制度成为环境公共利益和个体环境利益的共同保障。

三、我国环境公益诉讼制度的构建

（一）价值取舍：环境公益与环境私益的合理融合

我国目前在环境公益诉讼制度上的立法基本处于空白状态，在司法实践中对于环境纠纷提起的诉讼，基本上仍是遵循较为严格的立案审查制度，对于侵害环境公共利益的行为仍然无法得到合理的救济，目前对于环境污染所造成的损害主要仍然是相关利害主体通过提起环境私益诉讼来寻求得到救济。但是，环境侵害不同于其他的侵害，环境侵害的结果往往不仅仅对某个个体的私人利益造成损害，它还经常会波及不特定范围内不特定的多数人的公共利益，即某一区域内的环境公共利益，因此，即使在实践中的环境私益诉讼活动里，也常常会夹杂着对环境公共利益的损害，但是由于我国诉讼制度的局限性，这些受损害的环境公共利益之下的不特定多数人，往往由于不具有诉讼资格而无法寻求法律上的救济，这时，如何处理好公益与私益的关系，从私益诉讼中解决环境公益问题，是我们不可回避的问题。在我国的环境公益诉讼制度尚处于一片空白的情况下，在构建环境公益诉讼制度之初，如何从环境私益诉讼中寻求对环境公益的救济，是构建环境公益诉讼制度的基础平台。

近期，湖北省武汉市中级人民法院及其下属法院以行政协调和解和民事诉讼调解的方式审理了一起环境诉讼案件，该案件起初是因环境污染而提起的私益案件，但法官在处理过程中，非常谨慎地考虑案件中环境私益与公益交叉的特殊地方，尝试将当事人提起的环境民事赔偿私益诉讼与环境行政公益诉讼很好地结合在一起，同时解决民事私益纠纷与行政公益诉讼，最终同时实现了公益的目的。案件的大概情况是这样的：①

武汉市龙阳湖渔场职工马长松与渔场签订了承包合同进行渔业

---

① 杨凯：《从三起环境关联诉讼案例看环境公益诉讼之开端》，《法律适用》2010 年第 2、3 期。

养殖。近几年来，由于周围几十家企业排放的大量污水，再加上周围地区居民的生活废水均直接排入湖中，导致了湖水水质严重恶化，湖中鱼类大量死亡，以致最终无法进行渔业养殖。马长松以周边几家排污企业为被告向法院提起诉讼，要求其承担因排污造成其养殖业的经济损失 239 万元，由于该湖中也涉及了居民的生活废水的污染，马长松又将负有生活污水处理职责的武汉市水务集团公司、城建开发公司和生活污水处理厂等国有企业作为民事诉讼的共同被告。但是在诉讼过程中由于举证责任的困难，法院难以认定环境污染的事实和赔偿责任的具体数目。鉴于此种情况，马长松为此想出一个妙招：通过行政诉讼来搜集民事赔偿的证据。于是，马长松向武汉市环保局、水务局同时寄送了请求函，要求其采取有效措施阻止未经处理的污水排向龙阳湖，但由于武汉市经济条件的限制和相关管理上的困难，这两个行政机关未能及时行使职权。于是，马长松以该两个行政机关为被告提起行政诉讼，请求法院判令两行政机关履行法定职责，制止对龙阳湖的继续污染行为。一审法院均驳回了马长松的诉讼请求，在二审中，马长松聘请了国内专门从事环境私益诉讼事务代理的某民间环保组织与律师共同代理了此案，这起行政诉讼案件具有明显的公益性质。二审法院在处理这起涉及环境公益诉讼的特殊行政案件时，谨慎地处理，将解决民生问题与环境问题相结合，多次主持做行政协调工作和解和民事调解工作，并建议行政机关积极履行法定职责，两行政机关在法院审理期间积极履行了对龙阳湖的治理职责，环境保护的公共利益在一定的范围内得以实现，周边地区的居民成为了环境行政公益诉讼的受益者，马长松的渔业养殖经济损失也得以解决，于是该案最终以当事人的撤诉而顺利解决。案件很好地处理了环境私益与环境公益的关系，不失为一个良好的范例。

该案给我们建立环境公益诉讼制度以很大的启示，在我国的环境公益诉讼制度基本空白的状态下，要想逐步实现对环境公共利益的保护，我们应该如何处理好公益与私益的关系？环境公益诉讼本质上就是私益诉讼，它是以公民的财产权、人身权等公民权利理论为理论依据的，这些理论不仅仅可以为公民提起环境私益诉讼提供法理依据，它们也是环境公益诉讼的理论根据，只有自己的法律权利被侵犯才能成为获得诉讼资格，只有那些具有该法律权利的人其法律权利才可能被侵犯，享有权利的公民在其权利被侵害或有被侵害的可能时就可以提起诉讼，环境公益诉讼与环境私益诉讼是密不可分的，某项环境权益往往并不仅仅属于个人，它还是社会公共利益的一部分，由于环境问题往往和行政机关的行政行为密不可分，再加上目前环境纠纷处理机制法律上的缺失，实践中无论是环境的保护工作还是环境纠纷的处理都与行政机关的行政行为紧密相连，因此，在环境诉讼中也经常掺杂着环境民事诉讼与环境行政诉讼交叉和重叠的情况，公民一方面起诉相关主体的环境侵害行为，另一方面起诉行政机关的行政不作为，由于现行的实体法并没有将环境公益诉讼纳入到现行法律所承认的权利体制和框架中，法官就必须在环境公益诉讼制度尚未构建之前，在环境民事诉讼与环境行政诉讼中找到环境私益与环境公益的利益平衡点，在审理环境纠纷案件时敏锐地透视其中环境私益诉讼中所包含的公益诉讼的诉的利益，并在其中寻找环境公共利益保护和社会公平正义的平衡点，寻找环境案件处理的利益平衡点，在审理环境私益诉讼的过程中和现行的司法制度所允许的范围内最大限度地保障社会的公共环境利益，建立环境私益诉讼制度与环境公益诉讼制度相结合的诉讼体系，这样一来才能最大限度地保障司法机制对自然权利的救济。

（二）模式架设：国家公诉与民众私诉相结合

通过考察美国等发达国家的环境公益诉讼制度，我们可以将国外环境公益诉讼原告资格的取得分为以下两种情况：一是国家具有原告资格，是环境公益诉讼启动的主体。主要是国家检察机关作为原告提起的诉讼。比如法国的民事诉讼法中就赋予了对于公共利益的案件中检察机关的原告资格，美国法律中也赋予了区检察机关对涉及环境保护或联邦利益的案件具有起诉资格。“除法律有规定的情形外，在事实妨害公共秩序时，检察院得为维护公共秩序，进行诉讼。”[①]二是除了国家的检察机关具有起诉的原告资格外，法律也赋予了其他的相关主体起诉的原告资格，规定两个或者两个以上主体可以分别单独提出公益诉讼。

我国的环境公益诉讼可以借鉴相关国家的模式，采取多元式的原告主体：

1. 公民与环保团体的诉讼资格问题

公民个人的原告资格应该是没有争议的，这也是许多国家的做法。这其中既包括直接受害人，也包括社会上一般的民众。无论是上述分析的环境公共信托理论还是国家主权理论，在民主社会，公民应该成为当然的原告主体。政府固然是公共利益的代表者，但是政府的行为常常会与环境公共利益相冲突。此时，公民就是最好的监督和制约主体。通过公民的起诉资格启动司法权，来制约政府的行政权对环境造成的损害，无论从理论上还是实践中都不为过。

当然，肯定公民的诉讼资格并不代表一切的公民都当然地取得了该资格，我们应该从制度上进行相应的设计和限制，究竟多大范围内的公民可以取得该种资格，将是我们首先要确定的问题。在环境公共利益的保护下，笔者建议应该将该范围扩展到“非直接利害关系”，毕竟环境损害较之其他的侵害在因果关系的确定上更加困难和模糊，再加之环境与我们的密切联系性，否则，可能会将很多相关诉讼排除在外。如 2003 年 2 月，杭州律师金奎喜发现西湖畔正在兴建一所与西湖景观毫无关系的老年大学，认为此举违反了《杭州西湖风景名胜区保护管理条例》，遂以市民身份将批准建设老年大学的杭州市规划局告上法庭。3 天后，西湖区法院以杭州市规划局核发建设规划许可证的行为对金奎喜不产生实际影响，其不具备诉讼资格为由，做出裁定，对此案不予受理。对此金奎喜不服，向法院递交了上诉状，但结局仍然一样。对此，杭州市中级人民法院解释道，在我国的行政诉讼法中，只有具体行政行为的相对人，即与该具体行政行为有法律上利害关系的公民、法人和其他组织，

① 《法国新民事诉讼法典》，罗结珍译，中国法制出版社 1999 年版，第 85 页。

才有诉讼主体资格，金奎喜主体不适格，不具备原告的诉讼主体资格。[①]此外，还要通过制度设计和限制（如借鉴现有诉讼法中的有关诉讼资格竞合的问题），解决实践中可能出现的滥诉问题或多人同时诉讼问题。

环保团体也是国际上最为普遍的环境公益诉讼主体。环保团体具有公民和政府所没有的独特优势。在资源与信息上，它比公民个人更具有优势，有能力负担诉讼成本；在环保意识上，它一般比公民个体的环保意识更超前更强烈；在资源的来源上，它的资源来源于社会公共筹集，有自己的资源筹集渠道和能力，一般不使用财政资源；在立场上，它相对于政府来说，更能够保持中立性和正义性。因此，环保团体应该成为环境公益诉讼的当然主体。我们可以借鉴德国的特别立法模式，对有原告资格的环保团体进行法律的专门规定和认可，赋予那些符合了一定条件的环保团体以原告资格。

2．检察机关的诉讼资格问题

在国外，检察机关提起环境公益诉讼已经成为一种惯例，如在德国，其《行政法院法》也规定了检察机关可以作为公共利益的代表人，提起或参加行政诉讼；在法国，其民事诉讼法典中规定了检察机关可以以主当事人或从当事人的名义提起公益诉讼的职权；在美国，联邦法律中也授予了检察机关提起相应环境诉讼的权利，并且国会也可以授权检察总长主张公共利益提起诉讼；日本的法律也规定了检察机关可以作为公益代表人参与与社会公益紧密联系的民事诉讼案件。目前在我国，检察机关是具有代表公共利益提起诉讼的资格的，如刑事诉讼法中规定，检察机关在作为公诉机关起诉犯罪嫌疑人时，是社会公共利益的代言人；在国家、集体财产受到损害时，检察机关也可以代表社会公共利益提起附带民事诉讼。虽然我国在民事诉讼法中尚没有明确赋予检察机关该种地位，但这不能对检察机关的代表公共利益的诉讼资格予以否认。检察机关作为环境公共利益的代表人进行起诉，有着公民个人和环保团体无法比拟

① 沈展昌：《论环境公益诉讼制度的构建》，福州大学硕士研究生学位论文，2004 年。

的优势：一方面它可以通过司法程序来制约政府以及环保行政部门的行政手段的不足，另一方面它具有充分的资源，既包括人力资源也包括物力资源，可以克服公民个体资源不足而不愿、不能起诉的问题。但是目前也有学者对检察机关的这种地位提出了质疑，认为检察机关是法律监督机关，与国外的检察机关在性质上存在着差别。它主要是通过监督国家机关及其工作人员的行为，保障国家法律得以正确实施来维护国家公共利益的，而不宜直接介入诉讼，否则，只会影响法院的审判工作。检察机关自己介入诉讼不能称之为法律监督，只有监督别人的活动，才能称得上监督，二者不能混淆。①

笔者是赞同检察机关代表环境公共利益进行诉讼的原告资格的。正如在刑事诉讼中，检察机关就是代表国家进行起诉的机关，而非进行单纯的法律监督，当然法律监督是它的主要职能。更何况，目前我国的机关也正逐步探索着环境公益诉讼的实践。如 2003 年，山东省乐陵市检察机关就对某非法炼油污染环境提起了民事诉讼；同年，四川省某市的检察机关也对群发骨粉厂污染侵害环境一案提起了民事诉讼；检察机关既然有代表国家利益在国家集体财产遭受损害时提起附带民事诉讼的权利，那么环境也是国家或集体的公共财产，在它遭受损害时，为何就不能赋予检察机关这种职能？针对某造纸厂将污水排入青江导致乐山市 25 万人喝不到干净的水的问题，国家环保总局法规司处长别涛对记者说，国家有必要完善环境民事公诉立法，明确赋予检察院以环境民事公诉权，并规定具体的程序和规则，使检察院能够作为公诉人向法院提起公诉，要求法院依法追究环境违法行为人的法律责任。②

目前在我国，已经出现了由检察机关提起环境公益诉讼而获胜的事例，这无疑给我们带来了惊喜。广东省海珠区石榴岗河曾经是一条清澈的小河，从华洲街土华村穿过，2007 年 9 月以后，小河突

① 陈兴生等：《民事公诉制度质疑》，《国家检察学院学报》2001 年第 3 期。
② 参见 2007 年 1 月 12 日《中国青年报》报道。

然变得黑臭逼人，附近居民苦不堪言。接到群众投诉后，海珠区环保局立即对河流周围的企业展开了排查，一家名为新中兴的洗水厂引起了工作人员的注意。这家洗水厂 2007 年 9 月在土华村成立，既未办理工商营业执照，也没有向环保部门申请排污许可证，擅自从事漂洗等业务。经过一系列调查和取证，海珠区环保局发现新中兴洗水厂存在严重的违法排污行为。这家工厂在漂洗作业中使用的洗衣粉、酵素粉、草酸等洗涤剂混同服装中的染料，未经污水处理直接排入石榴岗河。在开工后的 8 个多月中，洗水厂平均每天排放 40 吨污染物，合计排放污水 9 600 吨，使污水排放口附近的河流被严重污染。掌握了洗水厂污水采样的监测数据，以及其违法排污行为的环境影响、产生的经济损失及治理费用等分析评估后，2008 年 7 月，海珠区检察院正式向广州海事法院起诉新中兴洗水厂厂主陈忠明违法排污，造成水域污染，要求赔偿环境污染损失和费用。2008 年 11 月 13 日，广州海事法院依法组成合议庭对此案进行了公开审理。2008 年 12 月 9 日，广州海事法院判决陈忠明对其违法排污行为造成的环境损害承担民事责任，并赔偿环境污染损失合计费用 117 289.2 元，由检察机关受偿后上缴国库用于受污地的环保治理。该案的重要意义在于法院已经认可了检察机关在环境民事公益诉讼中的原告身份，实践中行政机关对环境侵害的行为往往只能追究行政责任，而无法要求对方给予民事赔偿，在目前我国环境公共利益的损害经常存在权利主体缺位的情况下，[①]检察机关成为环境公益民事诉讼的主体，并且向相对方要求民事赔偿用于治理污染，无疑具有重大的意义。2008 年 6 月，在贵州省也出现了首例以检察机关作为原告提起的环境公益诉讼，并取得了成功。

当然我们也应该对检察机关的这种代表环境公共利益进行诉讼的原告资格进行限制，毕竟检察机关的主要职能是国家的法律监督机关。对于环境问题，我们应该将调动社会民众和环保团体作为主要的目标，在出现损害环境公共利益的情况下，最佳的情况是社会

① 邓慧玲：《广东首例环境公益诉讼获胜》，《资源与人居环境》2009 年第 4 期。

民众或环保团体首先提起诉讼，只有当该诉讼处于无人提起的真空地带时，检察机关才代表社会公共利益提起诉讼，这是节约国家的司法资源、优化司法程序的需要。

3. 政府作为环境公共利益的代表所具有的原告资格

政府是社会公共利益的当然代表者，这里我们所说的政府是指政府和具体从事环境管理职能的部门。政府从事着国家环境保护管理的职能，既是一种权力，更是一种职责，它们受公众的委托管理环境保护工作，在国家的环境公共利益受到损害时，基于保护全体公民的公共利益以及国家利益，其也有义务采取司法行动来维护环境公共利益。另外，同检察机关一样，政府也拥有丰富庞大的资源和信息，可以有效解决公民资源与信息不足的问题。政府究竟能否成为环境公益诉讼的主体？对此学者们有不同的看法。

笔者认为，政府完全可以成为环境公益诉讼的主体，虽然政府通过行政处罚的手段就可以解决环境侵害的问题，但是政府的行政处罚却无法向环境侵害主体进行民事求偿，我国目前的行政罚款标准较低，远远不能遏制环境侵害行为或弥补其带来的损失，通过法院的民事赔偿判决，可以有效弥补该缺陷；并且政府往往掌握较充分的资源、法律和政策信息，尤其是一些专业的环保保护行政部门，其拥有较为专业的环保知识和技术，在环境公益诉讼中能够得心应手。令我们惊喜的是，目前我国已经出现了由政府成功作为环境公益诉讼原告主体的案例：

2007 年 12 月 10 日，贵阳市政府所属“两湖一库”管理局作为原告，向清镇市法院环境法庭提起环境污染损害诉讼，要求天峰化工公司停止排污侵权。法庭经审理查明，被告公司的生产厂区位于红枫湖饮用水源保护区范围内，但没有采取必要的防水、防渗及相应的废水处理措施，尾矿库的渣场渗滤液均通过地表，地下排入红枫湖上游的羊昌河。省环保监测中心站监测显示，被告公司尾矿库的渣场渗滤液对羊昌河水质影响较大。法院经审理认为，原告是政府依法设立的环境行政管理机构。红枫湖是贵阳市百万市民的主要饮用水源。在不特定的多数人群遭受环境污染侵害的情况下为维护公众利益，政府行政部门有权以原告身份提起环境公益诉讼，制止环境违法行为。据此，清镇市法院环境法庭当庭判决：被告天峰化工公司应在判决生效之日起立即停止使用尾矿废渣场，停止尾矿废渣场对环境的侵害，并于 2008 年 3 月 31 日前消除对环境的影响。该案判决确认了行政机构在环境公益诉讼中的原告资格．突破了在普通诉讼中原告必须是“直接利害关系人”的限制，因而扩大了原告范围。该案因此被评为 2007 年全国最有影响的公益诉讼案件之一。①

（三）诉权均衡：放宽起诉资格与限制诉权滥用相结合

相对于传统的诉讼制度来说，环境公益诉讼降低了诉讼资格限制的门槛，扩大了诉讼主体的范围，对“诉的利益”进行了扩大的解释，使更多的人能够通过启动司法程序获得对环境公共利益的司法救济；但是，我们也应该看到，原告资格的放宽，也使滥诉的风险大大增强，这时，不仅浪费了司法资源，增加了国家的负担，而且会“使公益诉讼这一概念处在一种不确定的状态，导致其成为一种无效的制度，成为普通诉讼的廉价替代物，从而失去其存在的价值”。②降低制度预期的实效性，导致应有功能的异化。

因此，为了最大限度地平衡私益与公益的关系，合理利用有限的司法资源，必须对当事人的诉讼地位进行合理的设计，努力建立一种既预防“滥诉”又具有弹性和开放性相结合的机制，将对公民诉讼权利的扩张、肯定和对该诉讼资格的限制控制在一个动态平衡的范围内；在具体的范围内，法官必须平衡综合地考虑该案所涉及的环境公共利益和各方因素的关系，将那些恶意的、滥诉的案子拒之门外，这样才能使环境公益诉讼制度的设计达到预期的目标。

美国有关环境公益诉讼的发展进程最能反映出国家追求这种机制平衡的决心，在立法实践中，国家对公民的公益诉讼设置了一系

① 别涛：《环境公益诉讼进展概述》，《环境保护》2009 年第 2 期。

② 蒋小红：《通过公益诉讼，推进社会变革》，别涛主编：《环境公益诉讼》，法律出版社 2007 年版，第 142 页。

列的限制性条件，如事前 60 日告知的起诉前置性程序等，以确保行政机关追究环境违法行为的裁量权能得以有效的运用，从而有效地防止公民的滥诉行为；在司法实践中，在对原告资格的认定上，先后经历了几个变化起伏的阶段，从 20 世纪 70～80 年代的相对宽松时期，到 90 年代以来的相对严格时期再到 21 世纪以来的重新走向宽松的时期，其议会和法院有关起诉资格、起诉范围的争论从来就没有停止过，以至于在联邦法院的实践中，放宽原告资格与严格限制原告资格两种主张出现了激烈的对抗和交锋。总体来说，正是这种对原告资格范围的不断探索，使美国的公民诉讼制度逐步走向成熟和完善。

具体来说，在该种平衡机制的设计上，可以从以下几种途径考虑：

第一，借鉴美国的经验，设置必要的诉权行使前置程序。对违法行为起诉之前，履行该种告知义务，给违法者一个纠正的时间或机会。只有在法定时间内没有采取纠正措施，才可以提起环境公益诉讼。对于一种尚未构成犯罪的违法行为，若能进行行政处置，就应该尽量避免启动司法程序。行政手段相对于司法手段来说，能够以更少的社会成本达到更高的效率。我们会发现一个普遍的社会现象，面对一个尚未构成犯罪的违法行为，公众首先想到的一般是行政机关，只有在行政机关怠于处置、在走投无路的情况下，公众才会想到诉诸司法来解决。因此，对环境公益诉权设置前置程序，可以更好地鼓励民众同损害环境的行为作斗争，同时，也可以将环境违法行为消灭在萌芽状态，节约社会成本和司法资源，更可以提高执法的效率和经济性。

第二，对环境公益诉权中的处分权加以限制。①环境公益诉讼不同于环境私益诉讼，在私益诉讼中，公民对自己的利益具有处分权，可以自由同相对人进行和解、撤诉等。环境公益诉讼则是基于维护环境公共利益而提起的诉讼，诉讼主体对于这种环境公共利益

① 姬振海：《环境权益论》，人民出版社 2009 年版，第 196 页。

不得随意处分，也不具有处分权，因为任何个体都无法代替国家和全社会行使共有的权利和利益。因此，在该诉讼中，诉讼主体的撤诉权和和解权要受到严格的限制和审查。

第三，对环境公益诉权的救济方法进行限制。前面我们已经论述过，环境公益诉讼的救济方法应该主要局限在排除妨害、消除危险、对相关行为的禁令、撤销、责令行政部门给予环境管制或罚款，等等，而不应包括赔偿起诉者的损失。基于环境公益诉讼的公益性质，任何个体都无权要求赔偿损失，否则就违背了环境公益诉讼制度的价值取向。在环境公益诉讼中，应该主要以预防性停止的要求或恢复原状为主要内容，另外，鉴于我国长期以来存在的对环境损害问题惩罚力度不够，无法遏制日益加剧的环境危机的状况，我们可以借鉴西方国家的经验，建立惩罚性赔偿制度，但前提是该制度的赔偿金最终归国家所有，用来进行环保工作。在美国，该制度经常被使用，消费者诉讼、专利诉讼、不正当竞争诉讼、医疗事故诉讼、反垄断诉讼和公害诉讼都能找到相关案例。①当然，为了防止该制度被不加限制的滥用，法律应该对赔偿的最高数额范围、计算方法以及归属、使用等进行明确的规定。

（四）激励机制：诉讼责任和利益的分配

一项制度只有在适当限制与激励保障相结合的情况下，才有可能达到最优的目标，环境公益诉讼制度也不例外。

1. 举证责任问题

基于环境问题因果关系界定的困难性、模糊性以及双方主体举证能力上的差异，环境公益诉讼制度同样要遵循一般环境法的原理，实行举证责任倒置。另外，还可以参照一般诉讼法原理，赋予法官在特殊情况下可以依职权或依申请主动调取证据；另外，针对环境公益诉讼的公益性和环境问题的专业性，可以实行诉讼参加制

① 王树义：《环境法系列专题研究》（第二辑），科学出版社2006年版，第95页。

度，要求环保部门派人参加诉讼，对专业性的问题进行说明。①

2．诉讼费用问题

公民个体的诉讼费用不足一直是环境公益诉讼制度的问题之一。笔者认为，基于该制度的纯公益性，公民的诉讼费用应由国家或败诉方来承担，即当原告胜诉时，诉讼费用由败诉方承担；原告败诉时，诉讼费用则应该由国家来承担。因此在具体的诉讼中应该免除公民的诉讼费用，目前的国际惯例也是免收原告的诉讼费用。也可以参照国外的办法，建立环境公益诉讼保险或者环境公益诉讼基金，来转嫁在环境公益诉讼中可能遇到的诉讼费用风险，基金来源主要由政府、社会以及公民个人承担，法院判决原告胜诉的环境公益诉讼案件，被告应当向该基金管理机构支付一定数额的赔偿金。我国的《信托法》第六十条规定：为了发展环境保护事业，维护生态环境可以设立公益信托；第六十一条规定：国家鼓励发展公益信托。这些都为设立环境保护公益基金提供了法律依据。目前，由中国法律援助基金会组织发起的"2008 法律援助绿色行动"启动后建立了"生态环境法律援助专项基金"，我们可以考虑合理运用该基金在环境公益诉讼中所能发挥的作用。

3．诉讼利益的分配

虽然从理论上讲，环境公益诉讼的目的是维护环境公共利益，其最终利益应该归属于全社会而非原告，但国家应该进行相应的制度设计，将诉讼利益适当向原告人倾斜，建立环境公益诉讼中对原告的补偿机制或激励机制。如果没有适当的奖励措施，在目前中国国民环境意识比较微弱的情况下，将很难充分调动全社会的积极性。毕竟进行环境公益诉讼需要消耗个人的时间、精力与金钱，因此，在起诉合法的前提下，可以对原告设置适当的奖励措施，奖励费用可以从国家专门的用于环保的资金或专门设置的基金来提取。

---

① 吕忠梅、吴勇：《环境公益实现之诉讼制度构想》，别涛主编：《环境公益诉讼》，法律出版社 2007 年版，第 32 页。

4. 对滥用环境公益诉权侵权责任的规定

由于环境公益诉讼无限制地扩大了原告的资格和范围，可能导致现实运行中某些主体滥用诉权，侵害他人合法权益和社会公共利益的现象。目前我国还没有规定对应的滥用诉权民事侵权责任，有权利必然存在义务，在构建环境公益诉讼制度的同时，也不能缺少相关配套的限制条款和责任条款的规定，针对不同的起诉主体进行不同的限制条件，对于那些导致被告人的预期利益或实际利益遭受损害的侵权，原告应该承担相应的民事赔偿责任，这样也可以防止司法资源的不必要浪费。

5. 建立环境污染强制责任保险制度

在我国一直存在着“企业污染、政府埋单、群众受害”的现象，面对不可避免的各种风险引发的环境污染赔偿责任，必须设计一项有效的责任机制来缓冲企业、社会所承担的责任，企业需要一项有效的制度来减少自己因环境污染所必须付出的代价，社会需要一种有效的制度来减少环境公共利益受到的损失，受害者需要一个有力的制度来保障其损失的弥补，环境公益诉讼制度需要一个有效的机制来保障充足的运行资金，这就是环境污染强制责任保险制度。

环境污染强制责任保险制度是以企业对第三者依法应承担的环境损害赔偿责任为保险标的的保险制度，2007 年国家环保总局发布了《关于环境污染责任保险工作的指导意见》，在我国首次提出了开展环境污染责任保险工作，这对建设环境公益诉讼制度，推进环保工作和生态文明的建设具有重大的意义。国家应该借鉴国外关于该制度的先进经验，在某些污染强度较大的重点行业实行强制责任保险，没有购买该保险的企业和项目不得被批准和审批，真正为我国的环境保护工作提供坚实的保障。

四、结语

环境法是 21 世纪最具革命性、最具有生命力的法律部门，是符合现代社会发展需要的一种新型的环境诉讼形式，从它脱胎于母体的那一刻起，就决定了其对传统法律制度的挑战，它所独有的特性要求用新的诉讼方式来满足新的社会需求，以实现环境公共利益的法律变革。自然的权利首先是一种应然的权利，是一种道德公理，可以自证其身；但这个公理在实践的过程中，却需要人类文明提供的制度支撑与法律支撑，因此，它也是一种法律层面上的权利、实然的权利，需要被法律所保障，所救济。在“天下熙熙，皆为利来。天下攘攘，皆为利往”的现代社会里，自然的权利理论的提出体现了人类对人与自然关系的正当性与合法性的理论分析与深刻反思，环境公益诉讼制度则体现了我们在推动社会公平正义的进程上又向前迈进了一大步，它们以“积万众之私、成天下之公”的气魄与精神成就了当今日益和谐的社会所反映出的大度与宽容。

环境公益诉讼制度是一个极具创造性的制度设计，对此我们应该保持谨慎乐观的心态，它不仅应当被那些有志于环境保护的有识之士所用，更应当在全民范围内掀起环境保护生态文明的浪潮，日益紧迫的环境形势昭示着其无限的潜力，民众的热烈渴望赋予了其强大的动力。作为一项具有无限生命力的新生事业，环境公益诉讼制度是在无数的理论界、司法界及社会公众的不断实验、失败和创新中发展起来的。它象征着法制社会的不断进步，体现着公民权利的日益觉醒，昭示着和谐社会的理性精神，它通往自然之路，通往人与自然和谐相融的美轮美奂的境界！

参考文献

[1] 姜春云. 偿还生态欠债——人与自然和谐探索. 北京：新华出版社，2007.

[2] 金瑞林，汪劲. 中国环境与自然资源立法若干问题研究. 北京：北京大学出版社，1999.

[3] 蔡守秋. 调整论. 北京：高等教育出版社，2003.

[4] 徐祥民，胡中华，梅宏. 环境公益诉讼研究——以制度建设为中心. 北京：中国法制出版社，2009.

[5] 徐祥民. 环境权——环境法基础理论研究. 北京：北京大学出版社，2004.

[6] 刘爱军. 生态文明与环境立法. 济南：山东人民出版社，2007.

[7] 陈泉生. 可持续发展与法律变革. 北京：法律出版社，2000.

[8] 张锋. 自然的权利. 济南：山东人民出版社，2006.

[9] 齐树洁，林建文. 环境纠纷解决机制研究. 厦门：厦门大学出版社，2005.

[10] 别涛. 环境公益诉讼. 北京：法律出版社，2007.

[11] 张翔. 自然人格的法律构造. 北京：法律出版社，2008.

[12] 邓一峰. 环境诉讼制度研究. 北京：中国法制出版社，2008.

[13] 张文驹. 对生命的敬畏——新世纪的大话题. 呼和浩特：内蒙古人民出版社，2000.

[14] 郭艳华. 走向绿色文明. 北京：中国社会科学出版社，2004.

[15] 颜运秋. 公益诉讼法律制度研究. 北京：法律出版社，2008.

[16] 李培超. 自然的伦理尊严. 南昌：江西人民出版社，2001.

[17] 贺海仁. 公益诉讼的新发展. 北京：中国社会科学出版社，2008.

[18] 朱谦. 公众环境保护的权利构造. 北京：知识产权出版社，2008.

[19] 张梓太. 环境纠纷处理前沿问题研究——中日韩学者谈. 北京：清华大学出版社，2007.

[20] 蔡维力. 环境诉权初探. 北京：中国政法大学出版社，2010.

[21] 姬振海. 环境权益论. 北京：人民出版社，2009.

[22] 周训芳. 环境权论. 北京：法律出版社，2003.

[23] 张永和. 权利的由来. 北京：中国检察出版社，2001.
[24] 吴卫星. 环境权研究公法学的视角. 北京：法律出版社，2007.
[25] 王彬辉. 论环境法的逻辑嬗变——从“义务本位”到“权利本位”. 北京：科学出版社，2006.
[26] 赵俊. 环境公共权力论. 北京：法律出版社，2009.
[27] 马克垚. 世界文明史（上）. 北京：北京大学出版社，2002.
[28] 卢风. 从现代文明到生态文明. 北京：中央编译出版社，2009.
[29] 黄鼎成，王毅，康晓光. 人与自然关系导论. 武汉：湖北科学技术出版社，1997.
[30] [美]菲尼斯. 自然法与自然权利. 董娇娇，等，译. 北京：中国政法大学出版社，2005.
[31] [美]罗德里克・纳什. 大自然的权利. 杨通进，译. 青岛：青岛出版社，1999.
[32] [美]列奥・施特劳斯. 自然权利与历史. 彭刚，译. 北京：三联书店，2006.
[33] [美]欧文•拉兹洛. 人类的内在限度. 黄觉，译. 北京：社会科学文献出版社，2004.
[34] [美]亨德里克・威廉・房龙. 人类的家园. 鸿舒，郝彩虹，译. 北京：北京出版社，1999.
[35] [美]迈克尔・博尔特. 灭绝——进化与人类的终结. 张文杰，译. 北京：中信出版社，2003.
[36] [德]约阿希姆・拉德卡. 自然与权力——世界环境史. 王国豫，付天海，译. 保定：河北大学出版社，2004.
[37] [瑞士]克里斯托弗・司徒博. 环境与发展一种社会伦理学的考量. 邓安庆，译. 北京：人民出版社，2008.
[38] [英]罗宾・柯林伍德. 自然的观念. 吴国盛，柯映红，译. 北京：华夏出版社，1999.
[39] [日]岸根卓朗. 环境论：人类最终的选择. 何鉴，译. 南京：南京大学出版社，1999.

后　记

终于顺利地完成了这部历时三年的书稿，蒙师长、同学、朋友和家人的鼎力相助，拙文得以出版，发上一段后记，以纪念这段混乱、迷茫而又希望萌生的岁月！

就我个人而言，写作的过程就是成长的过程。当我在前辈们的思想中穿行，聆听他们对人与自然的认识与发现，当我在同仁们热烈的讨论中倾听他们的思考和质疑，当我看到内心的潜能在自己的耐心与坚持下一点一点地展现出来的时候，我的心里总是充满了感恩。

感谢山东省生态文明研究会会长、山东省政府办公厅的刘爱军主任，这位学者型的政府官员，以他对生态文明建设高屋建瓴的理解影响了我的生态观，他的发微集渊、敏求新锐的理念，他的勇往直前、坚定执著的勇气，实是我人生与学术楷模。

感谢我读博士时候的师兄．师弟与师妹们，他们是崔凤友、周晨、陈晨等，博士毕业以后我们走上了不同的工作岗位，但是彼此之间的切磋、鼓励与关照从来没有停止过，他们的理解与支持给了我莫大的力量。

感谢中国环境科学出版社的沈建主任，对书稿的反复斟酌、推敲与磋商使得这本书慢慢成熟起来。

此时此刻，我更加感念我的父亲，在我的求学之路上，父亲是我永远的支持者。在我博士毕业那一年，父亲永远地离开了我，这是我人生最大的遗憾，“子欲孝而亲不在”，常常令我扼腕叹息，长吁短叹，我想我只有加倍的努力，九泉之下的父亲才可欣慰，当我把此书奉上，我想慈爱的父亲一定会开心地微笑。

感谢我的妈妈，她让我懂得了坚强的含义，在繁忙的教学工作中，在琐碎的家务劳作中，我把时间分得很细很细，在喧嚣中求淡定，于忙碌中得宁静。

感谢我的丈夫姚昌，每一次的困顿、退缩，都在他的鼓励、理解与包容中化为更大的勇气和力量。

感谢我 9 岁的儿子姚闻达，他以自己纯真无瑕的心灵，永远快乐的心态，感染着我，激励着我，在他悠扬的琴声中，在他清脆的歌声中，我和他在见证着彼此的成长，他是我生生不息的灵感的源泉。

张锋　于泉城济南